中国特色社会主义理论与实践研究

曲新英　吕飞云　著

中国社会科学出版社

图书在版编目(CIP)数据

中国特色社会主义理论与实践研究/曲新英,吕飞云著.—北京:中国社会
科学出版社,2014.9(2016.8 重印)
ISBN 978 - 7 - 5161 - 4808 - 2

Ⅰ.①中… Ⅱ.①曲…②吕… Ⅲ.①中国特色社会主义—研究 Ⅳ.①D616

中国版本图书馆 CIP 数据核字(2014)第 211308 号

出 版 人	赵剑英	
责任编辑	田 文	
特约编辑	陈 琳	
责任校对	张爱华	
责任印制	王 超	

出 版	中国社会科学出版社	
社 址	北京鼓楼西大街甲 158 号	
邮 编	100720	
网 址	http://www.csspw.cn	
发 行 部	010 - 84083685	
门 市 部	010 - 84029450	
经 销	新华书店及其他书店	

印 刷	北京明恒达印务有限公司	
装 订	廊坊市广阳区广增装订厂	
版 次	2014 年 9 月第 1 版	
印 次	2016 年 8 月第 2 次印刷	

开 本	710×1000 1/16	
印 张	18	
插 页	2	
字 数	321 千字	
定 价	42.00 元	

凡购买中国社会科学出版社图书,如有质量问题请与本社营销中心联系调换
电话:010 - 84083683

目　　录

第一篇　什么是马克思主义、怎样对待马克思主义

第三篇　建设什么样的党、怎样建设党

导论

坚持和发展中国特色社会主义

　　坚持和发展中国特色社会主义，是贯穿我们党整个发展历史特别是改革开放进程的一条主线。紧紧抓住这条主线，认识理解改革开放以来党团结带领全国人民取得举世瞩目的发展成就就有了出发点、根基点、归结点；贯彻落实党的路线方针政策就有了聚焦点、着力点、落脚点。党的十八大再一次突出了这一主线，把"高举中国特色社会主义伟大旗帜，以邓小平理论、'三个代表'重要思想、科学发展观为指导，解放思想，改革开放，凝聚力量，攻坚克难，坚定不移沿着中国特色社会主义道路前进，为全面建成小康社会而奋斗"[①] 作为大会主题。高举中国特色社会主义伟大旗帜，就是向党内外、国内外鲜明昭示，我们党举什么旗、走什么路、以什么样的精神状态、朝着什么样的目标继续前进；就是强调要毫不动摇地以邓小平理论、"三个代表"重要思想和科学发展观为指导，坚持和发展中国特色社会主义，牢牢把握我国发展进步的正确方向。旗帜问题至关重要，事关党和国家事业的战略全局和长远发展，对我们党团结带领全国各族人民在新的历史征程上继往开来、与时俱进，具有十分重大的意义。

一　中国特色社会主义的开创与发展

　　以党的十一届三中全会为标志，我国进入了改革开放新时期。中国特色社会主义是中国共产党在新时期带领全国人民，在和平与发展成为时代主题的历史条件下，以马克思列宁主义、毛泽东思想为指导，深刻总结我国社会

　　[①] 《坚定不移沿着中国特色社会主义道路前进　为全面建成小康社会而奋斗》，《人民日报》2012 年 11 月 18 日第 1 版。

主义建设的经验教训，并借鉴其他社会主义国家兴衰成败的历史经验教训，基于中国的基本国情，不断把科学社会主义基本原理与中国社会主义建设和改革实践相结合而开创和发展的。

（一）开创与发展的时代背景

1. 和平与发展成为时代主题是开创和发展中国特色社会主义的时代依据

马克思主义认为，一切划时代体系的真正内容都是由于产生这个体系的那个时期的需要而形成的。中国特色社会主义的开创和发展也是与国际、国内形势紧密相关的。第二次世界大战结束后，特别是 20 世纪 70 年代末以来，整个世界发生着大变动大调整。以邓小平为核心的党的第二代中央领导集体敏锐地意识到，和平与发展已成为当代世界的主题。邓小平指出："现在世界上真正大的问题，带全球性的战略问题，一个是和平问题，一个是经济问题或者说发展问题。"① 这是中国进行社会主义现代化建设所面临的国际环境，也是中国特色社会主义开创与发展的国际背景。我们党历来善于把握时代的基本特征，并根据时代特点，把马克思主义的基本原理同我国的具体实际相结合，制定正确的战略、方针、政策。90 年代末，随着苏联解体和东欧剧变，世界政治多极化格局已成为一种现实。进入 21 世纪，世界多极化和经济全球化趋势继续发展，文化相互交融，国家间的较量不再是以意识形态为主的较量，而是综合国力主要是经济实力的较量。重视发展是世界各国主要的政策取向，经济优先成为整个世界的潮流，发展成为一个普遍性、全局性的重大问题。但也要看到，世界发展并不平衡，不合理不公正的国际政治经济旧秩序还没有根本改变，南北贫富差距进一步拉大，人类面临着难得的发展机遇，也面临着严峻的挑战。如何抓住机遇、迎接挑战，继续推进世界和平与发展的崇高事业，是摆在各国政府和人民面前的一个重大课题，也是摆在中国共产党和中国人民面前的一个重大课题。邓小平理论把发展作为当今世界的两大主题之一，强调"发展才是硬道理"，对开创和发展中国特色社会主义具有决定性意义。"三个代表"重要思想把发展问题同党的性质和执政理念联系起来，强调"发展是党执政兴国的第一要务"，提出要把坚持党的先进性和发挥社会主义制度的优越性落实到发展先进社会生产力、发展先进文化和实现最广大人民的根本利益上来。科学发展观强调坚持

---

① 《邓小平文选》第 3 卷，人民出版社 1993 年版，第 105 页。

以人为本、全面协调可持续的发展，提出"五个统筹"，努力实现科学发展、和谐发展、和平发展。和平与发展的时代主题是开创和发展中国特色社会主义的时代依据。

2. 我国改革开放和社会主义现代化建设是开创和发展中国特色社会主义的实践基础

党的十一届三中全会以来，中国共产党人经过长期艰辛探索，开创了中国特色社会主义，初步回答了在经济文化落后国家如何建设社会主义、如何巩固和发展社会主义等一系列问题，开辟了科学社会主义发展的新阶段。1982 年，邓小平在党的十二大开幕词中提出："把马克思主义的普遍真理同我国的具体实际结合起来，走自己的道路，建设有中国特色的社会主义，这就是我们总结长期历史经验得出的基本结论。"① 中国特色社会主义道路，是马克思主义同中国实际相结合的道路。它包含两个方面的内容：一是以马克思主义为指导，坚持社会主义方向；二是从中国具体实际出发，走自己的路。邓小平强调，中国革命取得成功，是毛泽东把马克思列宁主义同中国的实际相结合，走自己的路；现在中国搞建设，也必须把马克思列宁主义同中国实际相结合，走自己的路。党在领导人民不断推进马克思主义基本原理同中国具体实际相结合的伟大实践中，取得了改革开放和社会主义现代化建设的新胜利，使中国这样一个人口多、底子薄的发展中大国，在如此短暂的时间便以世界上少有的速度持续快速发展起来，国家综合国力明显增强，人民生活显著改善，科学技术飞速发展，各项事业蒸蒸日上，国际地位不断提高。以江泽民为核心的党的第三代中央领导集体坚持以邓小平理论指导改革和建设，对党的历史方位作出了科学判断，提出新时期执政党建设面临的"两大历史性课题"和加强执政能力建设的新要求，进一步回答了"什么是社会主义、怎样建设社会主义"的问题，创造性地回答了"建设什么样的党、怎样建设党"的重大问题，形成了"三个代表"重要思想，丰富和发展了中国特色社会主义。新世纪新阶段，以胡锦涛为总书记的党中央坚持以邓小平理论和"三个代表"重要思想为指导，从党和国家事业发展全局出发，总结我国发展实践，借鉴国外发展经验，适应新的发展要求，科学回答了"实现什么样的发展、怎样发展"等重大问题，形成以以人为本为核心、以全面协调可持续为基本内容、以统筹兼顾为根本方法的科学发展观，把中国特色社会主义关于发展问题的认识提升到新的高度，表明我们党对发展的

---

① 《邓小平文选》第 3 卷，人民出版社 1993 年版，第 3 页。

本质、目的和意义的认识更为深刻、更为科学。随着改革开放和社会主义现代化建设实践的深入发展，中国特色社会主义进一步得到丰富和发展，不断被赋予新的时代内涵和理论特色。可以说，改革开放和社会主义现代化建设的过程，就是中国共产党人领导中国人民不断进行实践探索和理论创新的过程。

3. 中国社会主义建设和其他国家社会主义曲折发展的经验教训是开创和发展中国特色社会主义的精神宝库

新中国成立后，中国共产党人面临的新任务是探索和建设社会主义国家。1956年生产资料社会主义改造基本完成，建立了社会主义制度，这一新任务提到日程上来。一方面照搬苏联的社会主义模式，另一方面又察觉到苏联模式有问题；一方面探索出许多宝贵的东西，另一方面也犯了一些严重的错误。党的八大对我国社会主要矛盾和主要任务的分析认识是一个良好的开端，但随后由于反右扩大化，使"左"倾思想在党内占据主导地位，出现了"大跃进"和"文化大革命"的严重挫折。总结我国社会主义建设的经验教训，邓小平指出："正如七大以前，民主革命二十多年的曲折发展，教育全党掌握了我国民主革命的规律一样，八大以后社会主义革命和建设二十多年的曲折发展也深刻地教育了全党。从十一届三中全会以来，我们党在经济、政治、文化等各方面的工作中恢复了正确的政策，并且研究新情况、新经验，制定了一系列新的正确政策。"① 我国社会主义建设过程中的曲折和错误，原因是多方面的，但根本的一条是没有完全搞清楚"什么是社会主义、怎样建设社会主义"这个重大的理论和实践课题。改革开放以来，我们党紧紧围绕这一基本问题进行理论思考和实践探索，并作出科学回答，不断开创和发展中国特色社会主义。同时，我们党还充分汲取苏联和东欧一些社会主义国家兴衰成败的经验教训，在改革开放中毫不动摇地坚持社会主义方向，从我国具体实际出发，走自己的路。与苏东执政党不同，当代中国共产党人不是脱离时代僵化地对待社会主义，而是坚持与时俱进，勇于站在时代潮流的前头，冲破本本、教条的束缚，大力推进理论创新和实践创新，认为"科学社会主义从学说到实践，从一国建设社会主义的实践到多国建设社会主义的实践，到当前世界社会主义国家改革的实践，都是对社会主义再认识的扩展和深化，都是科学社会主义理论同各国实践和时代发展的结

---

① 《邓小平文选》第3卷，人民出版社1993年版，第2页。

合"①。

4. 我国处于并将长期处于社会主义初级阶段是开创和发展中国特色社会主义的国情基础

历史经验表明，能否正确认识和准确把握我国社会所处的历史方位和发展阶段，决定着我们党能否确定正确的路线方针政策，决定着党和国家事业的兴衰成败。改革开放以来，我们党抛弃了各种脱离中国国情的超越社会发展阶段的思想观念，确认我国正处于并将长期处于社会主义初级阶段，明确提出人民日益增长的物质文化需要同落后的社会生产之间的矛盾是当代中国社会的主要矛盾。中国共产党人从社会主义初级阶段基本国情出发，围绕如何解决社会主要矛盾，不断推进改革开放和社会主义现代化建设实践的深入发展，并在实践中创造性地回答了"什么是马克思主义、怎样对待马克思主义"，"建设什么样的社会主义、怎样建设社会主义"，"建设什么样的党、怎样建设党"，"实现什么样的发展、怎样发展"这些基本问题，进一步深化了对人类社会发展规律、社会主义建设规律、共产党执政规律的认识。处于并将长期处于社会主义初级阶段是开创和发展中国特色社会主义的国情基础。

在和平与发展成为时代主题的历史条件下，在我国改革开放和社会主义现代化建设的实践过程中，在总结我国社会主义建设的经验教训和其他社会主义国家兴衰成败的经验教训的基础上，通过科学认识和准确把握我国社会正处于并将长期处于社会主义初级阶段的基本国情开创和发展起来的中国特色社会主义，是马克思主义在当代中国发展的最新成果，是中国共产党和中国人民最宝贵的财富。

（二）开创与发展的历史进程

习近平总书记在十八届中共中央政治局第一次集体学习时指出："中国特色社会主义是改革开放新时期开创的，也是建立在我们党长期奋斗基础上的，是由我们党的几代中央领导集体团结带领全党全国人民历经千辛万苦、付出各种代价、接力探索取得的。""以毛泽东同志为核心的党的第一代中央领导集体，为新时期开创中国特色社会主义提供了宝贵经验、理论准备、物质基础。以邓小平同志为核心的党的第二代中央领导集体，成功开创了中国特色社会主义。以江泽民同志为核心的党的第三代中央领导集体，成功把

---

① 《十三大以来重要文献选编》上，人民出版社1991年版，第55页。

中国特色社会主义推向二十一世纪。新世纪新阶段，以胡锦涛同志为总书记的党中央，成功在新的历史起点上坚持和发展了中国特色社会主义。"① 中国特色社会主义大致可以分为探索、开创和发展三个阶段。

1. 探索阶段

中国特色社会主义开创于改革开放历史新时期，但它并非无源之水，无本之木，而是在以毛泽东同志为核心的党的第一代中央领导集体带领全党全国各族人民建立新中国、确立社会主义基本制度，以及艰辛探索社会主义现代化建设规律取得宝贵经验的基础上进行的。总结毛泽东这一代中国共产党人领导中国革命和建设的实践，给后人留下的最为宝贵的财富，就是证实了"只有社会主义能够救中国"、"只有中国特色社会主义能够发展中国"的科学结论。

（1）只有社会主义能够救中国

从鸦片战争到中国共产党成立这一时期的中国，社会战乱不断，国家积贫积弱，人民饥寒交迫。中华儿女为了救亡图存、实现民族复兴，展开了波澜壮阔的奋争。然而，从太平天国到义和团运动，从戊戌变法到辛亥革命，这些以改变中国贫穷落后、被动挨打境地而名垂青史的伟大壮举都没有逃出失败的结局，究其原因，就在于它们没有并且当时也不可能选择社会主义方向。从中国共产党成立到社会主义制度确立这一历史时期，中国人民在中国共产党带领下，以马克思列宁主义、毛泽东思想为指导，以社会主义为方向，团结奋斗，冲破重重难关，取得了新民主主义革命和社会主义革命的伟大胜利。

为什么在西方、日本和美国行得通且走得好的资本主义，在中国走不通呢？原因就在于旧中国是半殖民地半封建社会，居于统治地位的是帝国主义、封建主义和官僚资本主义这"三座大山"。帝国主义入侵中国绝不是为了帮助中国独立发展、繁荣富强，而是要把中国变成它们的殖民地；封建势力为了巩固自己的统治地位，决不允许资本主义发展把自己送入坟墓；官僚资本主义作为帝国主义和封建主义豢养起来的走狗，也不希望改变中国的现状。中国的民主革命要推翻"三座大山"，走上资本主义独立发展的道路，需要有一个强大的、先进的资产阶级来领导，而中国的民族资本主义经济在帝国主义、封建主义反动统治的夹缝中艰难地生存；中国民族资产阶级在帝国主义、封建主义的统治下，因而天生地带有双重性——革命性和妥协性。

---

① 参见《人民日报》2012年11月19日第1版。

由此决定了中国民族资产阶级领导的民主革命必然会因帝国主义和封建主义的双重镇压以及自身的妥协而失败，即中国不可能走西方或其他国家走过的资本主义道路。中国革命只能在中国工人阶级的先锋队——中国共产党领导下，走社会主义道路，才能把中华民族和中国人民从水深火热之中拯救出来。

毛泽东这一代共产党人为中国革命设计的实践历程是分"两步走"，即新民主主义革命和社会主义革命。新民主主义革命是社会主义革命的必要准备，社会主义革命是新民主主义革命的必然前途。这已为中国共产党领导的新民主主义革命的胜利所证实。

（2）只有中国特色社会主义能够发展中国

新中国成立后，面对百废待兴的社会现实，党领导人民迅速恢复国民经济，并在此基础上，适时开始了以"一化三改"为主要内容的社会主义改造。"一化"即实现社会主义工业化；"三改"即对农业、手工业和资本主义工商业进行社会主义改造。中国共产党人创造性地开辟了一条适合中国特点的社会主义改造道路，实现了马克思、恩格斯、列宁的设想，为和平实现社会主义创造了新经验。"一化"与"三改"并举，实质上是把社会主义革命和社会主义建设统一起来。这是我们党对马克思列宁主义关于社会主义革命和建设理论与实践的一大创举。1956 年年底，随着对农业、手工业和资本主义工商业社会主义改造的基本完成，社会主义制度在我国确立，中国开始进入社会主义初级阶段。

社会主义制度的建立，是一个富有中国特色的伟大创举。为在全国适时开展大规模的社会主义建设，尽快改变中国一穷二白的面貌，1956 年，毛泽东提出了要正确处理经济建设中的各种关系，提出以苏为鉴，把马列主义与中国实际进行第二次结合，努力找出在中国这块大地上建设社会主义的具体道路。特别是同年召开的党的八大，对我国社会的主要矛盾作出了科学判断，明确指出我国社会的主要矛盾是人民日益增长的物质文化需要同落后的社会生产之间的矛盾，并据此提出了把经济建设作为党和国家的工作重心的正确主张。1957 年，毛泽东又提出要正确处理人民内部矛盾等，为我国社会主义建设指明了方向。但由于对"什么是社会主义、怎样建设社会主义"的问题在理论上没有完全认识清楚，加上实践中缺乏现实经验，所以我们曾一度认为，马克思恩格斯说过的社会主义、列宁做过的社会主义才是社会主义，于是就以"经典论述"为答案，照搬苏联模式。这虽然在一定时期对推动我国社会主义建设起到了一定的作用，但毕竟脱离中国国情，弊端不断暴露出来，致使走了很长时间的弯路。这一事实证明，即使走社会主义道路、搞社会主义建设这个大方向选对了，但如果脱离国情、照抄书本，生搬他国模式，也必然会尝到苦头。因此，只有高举中国特色社会主义大旗，走中国特色社会主义道路，才能发展中国。这是毛泽东这一代共产党人在中国社会主义建设实践中的经验教训，值得我们借鉴。

以毛泽东同志为核心的党的第一代中央领导集体带领全党全国各族人民完成了新民主主义革命，进行了社会主义改造，确立了社会主义基本制度，成功实现了中国历史上最深刻最伟大的社会变革，为当代中国一切发展进步奠定了根本政治前提和制度基础。虽然在社会主义建设探索过程中经历了严重曲折，但所取得的独创性理论成果和巨大成就，为新的历史时期开创中国特色社会主义提供了宝贵经验、理论准备和物质基础。

2. 开创阶段

以邓小平同志为核心的党的第二代中央领导集体带领全党全国各族人民深刻总结我国社会主义建设正反两方面经验，借鉴世界社会主义历史经验，作出把党和国家工作重心转移到经济建设上来、实行改革开放的历史性决策，深刻揭示社会主义本质，确立社会主义初级阶段基本路线，明确提出走自己的路、建设中国特色社会主义，科学回答了建设中国特色社会主义的一系列基本问题，成功开创了中国特色社会主义。

面对十年"文革"造成的危难局面，以邓小平为核心的党的第二代中央领导集体坚持解放思想、实事求是，以巨大的政治勇气和理论勇气，科学评价毛泽东同志和毛泽东思想，彻底否定"以阶级斗争为纲"的错误理论和实践，作出把党和国家工作重心转移到经济建设上来、实行改革开放的历史性抉择，确立社会主义初级阶段基本路线，吹响走自己的路、建设中国特色社会主义的时代号角，创立邓小平理论，指引全党全国各族人民在改革开放的伟大征程上阔步前进。这就十分明确地表明，中国特色社会主义事业是邓小平这一代共产党人领导全国人民开创的，其开创事业的实践活动是中国特色社会主义的直接实践基础。

（1）邓小平是中国特色社会主义的开创者

邓小平创造性地提出了和平与发展这一时代主题和社会主义初级阶段的论断，为中国特色社会主义道路奠定了坚实的理论基石。邓小平对社会主义建设的基本规律进行了长期不懈的探索，形成了一系列关于中国特色社会主义的基本理论和思维原则、科学方法，引导着我们党和人民既高屋建瓴又脚踏实地地将中国特色社会主义事业不断推向前进。1997年，江泽民在邓小平追悼大会上的悼词中指出：邓小平"是人民共和国的开国元勋"，"党的十一届三中全会以后，他成为中国共产党第二代中央领导集体的核心，领导我们开辟了建设有中国特色社会主义的新道路。在这条道路上，国民经济迅速发展起来，综合国力愈益强盛起来，人民生活逐步富裕起来，社会主义显示出前所未有的生机和活力。邓小平同志这样说过：如果没有毛泽东同志，我们中国人民至少还要在黑暗中摸索更长的时间。我们今天同样应当说，如果没有邓小平同志，中国人民就不可能有今天的新生活，中国就不可能有今天改革开放的新局面和社会主义现代化的光明前景"①。

新中国成立后，我们党面临着怎样从新民主主义向社会主义过渡、怎样探索一条在经济文化比较落后的条件下建设社会主义道路的任务。邓小平在担任中央书记处总书记的十年间，为探索适合中国国情的社会主义建设道路，为总结经验、纠正错误、调整政策，进行了卓有成效的工作。在1975年主持党、国家和军队的日常工作期间，他力挽狂澜，对"文化大革命"以来所造成的严重混乱局面大刀阔斧地进行整顿，为后来的改革进行了试验。"文化大革命"结束后，中国面临重大历史关头，邓小平以其远见卓识，在千头万绪中抓住决定性环节，从端正思想路线入手，拨乱反正。他强调实事求是是毛泽东思想的精髓，反对"两个凡是"的错误观点，支持开展真理标准的讨论，为党的十一届三中全会的召开做了思想准备。十一届三中全会重新确立解放思想、实事求是的思想路线，确定把党和国家工作的重心转移到经济建设上来，作出实行改革开放的决策，随后又旗帜鲜明地强调必须坚持四项基本原则，"一个中心、两个基本点"的党的基本路线开始形成。这次全会，标志着新中国成立以来党和国家历史的伟大转折，开辟了改革开放和集中力量进行社会主义现代化建设的历史新时期。

早在1979年新中国成立30周年纪念大会上，我党就提出要从中国的实际出发，努力走出一条适合我国情况和特点的现代化道路。1982年党的十二大上，邓小平明确提出："把马克思主义的普遍真理同我国的具体实际结合起来，走自己的道路，建设有中国特色的社会主义"②，这是我们总结长期历史经验得出的基本结论，也是指明我们新时期前进方向的重要论断，成为开创中国特色社会主义的标志。十二大以后，以邓小平同志为核心的党的第二代中央领导集体，带领全党和全国人民在中国特色社会

---

① 参见《人民日报》1997年2月26日。
② 《邓小平文选》第3卷，人民出版社1993年版，第3页。

主义道路上开拓前进，中国特色社会主义的内涵也随之不断丰富和发展。
1987 年党的十三大，对我国所处的历史阶段这个首要问题作出了鲜明的
回答，即"我国正处在社会主义的初级阶段"，并从初级阶段的实际出
发，提出了社会主义初级阶段的基本路线，描绘了中国经济建设分三步走
的战略部署，阐述了中国特色社会主义的一系列科学理论观点，构成了建
设中国特色的社会主义理论的轮廓，初步回答了我国社会主义建设的阶
段、任务、动力、条件、布局和国际环境等基本问题，规划了我们前进的
科学轨道。1992 年春，邓小平发表了南方谈话，对建设中国特色社会主
义作了一系列重要论述，特别是在社会主义本质、深化改革的意义、市场
经济以及什么是中国特色社会主义等重大问题上，提出了许多创新性观
点，对推进中国特色社会主义事业、形成和发展中国特色社会主义理论体
系做出了重大贡献。1992 年以邓小平南方谈话为指导召开的党的十四大
指出，改革开放 14 年是真正集中力量进行社会主义现代化建设的 14 年，
是人民生活水平提高最快的 14 年，党领导人民开创了历史的新局面，取
得了举世瞩目的成就，赢得了广大人民群众的拥护。我们党所以能够取得
这样的胜利，根本原因是在 14 年的伟大实践中，坚持把马克思主义基本
原理同中国具体实际相结合，逐步形成和发展了建设有中国特色社会主义
的理论。它第一次比较系统地初步回答了中国这样经济比较落后的国家如
何建设社会主义、如何巩固和发展社会主义的一系列基本问题，用新的思
想、观点，继承和发展了马克思主义。十四大从发展道路、发展阶段、根
本任务、发展动力、外部条件、政治保证、战略步骤、领导力量和依靠力
量以及祖国统一等九个方面对中国特色社会主义的主要内容作了具体归
纳。因此，以党的十四大为标志，中国社会主义改革开放和现代化建设进
入了一个新阶段。1997 年党的十五大，第一次把邓小平建设有中国特色
社会主义理论命名为邓小平理论，并专门论述了邓小平理论的历史地位和
指导意义，指出：马克思列宁主义同中国实际相结合有两次历史性飞跃，
产生了两大理论成果。第一次历史性飞跃的理论成果是被实践证明了的关于
中国革命和建设的正确的理论原则与经验总结，它的主要创立者是毛泽东，
我们党把它称为毛泽东思想。第二次历史性飞跃的理论成果是建设有中国特
色社会主义理论，它的主要创立者是邓小平，我们党把它称为邓小平理论。
这两大理论成果都是党和人民实践经验和集体智慧的结晶。同时，十五大修
改通过的《党章》明确规定：中国共产党把马克思列宁主义、毛泽东思想、
邓小平理论作为自己的行动指南。这是我们党经过近 20 年改革开放和社会

主义现代化建设的成功实践作出的历史性决策。邓小平理论，是指导中国人民在改革开放中胜利实现社会主义现代化的正确理论。

邓小平不仅是中国特色社会主义理论的开创者，而且是中国特色社会主义实践的探索者。他领导我们党制定了分三步走基本实现现代化的发展战略，并且确定了改革开放的全面部署。他大力支持和推动以家庭联产承包责任制为主的农村改革，热情赞扬乡镇企业的异军突起。他最早提出社会主义也可以搞市场经济的思想，推进以城市为中心的全面经济体制改革，开辟了一条把社会主义同市场经济结合起来，以更好地解放和发展生产力的新道路。在以邓小平为核心的中国共产党人的领导下，我们国家经历了从农村改革到城市改革、从经济体制改革到各方面体制改革、从对内搞活到对外开放、社会主义物质文明和精神文明建设一起抓的伟大历史进程。中国的生产力得到突飞猛进的发展，人民生活得到很大的提高，国家面貌发生深刻变化，受到广大群众的衷心拥护。

（2）改革开放是开创中国特色社会主义的伟大起点

1956年，党的八大制定了一条社会主义建设的正确道路，并提出了一系列有利于社会主义建设的方针政策。但是，由于当时我们党对世情、国情、党情的错误判断，使得这一时期的社会主义建设呈现出两大基本特点：一是群众运动；二是阶级斗争，直至酿成了"文化大革命"，极大地干扰了八大正确路线在实践中的实施。为彻底结束"文化大革命""左"的错误，拨乱反正，邓小平认为首先要解决思想僵化问题。他指出："一个党，一个国家，一个民族，如果一切从本本出发，思想僵化，迷信盛行，那它就不能前进，它的生机就停止了，就要亡党亡国。"① 邓小平积极倡导和支持"真理标准问题的大讨论"，推动了全党的思想解放，为恢复党的实事求是思想路线奠定了基础。1978年年底召开的党的十一届三中全会，完成了党和国家的工作重心由"以阶级斗争为纲"向以经济建设为中心的战略性转移，提出了坚持改革开放的正确方针，标志着中国共产党开创了以改革开放为主要特征建设社会主义的伟大事业。

改革开放、建设中国特色社会主义，作为中国共产党领导人民在新的历史条件下进行的新的伟大革命，自然要有适应改革开放要求的新理论来指导。这种新的理论必须与马克思列宁主义、毛泽东思想一脉相承，不能丢掉"老祖宗"，因为马克思列宁主义、毛泽东思想是我们党的指导思想的理论

---

① 《邓小平文选（1975—1982）》，人民出版社1983年版，第133页。

基础，丢掉了它就等于丢掉了灵魂；这种新的理论又必须是马克思列宁主义、毛泽东思想的与时俱进，符合新的时代特征和人民群众的根本利益，因为马克思列宁主义、毛泽东思想是随着时代和实践的发展而不断发展的科学理论，是广大人民根本利益的理论体现。为创立新的理论，邓小平做出了两大突出的历史性贡献：一是科学评价毛泽东同志的历史地位和毛泽东思想；二是创立了建设有中国特色社会主义理论，即党的十五大命名的邓小平理论。因此，邓小平理论是中国特色社会主义理论体系的最初形态。

邓小平留给我们最可宝贵的财富，就是他开创的中国特色社会主义以及在这面旗帜下形成的改革开放和社会主义现代化建设的路线方针政策。这成为当代中国共产党领导人民进行中国特色社会主义建设的指导思想和基本方向。

3. 发展阶段

以江泽民同志为核心的党的第三代中央领导集体带领全党全国各族人民坚持党的基本理论、基本路线，在国内外形势十分复杂、世界社会主义出现严重曲折的严峻考验面前捍卫了中国特色社会主义，依据新的实践确立了党的基本纲领、基本经验，确立了社会主义市场经济体制的改革目标和基本框架，确立了社会主义初级阶段的基本经济制度和分配制度，开创全面改革开放新局面，推进党的建设新的伟大工程，成功把中国特色社会主义推向21世纪。新世纪新阶段，党中央抓住重要战略机遇期，在全面建设小康社会进程中推进实践创新、理论创新、制度创新，强调坚持以人为本、全面协调可持续发展，提出构建社会主义和谐社会、加快生态文明建设，形成中国特色社会主义事业总体布局，着力保障和改善民生，促进社会公平正义，推动建设和谐世界，推进党的执政能力建设和先进性建设，成功在新的历史起点上坚持和发展了中国特色社会主义。

（1）党的第三代中央领导集体成功把中国特色社会主义推向21世纪

从十三届四中全会到十六大，受命于重大历史关头的党的第三代中央领导集体，高举邓小平理论伟大旗帜，坚持改革开放、与时俱进，在国内外政治风波、经济风险等严峻考验面前，依靠党和人民，捍卫中国特色社会主义，创建社会主义市场经济新体制，开创改革开放新局面，推进党的建设新的伟大工程，创立"三个代表"重要思想，继续引领改革开放的航船沿着正确方向破浪前进。

"三个代表"重要思想创立的实践基础，从历史上考察，就是建党80年的基本经验。江泽民把党80年的基本经验用一句话做了高度概括，即始终做到"三个代表",这是我们党的立党之本、执政之基、力量之源;从近的方面来说,就是改革开放以来特别是十三届四中全会以后 13 年的伟大探索。党的第三代中央领导集体提出要坚定不移地全面贯彻党的基本路线,在邓小平探索的基础上进行了更进一步的探索,使中国特色社会主义在理论和实践上都得到进一步丰富。2000 年 2 月,江泽民在广东省考察工作时第一次提出并阐述了"三个代表"重要思想。他说:"总结我们党七十多年的历史,可以得出一个重要的结论,这就是我们党所以赢得人民的拥护,是因为我们党在革命、建设、改革的各个历史时期总是代表着中国先进生产力的发展要求,代表着中国先进文化的前进方向,代表着中国最广大人民的根本利益,并通过制定正确的路线方针政策,为实现国家和人民的根本利益而不懈奋斗。"同年 5 月,江泽民又在江苏、浙江、上海党建工作座谈会上指出:始终做到"三个代表",是我们党的立党之本、执政之基、力量之源。2001年 7 月,江泽民在庆祝中国共产党成立 80 周年大会上的讲话中指出:"'三个代表'是中国共产党的立党之本、执政之基、力量之源,也是我们在新世纪全面推进党的建设,不断推进理论创新、制度创新和科技创新,不断夺取建设有中国特色社会主义事业新胜利的根本要求。"① 讲话系统阐述了"三个代表"重要思想的科学内涵和基本内容,并提出了实现人的全面发展的价值目标。2002 年 11 月,江泽民在党的十六大报告中,科学地总结了建设中国特色社会主义必须坚持的十条基本经验,即坚持以邓小平理论为指导,不断推进理论创新;坚持以经济建设为中心,用发展的办法解决前进中的问题;坚持改革开放,不断完善社会主义市场经济体制;坚持四项基本原则,发展社会主义民主政治等,为推进中国特色社会主义指明了方向。

　　2003 年 7 月,胡锦涛在"三个代表"重要思想理论研讨会上对"三个代表"重要思想作了进一步的论述,明确了"三个代表"重要思想的历史地位:"三个代表"重要思想是同马克思列宁主义、毛泽东思想和邓小平理论一脉相承而又与时俱进的科学体系,是马克思主义在中国发展的最新成果;强调了"三个代表"重要思想的本质:立党为公、执政为民。2006 年 8 月,胡锦涛在学习《江泽民文选》报告会上的讲话又全面系统地论述了"三个代表"重要思想的科学内涵及其重要地位,"'三个代表'重要思想涵盖了社会主义经济建设、政治建设、文化建设和党的建设以及国防和军队现代化建设、祖国统一、国际战略和外交工作等各个领域,涉及改革开放稳

---

① 参见《人民日报》2001 年 7 月 1 日。

定、内政外交国防、治党治国治军各个方面,是一个完整的科学的思想体系"。"'三个代表'重要思想最鲜明的特点和最突出的贡献,在于用一系列紧密联系、相互贯通的新思想、新观点、新论断,进一步回答了什么是社会主义、怎样建设社会主义的问题,创造性地回答了在长期执政的历史条件下建设什么样的党、怎样建设党的问题,深化了我们对新的历史条件下推进中国特色社会主义事业和加强党的建设的规律的认识。"① 纵观这一阶段我们党对中国特色社会主义的探索过程,始终是围绕一个主题、两个方面展开的。一个主题是建设中国特色社会主义;两个方面是"什么是社会主义、怎样建设社会主义","建设什么样的党、怎样建设党"。也正是在这些方面,体现了"三个代表"重要思想对中国特色社会主义理论体系的发展。

第一,在"什么是社会主义、怎样建设社会主义"方面,以江泽民为核心的党的第三代中央领导集体的突出贡献,就是以"三个代表"重要思想创造性地运用马克思列宁主义、毛泽东思想特别是邓小平理论,紧密结合时代发展的新形势、我国广大人民群众的新要求、我国改革开放和社会主义现代化建设的新实践,在"什么是社会主义、怎样建设社会主义"这个根本问题上形成了富有创造性的理论成果。党的第三代中央领导集体提出了实现好、维护好、发展好最广大人民的根本利益的思想,把发展作为党执政兴国的第一要务,提出全面建设惠及十几亿人口的更高水平的小康社会;坚持和完善以社会主义公有制为主体、多种所有制经济共同发展的基本经济制度,坚持和完善以按劳分配为主体、多种分配方式并存的分配制度;提出建立社会主义市场经济体制的目标和推进经济结构战略性调整和经济增长方式转变,提出推进西部大开发、促进区域协调发展的战略,实施"引进来"和"走出去"相结合的开放战略;建设社会主义政治文明,发展社会主义民主政治,实行依法治国基本方略;提出正确处理改革、发展、稳定关系和正确处理新时期人民内部矛盾的思想,等等,进一步回答了建设中国特色社会主义的发展道路、发展战略、根本目的、根本任务、发展动力、依靠力量、国际战略等重大问题。这些新论断,既坚持了马克思主义基本原理,又具有鲜明的时代特征,是坚持和发展马克思主义的典范,也是坚持和发展中国特色社会主义的典范。

第二,在"建设什么样的党、怎样建设党"方面,以江泽民为核心的党的第三代中央领导集体在经历了 20 世纪 80 年代末 90 年代初的"八九"

---

① 参见《人民日报》2006 年 8 月 16 日第 1 版。

风波、苏联东欧剧变和"法轮功"事件后，把党的建设摆在现代化建设战略全局的关键地位。这是这一代中国共产党人发展中国特色社会主义的一个突出特点。在新的历史条件下加强党的建设，重点是要把握好党的历史方位，以改革的精神坚持和改进党的建设，切实解决好提高党的领导水平和执政水平、提高拒腐防变和抵御风险能力这两大历史性课题。为此，党的第三代中央领导集体围绕党的建设进行了如下理论与实践的创新：提出中国共产党是中国工人阶级的先锋队，同时是中国人民和中华民族的先锋队；坚持立党为公、执政为民；把加强党的思想理论建设放在首位，不断推进马克思主义的中国化；加强党的执政能力建设，改革和完善党的领导方式和执政方式；坚持民主集中制，以党内民主带动人民民主；大力培养忠诚于马克思主义、坚持走中国特色社会主义道路、会治党治国的政治家；领导干部一定要讲学习、讲政治、讲正气；始终保持党同人民群众的血肉联系，不断增强党的阶级基础和扩大党的群众基础；坚持治国必先治党、治党务必从严，反对腐败是关系党和国家生死存亡的严重政治斗争，等等。这些重大思想是在新的历史条件下对马克思主义党建理论的重大发展，这些实践活动为"三个代表"重要思想创立和中国特色社会主义发展提供了坚实基础。

（2）新世纪新阶段的党中央成功在新的历史起点上坚持和发展了中国特色社会主义

党的十六大以来，党中央以邓小平理论和"三个代表"重要思想为指导，顺应国内外形势发展变化，抓住重要战略机遇期，发扬求真务实、开拓进取精神，推进实践创新、理论创新、制度创新，强调坚持以人为本、全面协调可持续发展，提出构建社会主义和谐社会、加快生态文明建设，形成中国特色社会主义事业总布局，着力保障和改善民生，促进社会公平正义，不断完善社会主义市场经济体制，推动建设和谐世界，推进党的执政能力建设和先进性建设，在全面建设小康社会实践中坚定不移地把改革开放伟大事业继续推向前进，成功在新的历史起点上坚持和发展了中国特色社会主义。

应当看到，毛泽东奠基的、邓小平开创的、江泽民发展了的中国特色社会主义事业，到21世纪初已经有了长足的发展。对此，胡锦涛在党的十七大上用了"三个最"作了高度概括：第一，新时期最鲜明的特点是改革开放。从农村到城市、从经济领域到其他领域，全面改革的进程势不可挡；从沿海到沿江沿边、从东部到中西部，对外开放的大门毅然决然地打开了。这场历史上从未有过的大改革大开放，极大地调动了亿万人民的积极性，使我国成功实现了从高度集中的计划经济体制到充满活力的社会主义市场经济体制、从封闭半封闭到全方位开放的伟大历史转折。今天，一个面向现代化、面向世界、面向未来的社会主义中国巍然屹立在世界东方。第二，新时期最显著的成就是快速发展。我们党实施现代化建设"三步走"战略，带领人民艰苦奋斗，推动我国以世界上少有的速度持续发展起来，经济上从一度濒于崩溃的边缘发展到总量跃居至世界第二、进出口总额位居世界第三，人民生活从温饱不足发展到总体小康，农村贫困人口数量从 2 亿 5000 多万减少到 2000 多万，政治建设、文化建设、社会建设也取得举世瞩目的成就。中国的发展，不仅使中国人民稳定地走上富裕安康的广阔道路，而且为世界经济发展和人类文明进步做出重大贡献。第三，新时期最突出的标志是与时俱进。我们党坚持马克思主义的思想路线，不断探索和回答"什么是马克思主义、怎样对待马克思主义"，"什么是社会主义、怎样建设社会主义"，"建设什么样的党、怎样建设党"，"实现什么样的发展、怎样发展"等重大理论问题和实践问题，不断推进马克思主义中国化，坚持并丰富党的基本理论、基本路线、基本纲领、基本经验。社会主义和马克思主义在中国大地上焕发出勃勃生机，给人民带来更多福祉，使中华民族大踏步赶上时代前进潮流，迎来伟大复兴的光明前景。这"三个最"，为我们党在新世纪新阶段继续坚持和发展中国特色社会主义奠定了坚实的基础。

进入新世纪新阶段，我国人民总体上达到小康水平，综合国力大大增强，但是，与发达国家相比还较为落后，与人民群众的新期待还有较大差距。因此，我们要继续坚持和发展中国特色社会主义，必须从理论和实践上解决为什么发展、怎样发展、靠谁发展、为谁发展等一系列有关发展的根本性、战略性重大问题。正是适应这一需要，以胡锦涛为总书记的党中央，坚持以马克思主义、毛泽东思想、邓小平理论和"三个代表"重要思想为指导，结合新世纪新阶段的形势和任务，根据最广大人民群众的根本利益和要求，创立了科学发展观。

科学发展观作为中国特色社会主义理论体系的重要组成部分，其创立和发展的实践基础就是新世纪新阶段我们党领导人民坚持和发展中国特色社会主义的新的伟大实践。

2003 年 10 月，党的十六届三中全会正式提出科学发展观这一重大战略思想：坚持以人为本，树立全面、协调、可持续的发展观，促进经济社会和人的全面发展。2004 年 3 月，胡锦涛在中央人口资源环境工作座谈会上发表重要讲话，对科学发展观作了系统深刻的论述，指出：一个国家坚持什么样的发展观，对这个国家的发展会产生重大影响，不同的发展观往往会导致不同的发展结果。坚持以人为本，全面、协调、可持续的发展观，是我们以邓小平理论和"三个代表"重要思想为指导，从新世纪新阶段党和国家事业发展全局出发提出的重大战略思想。以人为本，就是要以实现人的全面发展为目标，从人民群众的根本利益出发谋发展、促发展，不断满足人民群众日益增长的物质文化需要，切实保障人民群众的经济、政治和文化权益，让发展的成果惠及全体人民；全面发展，就是要以经济建设为中心，全面推进经济、政治、文化建设，实现经济发展和社会全面进步；协调发展，就是要统筹区域发展、经济社会发展、人和自然和谐发展、国内发展和对外开放，推进生产力和生产关系、经济基础和上层建筑相协调，推进经济、政治、文化建设的各个环节、各个方面相协调；可持续发展，就是要促进人与自然的和谐，实现经济发展和人口、资源、环境相协调，坚持走生产发展、生活富裕、生态良好的文明发展道路，保证一代接一代地永续发展。这就深刻揭示了科学发展观的科学内涵和基本要求。

2007年10月，胡锦涛在党的十七大报告中不仅对科学发展观作了全面阐述，而且对中国特色社会主义理论体系作了科学论述，指出：科学发展观是立足社会主义初级阶段基本国情，总结我国发展实践，借鉴国外发展经验，适应新的发展要求提出来的。科学发展观，第一要义是发展，核心是以人为本，基本要求是全面协调可持续，根本方法是统筹兼顾。科学发展观是对党的三代中央领导集体关于发展的重要思想的继承和发展，是马克思主义关于发展的世界观和方法论的集中体现，是同马克思列宁主义、毛泽东思想、邓小平理论和"三个代表"重要思想既一脉相承又与时俱进的科学理论，是我国经济社会发展的重要指导方针，是发展中国特色社会主义必须坚持和贯彻的重大战略思想。

因此，科学发展观这一从新世纪新阶段党和国家事业全局出发提出的重大战略思想，进一步回答了为什么发展、实现什么样的发展和怎样发展的重大问题，赋予了马克思主义关于发展的理论以新的时代内涵和实践要求，进一步丰富和发展了中国特色社会主义。

综上所述，中国特色社会主义是一代代中国共产党人接力探索的成果，凝聚着以毛泽东、邓小平、江泽民为核心的党的三代中央领导集体和以胡锦涛为总书记的党中央做出的历史性贡献。中国特色社会主义承载着几代中国共产党人的理想和探索，寄托着无数仁人志士的夙愿和期盼，凝聚着亿万人民的奋斗和牺牲，是近代以来中国社会发展的必然选择，是中国发展进步的必由之路。实践充分证明，中国特色社会主义是中国共产党和中国人民团结的旗帜、奋进的旗帜、胜利的旗帜。我们要全面建成小康社会、加快推进社会主义现代化、实现中华民族伟大复兴，必须始终高举中国特色社会主义伟大旗帜，坚定不移地坚持和发展中国特色社会主义理论体系，坚定不移地坚持和完善中国特色社会主义制度。全党和全国人民对中国特色社会主义充满道路自信、理论自信、制度自信，根本原因就在这里。

二　中国特色社会主义的科学内涵和基本特色

中国共产党成立 90 多年以来，始终依靠人民，坚持把马克思主义基本原理同中国实际和时代特征相结合，独立自主地走自己的路，历经千辛万苦，付出各种代价，取得了革命、建设、改革的伟大胜利，开创和发展了中国特色社会主义，从根本上改变了中国人民和中华民族的前途命运。中国特色社会主义，既坚持了科学社会主义基本原则，又根据时代条件和实践发展不断赋予其深刻内涵和鲜明特色，以全新的视野深化了对共产党执政规律、社会主义建设规律、人类社会发展规律的认识。

（一）科学内涵

自党的十二大邓小平提出"走自己的道路，建设有中国特色的社会主义"这一科学命题以后，建设中国特色社会主义就成为我们党和全国人民在新的历史时期的总任务和主题，并在这一重要思想指引下实行改革开放，使经济持续快速发展，经济总量不断攀升并跃居世界第二位，取得了举世瞩目的历史性成就。经过 30 多年的伟大实践，中国特色社会主义的内涵越来越明晰、越来越丰富。它已成为一个总称，这就是中国特色社会主义旗帜下的中国特色社会主义道路、中国特色社会主义理论体系、中国特色社会主义制度。胡锦涛在党的十八大报告中强调，我们要坚定不移高举中国特色社会主义伟大旗帜，"中国特色社会主义道路、中国特色社会主义理论体系、中国特色社会主义制度，是党和人民九十多年奋斗、创造、积累的根本成就，必须倍加珍惜、始终坚持、不断发展"[①]。

1. 高举旗帜

中国特色社会主义是引领当代中国发展进步根本方向的伟大旗帜。旗帜

---

① 《坚定不移沿着中国特色社会主义道路前进　为全面建成小康社会而奋斗》，《人民日报》2012 年 11 月 18 日第 1 版。

问题至关重要。旗帜就是方向，就是形象，具有强大的凝聚力和吸引力。毛泽东曾经说过："主义譬如一面旗子，旗子立起了，大家才有所指望，才知所趋赴。"① 我们党一贯重视旗帜问题，在 1921 年 7 月建党的一大上就把"马克思列宁主义"作为党的指导思想写到了自己的旗帜上。在以后的革命实践中，以毛泽东为核心的党的第一代中央领导集体把马列主义与中国实际相结合，开辟了农村包围城市、最后夺取全国政权的革命道路，创立了毛泽东思想这一中国化的马克思主义。1945 年 4 月，党的七大把毛泽东思想作为党的指导思想写进党章，意味着我们党在高高举起的"马列主义"旗帜上又加上了"毛泽东思想"。党的七大会场上方，悬挂的一条醒目的横幅就是"在毛泽东的旗帜下胜利前进"。改革开放以后，以邓小平为核心的党的第二代中央领导集体进一步把马克思主义与当代中国实际和时代特征相结合，开辟了中国特色社会主义道路，形成了邓小平理论。后来，以江泽民为核心的党的第三代中央领导集体和以胡锦涛为总书记的党中央又先后形成了"三个代表"重要思想、科学发展观。党的十五大把邓小平理论作为党的指导思想写上党的旗帜；党的十六大把"三个代表"重要思想作为党的指导思想写上党的旗帜；党的十七大进一步把改革开放以来我们党在开创、坚持和发展中国特色社会主义实践中形成的邓小平理论、"三个代表"重要思想以及科学发展观等重大战略思想整合为"中国特色社会主义理论体系"，并旗帜鲜明地提出"高举中国特色社会主义伟大旗帜"；党的十八大又明确把科学发展观同马克思列宁主义、毛泽东思想、邓小平理论和"三个代表"重要思想一道，作为"党必须长期坚持的指导思想"写上党的旗帜，强调继续"高举中国特色社会主义伟大旗帜"。实践证明，举什么旗、走什么路、向什么方向前进的问题，最终决定中国社会主义事业的成败。我国改革开放以来所取得的历史性成就和所发生的巨大变化，就是在中国特色社会主义伟大旗帜下取得的。中国特色社会主义旗帜是当代中国发展进步的根本方向，也是当代中国全党和全国各族人民团结奋斗的动力源泉。高举中国特色社会主义伟大旗帜，必须毫不动摇地以邓小平理论、"三个代表"重要思想、科学发展观为指导，坚持和发展中国特色社会主义。"既不走封闭僵化的老路、也不走改旗易帜的邪路。"② 中国特色社会主义旗帜下的中国特色

---

① 《毛泽东早期文稿》，湖南人民出版社 1990 年版，第 554 页。
② 《坚定不移沿着中国特色社会主义道路前进　为全面建成小康社会而奋斗》，《人民日报》2012 年 11 月 18 日第 1 版。

社会主义道路、理论体系、制度，是党和人民 90 多年努力奋斗的根本成就，我们必须始终坚持和不断发展。

2. 开拓道路

高举中国特色社会主义伟大旗帜，必须坚持和拓展中国特色社会主义道路。毛泽东在民主革命时期就曾指出："革命党是群众的向导，在革命中未有革命党领错了路而革命不失败的。"① 又说："我们不但要提出任务，而且要解决完成任务的方法问题。我们的任务是过河，但是没有桥或没有船就不能过。不解决桥或船的问题，过河就是一句空话。"② 从这个意义上说，"道路关乎党的命脉，关乎国家前途、民族命运、人民幸福"。"回首近代以来中国波澜壮阔的历史，展望中华民族充满希望的未来，我们得出一个坚定的结论：全面建成小康社会，加快推进社会主义现代化，实现中华民族伟大复兴，必须坚定不移走中国特色社会主义道路。"③ "中国特色社会主义道路，就是在中国共产党领导下，立足基本国情，以经济建设为中心，坚持四项基本原则，坚持改革开放，解放和发展社会生产力，建设社会主义市场经济、社会主义民主政治、社会主义先进文化、社会主义和谐社会、社会主义生态文明，促进人的全面发展，逐步实现全体人民共同富裕，建设富强民主文明和谐的社会主义现代化国家。"④ 其中"一个中心、两个基本点"的基本路线是总纲，是党和国家的生命线，是坚持和发展中国特色社会主义事业和中国特色社会主义道路的根本遵循；经济建设、政治建设、文化建设、社会建设、生态文明建设"五位一体"的总布局是基本内容，是中国特色社会主义道路的具体展开，反映了我们党对发展内涵的认识不断拓宽和对中国特色社会主义规律性的认识更加深化；促进人的全面发展，逐步实现全体人民共同富裕是价值取向，体现了社会主义的本质和共产党的执政理念，也是社会主义优越性的最大特点和集中表现；建设富强民主文明和谐的社会主义现代化国家是我们发展中国特色社会主义的努力方向，它涵盖了经济、政治、文化、社会各个方面，是一个全面的社会主义现代化目标；党的领导，是中国特色社会主义道路的根本政治保证。实践证明，中国特色社会主义道路是党领导全国人民经过长期探索所找到的一条能够使民族振兴、国家富强、人民

---

① 《毛泽东选集》第 1 卷，人民出版社 1991 年版，第 3 页。

② 同上书，第 139 页。

③ 《坚定不移沿着中国特色社会主义道路前进　为全面建成小康社会而奋斗》，《人民日报》2012 年 11 月 18 日第 1 版。

④ 同上。

幸福、社会和谐的康庄大道，是当代中国发展进步的唯一正确道路。

3. 构筑体系

高举中国特色社会主义伟大旗帜，必须坚持和丰富中国特色社会主义理论体系。马克思主义是我们认识世界和改造世界的强大思想武器。马克思、恩格斯在《共产党宣言》1872 年德文版序言中指出："这些原理的实际运用，正如《宣言》中所说的，随时随地都要以当时的历史条件为转移。"[①]毛泽东坚持和发展了马克思主义创始人的思想，他在民主革命时期同党内教条主义进行斗争的过程中，创造性地提出了把马克思主义的普遍真理同中国革命的具体实际相结合，推进马克思主义中国化，并把它作为"我们党一贯的思想原则"[②]。这是他对我们党和中国革命与建设事业的独创性贡献。我们党在 90 多年的奋斗历程中，坚持把马克思主义基本原理和中国具体实际相结合，不断推进马克思主义中国化，实现了两次历史性飞跃，产生了两大理论成果。第一次历史性飞跃发生在新民主主义革命时期，形成了毛泽东思想。第二次历史性飞跃发生在改革开放新时期，形成了中国特色社会主义理论体系。"中国特色社会主义理论体系，就是包括邓小平理论、'三个代表'重要思想、科学发展观在内的科学理论体系，是对马克思列宁主义、毛泽东思想的坚持和发展。"[③] 中国特色社会主义理论体系的三个组成部分，既一脉相承又与时俱进；既围绕建设中国特色社会主义这一共同主题，又科学回答了不同时期不同阶段面临的新课题。这个体系主要具有两个不同层次的内容：第一个层次是主题和精髓。主题是建设和发展中国特色社会主义，不再是一般地谈论社会主义，而是探讨在中国这样一个经济比较落后的大国建设和发展社会主义的客观规律；精髓是解放思想、实事求是、与时俱进。第二个层次是围绕主题的一系列关于中国特色社会主义的新的基本理论，包括社会主义初级阶段理论、社会主义本质理论、社会主义的改革开放理论、市场经济理论、民主政治建设理论、文化建设理论、和谐社会理论、执政党建设理论、生态文明建设理论、"一国两制"和平统一祖国理论，等等。这个理论体系，坚持和发展了马克思列宁主义、毛泽东思想，凝结了几代中国共产党人带领全国人民不懈探索实践的智慧和心血，是马克思主义中国化最新成果，是党最宝贵的政治和精神财富，是全国各族人民团结奋斗的共同

---

① 《马克思恩格斯选集》第 1 卷，人民出版社 1995 年版，第 248 页。

② 《毛泽东文集》第 7 卷，人民出版社 1999 年版，第 116 页。

③ 《坚定不移沿着中国特色社会主义道路前进　为全面建成小康社会而奋斗》，《人民日报》2012 年 11 月 18 日第 1 版。

思想基础。在当代中国，坚持中国特色社会主义理论体系，就是真正坚持马克思主义。

4. 完善制度

高举中国特色社会主义伟大旗帜，必须坚持和完善中国特色社会主义制度。20 世纪 50 年代中期，经过社会主义改造，在中国大地上建立了社会主义制度，其中经济方面较多的是学习苏联，如纯粹的公有制、单一的按劳分配和计划经济等；政治方面更多的是自己独创的，如人民民主专政的国家政权、人民代表大会制度、共产党领导的多党合作和政治协商制度、民族区域自治制度等。党的十一届三中全会以后，在改革开放和探索中国特色社会主义道路的进程中，为适应社会主义初级阶段的基本国情，自觉地对过去的制度进行了调整和完善。"中国特色社会主义制度，就是人民代表大会制度的根本政治制度，中国共产党领导的多党合作和政治协商制度、民族区域自治制度以及基层群众自治制度等基本政治制度，中国特色社会主义法律制度，公有制为主体、多种所有制经济共同发展的基本经济制度，以及建立在这些制度基础上的经济体制、政治体制、文化体制、社会体制等各项具体制度。"① 中国特色社会主义制度是中国特色社会主义道路的制度支撑和依托。

5. 三者统一

中国特色社会主义道路、理论体系和制度是辩证统一的关系。在当代中国，高举中国特色社会主义伟大旗帜，最根本的就是要坚持和拓展中国特色社会主义道路，坚持和丰富中国特色社会主义理论体系，坚持和完善中国特色社会主义制度。"中国特色社会主义道路是实现途径，中国特色社会主义理论体系是行动指南，中国特色社会主义制度是根本保障，三者统一于中国特色社会主义伟大实践，这是党领导人民在建设社会主义长期实践中形成的最鲜明特色。"②

（1）中国特色社会主义道路、理论体系和制度各有侧重

坚持和拓展中国特色社会主义道路注重的是"实践途径"。中国特色社会主义道路，本质上是指在社会主义初级阶段实现社会主义现代化根本目标的实践路径，因而是实现社会主义现代化的必由之路，在中国特色社会主义伟大旗帜中是路标。只有坚持走中国特色社会主义道路，才能实现中华民族

---

① 《坚定不移沿着中国特色社会主义道路前进　为全面建成小康社会而奋斗》，《人民日报》2012 年 11 月 18 日第 1 版。

② 同上。

的伟大复兴。坚持和丰富中国特色社会主义理论体系注重的是"理论指导"。中国特色社会主义理论体系，是指导我们沿着中国特色社会主义道路实现中华民族伟大复兴的正确理论，是中国发展进步的理论引导，它在中国特色社会主义伟大旗帜中是科学指南。我们既要坚持和发展当代中国实践发展的新要求和理论研究的新成果，进一步丰富发展中国特色社会主义理论体系，又要从本质上深刻揭示中国特色社会主义理论体系的历史逻辑、内容逻辑和发展逻辑，确保中国特色社会主义理论体系在科学的理论指导下推向前进。坚持和完善中国特色社会主义制度注重的是"制度保障"。党的发展历程告诉我们，建设好、管理好一个有几千万党员的大党，制度更带有根本性、全局性、稳定性、长期性。中国特色社会主义制度，是保障我们沿着中国特色社会主义道路和中国特色社会主义理论体系所指引的正确方向前进的制度体系，是当代中国发展进步、应对各种严峻挑战、各族人民团结奋斗、维护国家和平统一的制度保障。

（2）中国特色社会主义道路、理论体系和制度有机统一

中国特色社会主义道路、中国特色社会主义理论体系和中国特色社会主义制度具有内在的逻辑联系，相互依存，相互联系，构成"三位一体"的有机整体。第一，三者都是通过确立党的思想路线、判断社会主义初级阶段的历史方位、探索发展社会生产力的有效方式形成和发展起来的。第二，三者都是围绕实现中国社会主义现代化进而实现中华民族的伟大复兴这一主题从不同侧面展开的。第三，三者都把解放思想、实事求是、与时俱进作为根本的哲学思维方法，可以说，没有这一哲学思维方法，就没有中国特色社会主义道路、理论体系和制度的形成与发展。第四，三者相辅相成、同步发展，中国特色社会主义理论体系是在坚持和拓展中国特色社会主义道路中形成的，又以制度的形式加以固化，从而确立了中国特色社会主义制度。第五，三者的统一既是一种功能上的整体，又是一种发展上的整体，不仅一方的发展制约着而且也离不开另外两方的发展，彼此紧密联系，共同撑起中国特色社会主义这面伟大旗帜。第六，符合科学社会主义既是一种理论，也是一种运动，还是一种制度的基本原则和形态。作为科学社会主义在我国的运用和发展，中国特色社会主义道路是实现社会主义现代化的必由之路，是创造人民美好生活的实践形态；中国特色社会主义理论体系是马克思主义中国化的最新成果，是指导党和国家全部工作的强大思想武器；中国特色社会主义制度是根本政治制度与基本政治制度、中国特色社会主义法律体系、基本经济制度以及各方面体制机制等具体制度的有机结合，是中国特色社会主

特点和优势的集中体现。

（二）基本特色

党的十八大报告指出："发展中国特色社会主义是一项长期的艰巨的历史任务，必须准备进行具有许多新的历史特点的伟大斗争。我们一定要毫不动摇坚持、与时俱进发展中国特色社会主义，不断丰富中国特色社会主义的实践特色、理论特色、民族特色、时代特色。"①

1. 鲜明的实践特色

首先，中国特色社会主义是一项前无古人的伟大创造性实践，需要我们在实践中不断探索，不断发展。中国特色社会主义所面临的一系列重大问题都是历史上不曾有过的，是我们在实践中不断加以创造性解决的。1984 年10 月，党的十二届三中全会通过了《中共中央关于经济体制改革的决定》，指出改革的基本任务是建立具有中国特色的充满生机与活力的社会主义经济体制。邓小平曾经对这一《决定》进行了客观评价，他指出："这次经济体制改革的文件好，就是解释了什么是社会主义，有些是我们老祖宗没有说过的话，有些新话。我看讲清楚了。过去我们不可能写出这样的文件，没有前几年的实践不可能写出这样的文件。写出来，也很不容易通过，会被看作'异端'。我们用自己的实践回答了新情况下出现的一些新问题。"② 我们正是用自己的实践回答了新形势下产生的新问题、新现象，推动了中国特色社会主义事业充满生机活力地向前发展。

其次，中国特色社会主义是广大人民群众的基层创造和党总结这些创造之间有机结合的实践活动，也就是基层创新与顶层设计完美结合的实践活动。在这一伟大实践中，人民群众的历史创造性发挥得淋漓尽致。1978 年的一个冬夜，安徽凤阳小岗村的 18 个农民按下手印，搞起"包产到户"，由此推动了全国性的家庭联产承包制度的建立。1980 年 2 月 5 日，广西壮族自治区宜山县三岔公社合寨大队果作村村民自发投票选举产生了中国第一个村民委员会，揭开了中国农民"直接行使民主权利，依法管理自己的事情，创造自己幸福生活"的序幕。合寨村率先实行村民自治，被誉为和安徽凤阳小岗村"家庭联产承包责任制"齐名的中国农民两大首创。此后，全

---

① 《坚定不移沿着中国特色社会主义道路前进　为全面建成小康社会而奋斗》，《人民日报》2012 年 11 月 18 日第 1 版。

② 《邓小平文选》第 3 卷，人民出版社 1993 年版，第 91 页。

国不少地区都出现了类似村民委员会组织。农民的这一创举迅速得到国家认可，1982 年 12 月通过的新宪法确立了村民委员会作为农村基层群众性自治组织的法律地位。1983 年中共中央、国务院发出《关于实行政社分开建立乡政府的通知》，正式宣告了人民公社体制的终结，从而为在全国范围内建立村民委员会铺平了道路。1987 年全国人民代表大会常委会通过《村民委员会组织法（试行）》，村民自治被以法律的形式确定下来。无论是联产承包责任制的实施，还是村民委员会的建立，都离不开中国农民的伟大创造。

最后，中国特色社会主义从来不固守某种理论教条或者某种模式，也从不固化某种具体制度，而是在改革开放的现实实践中不断推进理论创新、制度创新。胡锦涛在纪念改革开放 30 周年大会上的讲话中指出："实践永无止境，探索和创新也永无止境。世界上没有放之四海而皆准的发展道路和发展模式，也没有一成不变的发展道路和发展模式。我们既不能把书本上的个别论断当作束缚自己思想和手脚的教条，也不能把实践中已见成效的东西看成完美无缺的模式。"① 这就鲜明地体现了中国特色社会主义的实践性质与实践色彩。

2. 厚重的理论特色

一是中国特色社会主义始终是在马克思列宁主义、毛泽东思想等科学理论的指导下发展和完善的，它从来没有离开科学理论的指导。恩格斯指出："我们党有个很大的优点，就是有一个新的科学的观点作为理论的基础。"② 这恰恰也是我们党的突出优点，它始终以马克思主义的科学世界观为理论指导。毛泽东说："领导我们事业的核心力量是中国共产党，指导我们思想的理论基础是马克思列宁主义。"③ 进入改革开放新时期，邓小平一再强调，"我们搞改革开放，把工作重心放在经济建设上，没有丢马克思，没有丢列宁，也没有丢毛泽东。老祖宗不能丢啊！"④ 江泽民提出，要在坚持马克思主义基本原理和坚持勇于追求真理、探索真理方面始终做到两个"坚定不移"、两个"不能含糊"⑤；胡锦涛提出，要把党建设成为"马克思主义学习型政党"⑥。在改革开放的实践中，我们党始终坚持解放思想、实事求是、

---

① 《胡锦涛在纪念改革开放 30 周年大会上的讲话》，《人民日报》2008 年 12 月 19 日。
② 《马克思恩格斯选集》第 2 卷，人民出版社 1995 年版，第 39—40 页。
③ 《建国以来毛泽东文稿》第 4 册，中央文献出版社 1990 年版，第 554 页。
④ 《邓小平文选》第 3 卷，人民出版社 1993 年版，第 369 页。
⑤ 《江泽民文选》第 3 卷，人民出版社 2006 年版，第 335 页。
⑥ 参见《人民日报》2009 年 9 月 19 日。

与时俱进，坚持以我国改革开放和现代化建设的实际问题、以我们正在做的事情为中心，着眼于马克思主义理论的科学运用，着眼于对实际问题的理论思考，着眼于新的实践和新的发展，着眼于当今世界的大格局与大变动，深入研究和回答重大理论和现实问题，不断把党带领人民创造的成功经验上升为理论，使中国特色社会主义具有厚重的理论特质。

二是中国特色社会主义是在不断总结历史经验的过程中推进理论创新的，在理论创新的过程中推动我们的事业不断向前发展。理论建设和理论创新是马克思主义政党必备的一个特质，每当事业发展的重要关头，我们党都注重首先抓好理论建设与创新。注重理论创新，是党的事业前进的重要保证。理论创新是马克思主义认识论的根本要求，是引导社会前进的强大力量。在改革开放进程中，我们党坚持用发展着的马克思主义指导新实践、研究新情况、解决新问题，以广大人民群众建设中国特色社会主义的生动实践为理论创新源泉，以实现和维护最广大人民的根本利益为理论创新目的，以顺应时代潮流不断与时俱进的创造精神为理论创新动力，以研究和解决我们在前进中面临的突出问题为理论创新着力点，不断打开理论创新的新视野，不断取得马克思主义同中国具体实际相结合的新进展，深化了对共产党执政规律、社会主义建设规律、人类社会发展规律的认识，开辟了马克思主义发展的新境界。

三是中国特色社会主义旗帜上不仅包括中国特色社会主义道路、制度，而且包括理论体系。中国特色社会主义理论体系是指导党和人民沿着中国特色社会主义道路实现中华民族伟大复兴的正确理论。邓小平理论、"三个代表"重要思想、科学发展观前后继起，相互贯通，融合成为中国特色社会主义理论体系。三者中，前一个科学体系为后一个科学体系提出问题留出发展空间，它们之间层层递进，使中国特色社会主义理论体系越来越丰富和完善。邓小平理论作为中国特色社会主义理论体系的开创之作，是最基础的重要组成部分；"三个代表"重要思想作为中国特色社会主义理论体系的丰富之作，是承上启下、极为重要的组成部分；科学发展观作为中国特色社会主义理论体系的发展之作，是新世纪新阶段的重要创新成果。胡锦涛指出：党的十六大以来，我们之所以能取得巨大的历史性成就，"最重要的就是坚持以马克思列宁主义、毛泽东思想、邓小平理论、'三个代表'重要思想为指导，勇于推进实践基础上的理论创新，形成和贯彻了科学发展观，为全面建设小康社会、加快推进社会主义现代化提供了有力的理论指导"①。

---

① 参见《人民日报》2012年7月24日。

3. 独特的民族特色

第一，中国特色社会主义始终立足于中华大地，立足于中国的国情，始终是为中华民族谋福祉的事业。中国特色社会主义坚持以马克思主义为指导，同时紧密结合中国的国情、中国发展的新要求、全国各族人民的新期待来发展自身。中国特色社会主义深深扎根于中华优秀文化的沃土之中。在我国 5000 多年文明发展历程中，各族人民紧密团结、自强不息，共同创造出源远流长、博大精深的中华文化，为中华民族发展壮大提供了强大精神力量，成为中国特色社会主义不断向前发展的强大动力；优秀传统文化凝聚着中华民族自强不息的精神追求和历久弥新的精神财富，是发展社会主义先进文化的深厚基础，是建设中华民族共有精神家园的重要支撑。

第二，中国优秀的历史文化传统不断融入中国特色社会主义的各项建设之中。如中华民族历史上小康社会的理想已经转化为中国特色社会主义的"全面建设（成）小康社会"；"构建社会主义和谐社会"也与中国传统的"和"文化密切相关。我们有和实生物的世界观——春秋时期的史伯提出"和实生物"；我们有和而不同、求同存异的价值观——两千多年前的思想家孔子提出"君子和而不同，小人同而不和"；我们有政通人和、和则一的政绩观——中国传统文化一直奉行"天时不如地利，地利不如人和"的政治理念；等等。这些思想都为我们建设和谐社会奠定了良好的民族文化基础。我们党高度重视社会公平正义，实际上也是对我国历史文化的继承与发展。《礼记·礼运》中就描绘了"使老有所终，壮有所用，幼有所长，鳏、寡、孤、独、废、疾者皆有所养"的理想社会；孟子提出"老吾老以及人之老，幼吾幼以及人之幼"的社会状态；康有为的《大同书》提出要建立一个"人人相亲，人人平等，天下为公"的社会，这些都体现了社会公正的要求。我们党的实事求是思想路线，也有深厚的民族文化根基。实事求是一词，最初出现于我国东汉史学家班固撰写的《汉书·河间献王传》，讲的是西汉景帝第三子河间献王刘德"修学好古，实事求是"的治学态度和方法。延安时期，毛泽东在总结中国共产党的历史经验教训时，借用这一典故概括表述党的实事求是的思想路线。改革开放新时期，我们党重新恢复并丰富和发展了这一思想路线，成为中国特色社会主义的精髓和贯穿其全过程与各方面的主线。

4. 崭新的时代特色

中国特色社会主义的发展从来不是封闭的，而是开放的，敢于和善于迎接经济全球化的挑战。中国特色社会主义是在世界格局大变动大调整大变革中发展、在国际形势风云变幻中前进的，对外开放已经成为中国特色社会主义内在的重要组成部分和重要特征。我们必须实行更加积极主动的开放战略，加快实施"走出去"战略，积极参与全球经济治理和区域合作，推动国际经济体系改革，不断拓展新的开放领域和空间，以开放促发展、促改革、促创新。在包容中发展，是当今的时代要求，其根本目的是让经济全球化和经济发展成果惠及所有国家、地区及所有人群。自2001年年底加入世界贸易组织（WTO）以来，中国对世界经济的贡献巨大：十多年来，中国总计从海外进口达8.5万亿美元，为各国发展提供了广阔市场；中国对世界经济的累计贡献率已经超过20%，高于美国。从2012年到2017年，预计中国进口总规模有望超过8万亿美元，这将是中国对世界经济的重大贡献。

中国特色社会主义走和平发展道路，致力于和谐世界建设。这是中国特色社会主义的内在要求。中国作为一个社会主义国家，历来以维护和平为己任，"为维护世界和平和促进人类进步事业而努力"已载入宪法。中国是世界上最大的发展中国家，发展是第一要义，必须集中力量推进国家现代化、解决发展和民生问题，为此需要长期和平稳定的国际环境。中国对内坚持科学发展、和谐发展，对外坚持和平发展，两个方面有机联系，体现了新形势下中国内外政策的统一，中国人民根本利益与世界人民共同利益的统一，中国特色社会主义与和平、发展时代主题的统一。中国一贯倡导在"和平共处五项原则"的基础上同所有国家发展友好合作，维护发展中国家正当要求和共同利益，推动国际政治经济秩序朝着更加公正合理的方向发展；中国特色社会主义把坚持独立自主同参与经济全球化结合起来，强调既高度珍惜并坚定不移地维护中国人民经过长期奋斗得来的独立自主权利，又坚持对外开放的基本国策，始终站在国际大局与国内大局相互联系的高度，审视中国和世界的发展问题，思考和制定中国的发展战略，推动建设持久和平、共同繁荣的和谐世界。党的十八大进一步指出，"要坚持开放的发展、合作的发展、共赢的发展"，"推动建设持久和平、共同繁荣的和谐世界"①。

中国特色社会主义的"四大特色"互为一体、相互支撑。实践特色是基础，理论特色是指导，民族特色是精髓，时代特色是动力。"四大特色"从不同侧面呈现了中国特色社会主义的博大精深，如同彩虹反射阳光的普照，相互辉映，异彩纷呈。继续推进中国特色社会主义，必须不断丰富中国特色社会主义的实践特色、理论特色、民族特色和时代特色，更加自觉地走

---

① 《坚定不移沿着中国特色社会主义道路前进　为全面建成小康社会而奋斗》，《人民日报》2012年11月18日第1版。

中国特色社会主义道路、发展中国特色社会主义理论体系和完善中国特色社会主义制度。

三 中国特色社会主义的基本问题和真谛要义

中国特色社会主义是党和人民长期实践取得的根本成就和伟大创造，既坚持了科学社会主义基本原则，又根据时代条件赋予其鲜明的中国特色。它是中国特色社会主义道路、理论体系和制度的有机统一，涵盖了改革开放以来取得的一系列实践创新、理论创新和制度创新成果，内涵十分丰富。但其全部理论和实践是围绕着坚持和发展中国特色社会主义这一主题展开的，不断探索和科学回答了四个基本问题，形成了中国特色社会主义总依据、总布局、总任务这一真谛要义。

（一）基本问题

坚持和发展中国特色社会主义，最根本的是要从理论上清醒认识和科学回答四个基本问题："什么是马克思主义、怎样对待马克思主义"，"建设什么样的社会主义、怎样建设社会主义"，"建设什么样的党、怎样建设党"，"实现什么样的发展、怎样发展"。对这四个问题的不断深化，成为中国特色社会主义理论发展的一个主题和实践延伸的一条主线。

1. 什么是马克思主义、怎样对待马克思主义

"什么是马克思主义、怎样对待马克思主义"，是事关能否坚持和发展中国特色社会主义的一个思想前提问题。马克思主义是我们立党立国的根本指导思想，是我国社会主义核心价值体系的灵魂。在长期的中国革命、建设和改革的实践中，中国共产党人认识到，辩证唯物主义和历史唯物主义是马克思主义最根本的世界观和方法论；实现物质财富极大丰富、人民精神境界极大提高、每个人自由而全面发展的共产主义社会，是马克思主义最崇高的社会理想；坚持人民群众是历史的创造者、致力于实现最广大人民的根本利益，是马克思主义最鲜明的政治立场；坚持一切从实际出发、理论联系实际、实事求是、在实践中检验真理和发展真理，是马克思主义最重要的理论品格。坚持马克思主义，必须以科学的态度对待马克思主义。马克思主义是颠扑不破的科学真理，任何时候都要坚持，否则就会因为没有正确的理论基础和思想灵魂而迷失方向。同时，要坚持解放思想、实事求是、与时俱进，以改革开放和现代化建设的实践问题、以我们正在做的事情为中心，着眼于

马克思主义理论的运用，着眼于对实际问题的理论思考，着眼于新的实践和新的发展，不断推进理论创新，用发展着的马克思主义指导新的实践。

2. 建设什么样的社会主义、怎样建设社会主义

"建设什么样的社会主义、怎样建设社会主义"，是开创中国特色社会主义必须破解的一个首要问题。"建设什么样的社会主义"，核心问题主要是社会主义本质问题；"怎样建设社会主义"，核心问题主要是社会主义道路问题。围绕这个问题，邓小平理论创造性地提出了社会主义本质论和初级阶段理论、社会主义改革开放理论和市场经济理论等重大思想，奠定了中国特色社会主义的理论基础。在邓小平理论的基础上，"三个代表"重要思想深化了对社会主义本质的认识，进一步回答了"建设什么样的社会主义"；提出了一系列独具特色的发展思路和"新三步走"的发展战略，深化了对社会主义发展道路的认识，进一步回答了"怎样建设社会主义"；从而在世纪之交国内外形势十分复杂、世界社会主义出现严重曲折的严峻考验面前捍卫了中国特色社会主义，并依据新的实践确立了党的基本纲领、基本经验和社会主义市场经济体制的改革目标、基本框架，以及社会主义初级阶段的基本经济制度和分配制度，开创了全面改革开放新局面，推进党的建设新的伟大工程，成功把中国特色社会主义推向21世纪。在邓小平理论和"三个代表"重要思想的基础上，科学发展观又在新世纪新阶段抓住重要战略机遇期，在全面建设小康社会进程中推进实践创新、理论创新、制度创新，强调坚持以人为本、全面协调可持续发展，提出构建社会主义和谐社会、加快生态文明和文化强国建设，形成中国特色社会主义事业总布局，着力保障和改善民生，促进社会公平正义，推动建设和谐世界，推进党的执政能力建设和先进性建设，用新的理论思维和观点进一步回答了"建设什么样的社会主义、怎样建设社会主义"，在新的历史起点上成功坚持和发展了中国特色社会主义。可以说，中国特色社会主义理论体系所包括的三大理论形态，从根本上讲都是围绕"建设什么样的社会主义、怎样建设社会主义"这一根本问题进行探索和回答的，使我们对中国特色社会主义的认识日渐清晰、更加系统。

3. 建设什么样的党、怎样建设党

"建设什么样的党、怎样建设党"，是坚持和发展中国特色社会主义需要解决的一个关键性问题。在推进中国特色社会主义的进程中，我们党所处的时代背景和社会环境，发生了前所未有的变化；我们党所肩负的历史任务和自身状况，也发生了前所未有的变化。这就明确要求，党的执政方式和领导

方式、党的执政能力和执政水平，必须适应新的要求，保持先进性，体现创造性。邓小平理论、"三个代表"重要思想和科学发展观紧紧抓住这个重大问题进行了不懈的探索，先后提出了改革党的领导体制和工作制度、完善党的领导方式、改进党的作风、扩大党的群众基础、提高党的执政能力、推进党内民主建设、造就高素质干部队伍和人才队伍等一系列理论观点，推进了党的建设新的伟大工程。特别是"三个代表"重要思想的形成，进一步强化了中国特色社会主义事业与执政党建设的一致性，创造性地回答了"建设什么样的党、怎样建设党"的问题，深化了人们对共产党执政规律的认识。首先，"三个代表"重要思想准确把握时代特征，科学判断党所处的历史方位，提出党要解决的两大历史性课题。党经历革命、建设和改革，"已经从领导人民为夺取全国政权而奋斗的党，成为领导人民掌握全国政权并长期执政的党；已经从受到外部封锁和实行计划经济条件下领导国家建设的党，成为对外开放和发展社会主义市场经济条件下领导国家建设的党"①。为此，要切实解决提高党的领导水平和执政水平、提高拒腐防变和抵御风险能力这两大历史性课题。"三个代表"重要思想正是在这个基础上提出来的。其次，"三个代表"重要思想赋予党的性质、宗旨、指导思想和任务以新的时代内涵，回答了"建设什么样的党"这一重大问题。党的十六大通过的《党章》对党的性质、宗旨和任务作了完整表述，即中国共产党是中国工人阶级的先锋队，同时是中国人民和中华民族的先锋队，是中国特色社会主义事业的领导核心。最后，"三个代表"重要思想明确了党的建设的总体目标，提出一系列党建新理论，全面推进了"怎样建设党"的伟大工程。党的建设的总体目标是"要把党建设成为用邓小平理论武装起来、全心全意为人民服务、思想上政治上组织上完全巩固、能够经受住各种风险、始终走在时代前列、领导全国人民建设有中国特色社会主义的马克思主义政党"②。为此，要以加强党的执政能力和先进性建设为重点，改革和完善党的领导方式和执政方式、领导体制和工作制度，提高党的创造力、凝聚力和战斗力，巩固党的阶级基础和扩大党的群众基础，坚持立党为公、执政为民，不断实现最广大人民的根本利益，全面推进党的建设。

4. 实现什么样的发展、怎样发展

"实现什么样的发展、怎样发展"，是坚持和发展中国特色社会主义必

---

① 《江泽民文选》第 3 卷，人民出版社 2006 年版，第 536—537 页。
② 《江泽民文选》第 2 卷，人民出版社 2006 年版，第 43 页。

须明确的一个根本性问题。中国特色社会主义有没有优越性，关键看是否实现经济社会又好又快的发展。尤其是我国正处于并将长期处于社会主义初级阶段，国家的强大、人民的富裕，都要靠发展来解决，社会主义本身也要靠发展来巩固和推进。围绕发展这个问题，邓小平理论、"三个代表"重要思想和科学发展观都进行了深入的探索，形成了"发展才是硬道理"、"发展是党执政兴国的第一要务"、"用发展的办法解决前进中的问题"、"实现全面协调可持续的发展"、"坚持科学发展和谐发展和平发展"等一系列新理念，不断深化对中国特色社会主义的认识。特别是科学发展观的提出，对中国特色社会主义发展问题有着独创性的贡献，使我们党对发展问题的认识达到了一个新高度、新水平。科学发展观，第一要义是发展，核心是以人为本，基本要求是全面协调可持续，根本方法是统筹兼顾。首先，科学发展观揭示了发展的本质和内涵，科学回答了"什么是发展"的问题。科学发展观坚持以经济建设为中心，把发展生产力作为首要任务，把发展经济作为一切发展的前提，指出片面追求 GDP 不是发展，单纯的经济增长不等于发展，强调以人为本是发展的目的，以经济建设为中心是达到这个目的的手段。其次，科学发展观坚持人民群众是历史创造主体的观点，回答了"靠谁发展"和"为谁发展"的问题。科学发展观坚持以人为本，把人民群众作为推动发展的主体和基本力量，强调发展必须尊重群众、依靠群众，调动人民群众的积极性和创造性；把人民群众作为推动发展的价值主体，强调人民在发展中的主体地位，以满足人民群众不断增长的物质文化需要为落脚点，从人民的根本利益出发谋发展、促发展。最后，科学发展观坚持全面协调可持续的基本发展要求和统筹兼顾的根本发展方法，回答了"怎样发展"的问题。科学发展观强调全面推进经济建设、政治建设、文化建设、社会建设、生态文明建设，实现经济发展和社会全面进步；强调促进人与自然和谐，实现经济发展与人口、资源、环境相协调，坚持文明发展道路，保证一代接一代地永续发展；强调统筹城乡发展、区域发展、经济社会发展、人与自然和谐发展、国内发展和对外开放，推进生产力与生产关系、经济基础与上层建筑、人与自然、人与社会的和谐统一。

中国特色社会主义的重大理论价值就在于提出并科学回答了"什么是马克思主义、怎样对待马克思主义"，"什么是社会主义、怎样建设社会主义"，"建设什么样的党、怎样建设党"，"实现什么样的发展、怎样发展"这样根本性的问题，深化和丰富了对共产党执政规律、社会主义建设规律、人类社会发展规律的认识，从而形成邓小平理论、"三个代表"重要思想和科学发展观，不断为中国特色社会主义的伟大实践提供理论指导。

（二）真谛要义

坚持和发展中国特色社会主义，是当代中国共产党人全部理论和实践的主题，其目的就是实现社会主义现代化和中华民族伟大复兴的总任务。"建设中国特色社会主义总依据是社会主义初级阶段，总布局是五位一体，总任务是实现社会主义现代化和中华民族伟大复兴。"①"深刻领会和把握这个新概括，有助于我们深刻领会和把握中国特色社会主义的真谛和要义。"②

1. 总依据

建设中国特色社会主义的总依据是社会主义初级阶段。社会主义初级阶段是当代中国的最大国情、最大实际。我们在任何情况下都要牢牢把握这个最大国情，推进任何方面的改革发展都要牢牢立足于这个最大实际。不仅在经济建设中要始终立足于初级阶段，而且在政治建设、文化建设、社会建设、生态文明建设中也要始终牢记初级阶段；不仅在谋划长远发展时要立足于初级阶段，而且在日常工作中也要牢记初级阶段。党在社会主义初级阶段的基本路线是党和国家的生命线，在实践中要始终坚持"一个中心、两个基本点"不动摇，既不偏离"一个中心"，也不偏废"两个基本点"，把践行中国特色社会主义共同理想和坚定共产主义远大理想统一起来，坚决抵制抛弃社会主义的各种错误主张，自觉纠正超越阶段的错误观念和政策措施。只有这样，才能真正做到既不妄自菲薄也不妄自尊大，扎扎实实夺取中国特色社会主义新胜利。

我国仍处于并将长期处于社会主义初级阶段的基本国情没有变，人民日益增长的物质文化需要同落后的社会生产之间的矛盾这一社会主要矛盾没有变，我国是世界上最大发展中国家的国际地位没有变。我们想问题、办事情、定政策，推进任何领域任何方面的改革发展，都要牢牢把握社会主义初级阶段这个最大国情，牢牢立足于社会主义初级阶段这个最大实际，做到既不超越阶段又不落后现实，既尽力而为又量力而行。

2. 总布局

建设中国特色社会主义的总布局是"五位一体"。中国特色社会主义事

---

① 《坚定不移沿着中国特色社会主义道路前进　为全面建成小康社会而奋斗》，《人民日报》2012 年 11 月 18 日第 1 版。

② 《习近平在十八届中共中央政治局第一次集体学习时的讲话》，《人民日报》2012 年 11 月 18 日。

业总体布局是不断丰富和发展的。党的十二届六中全会确立了以经济建设为中心，坚定不移地进行经济体制改革、政治体制改革、加强精神文明建设的总体布局。党的十五大、十六大明确和重申了经济建设、政治建设、文化建设"三位一体"的总体布局。党的十六大以后我们党提出了构建社会主义和谐社会的重大任务，使总体布局由"三位一体"扩展为包括社会建设在内的"四位一体"。随着我国经济社会发展不断深入，生态文明建设地位和作用日益凸显。党的十七大提出加强生态文明建设的战略任务。党的十八大把生态文明建设提到与经济建设、政治建设、文化建设、社会建设并列的位置，从而把总体布局进一步扩展为"五位一体"，要求把生态文明建设融入经济建设、政治建设、文化建设、社会建设各方面和全过程，使中国特色社会主义事业的总布局更加完善。

中国特色社会主义是全面发展的事业，我们要牢牢抓好党执政兴国的第一要务，始终代表中国先进生产力的发展要求，坚持以经济建设为中心，在经济不断发展的基础上，协调推进政治建设、经济建设、文化建设、社会建设、生态文明建设以及其他各方面建设。"五位一体"总布局，反映了我们党对社会主义建设规律尤其是对"实现什么样的发展、怎样发展"这一科学发展重大战略问题在实践和认识上的深化，对于实现中华民族永续发展具有重大现实意义和长远指导意义。

3. 总任务

建设中国特色社会主义的总任务是实现社会主义现代化和中华民族伟大复兴。实现中华民族伟大复兴，再创中华民族新的辉煌，是鸦片战争以来中华民族一切有志之士的共同理想和矢志不渝追求的目标。我们党经过长期的艰苦探索，找到了通过中国特色社会主义实现中华民族伟大复兴的正确道路。在中国特色社会主义道路上全面建成小康社会，实现社会主义现代化和中华民族伟大复兴，成为中国共产党人的历史使命，成为我们党在整个社会主义初级阶段的总任务。完成这个总任务，是新中国成立以后我国社会主义建设伟大事业的继承和发展，是近代以来中国人民追求民族独立、国家富强和人民幸福的继承和发展。

我们党领导人民进行革命、建设和改革，就是要振兴中华民族，让中国人民富裕起来，国家强盛起来。我们党的庄严使命、改革开放的根本目的、国家的奋斗目标都聚焦于、归结于这个总任务。

中国特色社会主义总依据是中国道路的立论基础，中国特色社会主义总布局是科学发展的宏伟蓝图，中国特色社会主义总任务是团结奋进的共同愿景。总依据、总布局、总任务，深化了对共产党执政规律、社会主义发展规律、人类社会发展规律的认识，回答了"什么是社会主义、怎样建设社会主义"这个首要的基本问题，为中国特色社会主义的全面进步和继续发展指明了前进方向，明确了奋斗目标，规划了整体布局，规定了基本任务，作出了科学全面的总体战略部署，是深刻领会和全面把握中国特色社会主义的真谛和要义。只要我们胸怀理想、坚定信念，奋发有为、顽强拼搏，就一定能实现"两个百年"奋斗目标（党成立一百年时全面建成小康社会，新中国成立一百年时建成富强民主文明和谐的社会主义现代化国家），进而实现中华民族伟大复兴的"中国梦"。

四 中国特色社会主义的重大意义和基本要求

中国特色社会主义是我们党90多年来尤其是改革开放以来不断进行理论创新和实践创新取得的最重要的成果，积累的最宝贵的财富，必须倍加珍惜、始终坚持、不断发展，坚定道路自信、理论自信、制度自信。同时要牢牢把握在新的历史条件下夺取中国特色社会主义新胜利的基本要求，使之成为全党全国各族人民的共同信念，扎实推进中国特色社会主义向前发展。

（一）重大意义

中国特色社会主义是当代中国发展进步的根本方向，只有中国特色社会主义才能发展中国。作为中国特色社会主义旗帜下道路、理论体系、制度"三位一体"的有机统一，中国特色社会主义明确地回答了我们党和我国人民举什么旗、走什么路、以什么理论作指导、确立什么社会制度等重大理论和现实问题，在人类文明发展史上、在社会主义发展史上、在中华民族复兴史上，具有重大的意义。

1. 中国特色社会主义深刻彰显了人类文明发展的多样性，彻底解构了西方中心论构建的话语体系

现代化是人类社会从农业社会向工业社会大转变的进程，是人类社会一次全方位的深刻变革。实现现代化，是所有国家、民族必须经历的社会发展进程，但迄今为止已经实现现代化的国家都是资本主义国家。尽管在人类漫长的文明发展史中，资本主义的发展只是其中短暂的一瞬，欧洲文明只是人类文明发展的一种形式，而不是普遍形式，更不是唯一形式。一些西方学者却为其披上理论的外衣并加以教条化，将资本主义文明解释成为人类文明的

模板或典范，把西方价值建构成为人类文明的所谓普世价值，而对资本主义现代化进程中充满"血腥"的殖民掠夺、贫富悬殊、道德沦丧等问题视而不见。从黑格尔的世界历史理论到福山的历史终结论，都秉承欧洲文明是人类文明的核心和最终归宿的话语逻辑。就连日本明治维新之后的崛起，在西方中心论的话语体系中也被解释成为是所谓日本"脱亚入欧"使然。这种理论解释不仅进一步强化了西方国家的优越感和西方文化的话语霸权，同时也打压了包括中国在内的许多东方社会以及其他发展中国家的自尊心和自信心。问题是在社会主义制度下能否实现国家的现代化？马克思与恩格斯在他的经典著作中没有进行专门的论述。列宁建立苏维埃政权后进行了有益的探索，但由于其早逝没有延续。斯大林虽然建立了苏联这样一个超级大国，但因在经济上高度计划，政治上高度集权，文化上实行专制，所以被普遍认为不是一个真正意义上的现代化国家。中国共产党领导中国人民探索出了一条中国特色社会主义道路，通过60多年的社会主义建设特别是30多年的改革开放，取得了举世瞩目的成就，经济社会取得了全方位的发展，正在现代化的道路上阔步向前。实践表明，中国没有选择走西方资本主义的老路，也没有走苏联、东欧"改旗易帜"的歪路，而是坚定不移地走中国特色社会主义道路。这条道路把马克思主义基本原理与中国具体实际和时代特征相结合，既坚持了科学社会主义的基本原则，又根据中国实际和时代特征赋予其鲜明的中国特色；既继承和延续中国自己的文化基因和主线，又吸纳包括西方文化在内的世界文明的优秀成果，并且不断进行理论创新、制度创新和实践创新。其取得的巨大成功，以铁的事实和实践逻辑彻底解构了西方中心论的话语体系，雄辩地证明，在社会主义制度下能够实现国家的现代化，一个不同于资本主义的新世界是完全可能的。

2. 中国特色社会主义充分展示了社会主义制度的优越性和生命力，对于社会主义国家以及其他发展中国家选择本民族的发展道路和社会制度具有借鉴意义

中国特色社会主义符合科学社会主义基本原则，体现着人类社会历史发展的总趋势。尽管西方发达国家在经济、科技、军事方面将长期占据优势，但马克思、恩格斯揭示的人类社会发展总趋势的"两个必然"（资本主义必然灭亡、社会主义必然胜利）不可逆转。中国特色社会主义信守科学社会主义基本原则，坚持辩证唯物主义和历史唯物主义的世界观方法论，坚持共产主义的最高理想和价值追求，坚持以工人阶级政党为领导核心，坚持人民主体地位，坚持以公有制为社会主义经济制度的基础，坚持以人民当家作主

为社会主义民主政治的本质特征，坚持马克思主义在意识形态领域的指导地位，坚持共同富裕的目标，坚持促进人的全面发展等。国际共产主义运动的事实，没有像马克思主义经典作家所预测的那样在西欧等发达资本主义国家首先取得胜利。现实中的社会主义，如苏联与中国，都是建立在经济文化落后的基础上，生产力水平普遍不高。在这样落后的基础上如何建设社会主义，在马克思主义经典作家的著作中找不到答案。中国特色社会主义初步系统地回答了在经济文化落后国家如何建设社会主义、如何巩固和发展社会主义的一系列基本问题，从而为经典社会主义与现实社会主义架起了理论之桥，把马克思主义发展到一个新的阶段。

实践中，中国特色社会主义在道路、理论体系、制度上彰显出强大的生命力和巨大的优越性。首先，中国特色社会主义道路的成功开辟，突破了苏联僵化的社会主义模式，始终坚持社会主义发展道路的多样性，既坚持马克思主义的基本原理和科学社会主义的基本原则，又根据中国实际和时代特征对社会主义发展道路进行新的理论探索和实践创造，从而赋予社会主义以强大生命力。其次，中国特色社会主义理论体系是与时俱进的，坚持理论的开放性，坚持在实践中检验、丰富和发展理论，坚持马克思主义基本原理与中国国情相结合、与时代发展同进步、与人民群众共命运，始终坚持用发展着的马克思主义指导新的实践，从而具有强大的生命力和创造力、解释力和感召力。最后，中国特色社会主义制度是科学社会主义的基本原则与中国具体实际和时代特征相结合的产物，符合我国国情，顺应时代潮流，有利于保持党和国家活力，调动广大人民群众和社会各方面的积极性、主动性、创造性；有利于解放和发展社会生产力，推动经济社会全面发展；有利于维护和促进社会公平正义，实现全体人民共同富裕；有利于集中力量办大事，有效应对前进道路上的各种风险挑战；有利于维护民族团结、社会稳定、国家统一，具有巨大的优越性。

3. 中国特色社会主义成功地解决了中国社会主义革命、建设和改革各个历史阶段的任务，是中华民族实现伟大复兴的光辉旗帜

中国近现代的历史经验证明，只有选择符合中国国情的中国特色社会主义道路，才能实现国家富强、人民幸福、民族复兴。党的十一届三中全会以来，在十分复杂的国内外环境中，以邓小平为核心的党的第二代中央领导集体，解放思想，实事求是，正本清源，领导全党和全国各族人民迅速扭转"文化大革命"造成的严重局势，从困难中重新奋起，把党和国家的工作重点转移到以经济建设为中心的社会主义现代化建设的轨道上来。通过改革开

放，终于探索出一条中国特色社会主义建设的正确道路，形成了邓小平理论和党在社会主义初级阶段的基本路线，从而赋予中华民族伟大复兴新的强大生机。从党的十三届四中全会到十六大，以江泽民为核心的党的第三代中央领导集体受命于重大历史关头，从容应对一系列关系到我国主权和安全的国际突发事件，战胜在国内外政治风波、经济风险和自然灾害中出现的困难，排除各种干扰，保证了改革开放和现代化建设的航船继续沿着正确的方向破浪前进，谱写着中华民族伟大复兴的历史新篇章。从党的十六大到党的十八大，是中华民族实现伟大复兴的重要战略机遇期。在这一历史时期，国际环境复杂多变，改革发展稳定的任务艰巨繁重。以胡锦涛为总书记的党中央，高举中国特色社会主义伟大旗帜，以邓小平理论和"三个代表"重要思想为指导，团结带领全国各族人民，战胜各种困难和风险，开创了中国特色社会主义新局面，开拓了马克思主义中国化新境界，形成了以科学发展观为核心的重大战略思想，中华民族的伟大复兴展现出新的光明前景。

中国特色社会主义之所以能够引领当代中国发展进步，关键在于坚持把马克思主义基本原理同中国实际和时代特征相结合，走自己的道路。它在总结历史经验的基础上，作出现阶段我国仍处于并将长期处于社会主义初级阶段的科学判断，并从这个最大国情出发，先后确立了社会主义初级阶段的基本理论、基本路线、基本纲领、基本经验和基本要求，并破解了在中国这样一个经济文化比较落后的国家如何建设社会主义的难题。中国特色社会主义是中华民族实现伟大复兴的光辉旗帜，代表着当代中国发展进步的根本方向。

4. 中国特色社会主义符合最广大人民的根本利益和共同愿望，具有最广泛牢固的群众基础和力量源泉

人民是历史的创造者，是改造世界的主体和力量源泉。在中国革命、建设和改革的历史进程中，我们党之所以能够由小到大、由弱到强、不断发展壮大，之所以能够战胜困难、创造奇迹、不断取得胜利，就是因为赢得了广大人民群众的信赖、拥护和支持，有着广泛牢固的群众基础。中国特色社会主义是亿万人民自己的事业，它坚持人民主体地位，尊重人民首创精神，坚持党的群众路线，注重从人民伟大实践中汲取智慧和力量；它始终把人民利益放在第一位，把实现好、维护好、发展好最广大人民根本利益作为一切工作的出发点和落脚点，坚持发展为了人民、发展依靠人民、发展成果由人民共享；它坚持党的根本宗旨与人民根本利益、共同愿望的一致性，承诺并践

行"人民对美好生活的向往,就是我们的奋斗目标"①。

中国特色社会主义是根植于中国大地、反映人民意愿、适应时代进步要求的社会主义,是全面建成小康社会、加快推进社会主义现代化、实现中华民族伟大复兴的必由之路。在中国共产党领导下,在中国特色社会主义伟大旗帜指引下,我们取得了一系列历史性成就:国家经济总量跃居世界第二位,社会生产力、经济实力、科技实力大幅提高,人民生活水平、社会保障水平大幅提升,综合国力、国际竞争力、国际影响力大幅增强。中华民族伟大复兴展现出更加光明美好的前景,近代以来中华民族期盼已久的"中国梦"正一步一步地实现。现在,我们比历史上任何时期都更接近中华民族伟大复兴的目标,比历史上任何时期都更有信心、有能力实现中华民族最伟大的梦想。只要我们高举中国特色社会主义伟大旗帜,坚定不移走中国特色社会主义道路,惠及十几亿人口的小康社会一定能如期全面建成,寄托几代中国共产党人心愿的"两个百年"奋斗目标一定能如愿实现,一个富强民主文明和谐的社会主义现代化国家一定能卓立于世界东方。

(二) 基本要求

党的十八大报告指出,坚持和发展中国特色社会主义是一项长期的艰巨的历史任务,必须准备进行具有许多新的历史特点的伟大斗争。在新的历史征程中,毫不动摇坚持、与时俱进发展中国特色社会主义,必须牢牢把握以下基本要求。

1. 必须坚持人民主体地位,明确了中国特色社会主义的发展主体

马克思主义认为,人民群众是社会发展的主体,是历史的创造者。历史发展的实践早已证明,无论是社会生产力的解放和发展还是社会制度的变革和完善,无一不是人民群众努力推动的成果。中国特色社会主义是亿万人民自己的事业,今后相当长的一段时间内,中国特色社会主义建设事业仍将处于攻坚阶段,面对的困难和风险将会很多,面临的矛盾和问题将会更加复杂,只有坚持人民的主体地位,坚持依法治国这个党领导人民治理国家的基本方略,切实尊重人民的主人翁地位,充分发挥人民的积极性、主动性、创造性,最广泛地动员和组织人民依法管理国家事务和社会事务、管理经济和文化事业、积极投身社会主义现代化建设,更好地保障人民权益,保证人民

---

① 《习近平在中共中央政治局常委同中外记者见面会上的讲话》,《人民日报》2012 年 11 月 16 日。

当家作主，做到发展依靠人民、发展为了人民、发展成果由人民共享，才能凝聚起无坚不摧的强大力量，才能在应对各种挑战中攻坚克难，无往而不胜。因此，坚持和发展中国特色社会主义必须坚持人民的主体地位。

2. 坚持解放和发展社会生产力，明确了中国特色社会主义的发展途径

马克思主义认为，在人类社会的历史进程中，生产力是最革命、最活跃的因素，是社会发展的最终决定力量，是全部历史的基础。如何解放和发展社会生产力不仅是中国特色社会主义理论体系中一个首要的理论问题，也是我国改革开放以来取得举世瞩目成就的关键所在。放眼未来，我们所面临的是产业结构亟待调整、经济发展方式亟须转变等一系列矛盾和问题。无论是资源环境约束、发展方式粗放，还是发展不平衡不协调等深层次矛盾和问题，都是束缚生产力发展的具体表现。按照马克思主义基本原理及中国特色社会主义理论体系的要求，要实现快速发展和科学发展，必须始终坚持生产力标准，以经济建设为中心，以科学发展为主题，全面推进经济建设、政治建设、文化建设、社会建设、生态文明建设，实现以人为本、全面协调可持续的科学发展，进一步解放和发展社会生产力，除此之外，别无他途。因此，必须坚持解放和发展社会生产力，这既是中国特色社会主义的根本任务，也是坚持和发展中国特色社会主义的基本途径。

3. 坚持推进改革开放，明确了中国特色社会主义的发展动力和必由之路

马克思主义认为，生产力决定生产关系、经济基础决定上层建筑，同时生产关系对生产力、上层建筑对经济基础又具有强大的反作用。根据马克思主义这一原理，一旦生产关系和上层建筑成为生产力发展的障碍，就必须对其进行改革，以进一步解放和发展生产力，推动社会经济的发展。20 世纪 70 年代末，正是基于对人民日益增长的物质文化需要同落后的社会生产之间的矛盾这一社会主要矛盾的科学把握，基于对传统计划经济体制已经不适应生产力发展要求的深刻认识，我们党才作出了把工作重心转移到经济建设上来、实行改革开放的历史性决策。经过 30 多年的改革开放，我们已成功开辟了中国特色社会主义道路，形成了中国特色社会主义理论体系，确立了中国特色社会主义制度，取得了举世瞩目的伟大成就。同时，我们也必须清醒意识到，当前制约我们发展的体制机制障碍依然很多，发展中不平衡、不协调、不可持续问题依然突出，城乡区域发展差距和居民收入分配差距依然较大，反腐败斗争形势依然严峻，等等。而要解决这些问题，必须始终把改革创新精神贯彻到治国理政的各个环节，坚持社会主义市场经济的改革方向，坚持对外开放的基本国策，不断推进

实践创新、理论创新、制度创新、科技创新、文化创新以及其他各方面创新，不断推进我国社会主义制度自我完善和发展。事实充分证明，改革开放是坚持和发展中国特色社会主义的根本动力和必由之路。

4. 维护社会公平正义，明确了中国特色社会主义的价值取向

公平正义是中国特色社会主义的内在要求，是社会主义制度的首要价值，是社会和谐的基石。中国改革开放的实践告诉我们，在社会发展过程中分配问题是事关能否实现社会公平正义的大问题，如果说初次分配主要讲贡献、讲效率的话，那么再次分配主要讲公平。如果不能很好地处理分配问题，不能很好地维护社会公平正义，就会失去人民的信任。只有实现幼者有其学、劳者有其酬、病者有其医、老者有其养、居者有其屋的社会，才算是公正和谐的社会。因此，在未来建设中国特色社会主义的过程中，必须在坚持效率优先的同时，把社会公平放到更加突出的位置，加紧建设对保障社会公平正义具有重大作用的制度，逐步建立以权利公平、机会公平、规则公平为主要内容的社会公平保障体系，努力营造公平的社会环境，实现人民平等参与、平等发展权益，确保广大人民群众共享改革发展成果，共沐公平正义阳光，共享幸福美好生活。

5. 坚持走共同富裕道路，明确了中国特色社会主义的根本原则

共同富裕是中国特色社会主义的根本原则。邓小平曾反复强调，"社会主义原则，第一是发展生产，第二是共同致富"。"社会主义最大的优越性就是共同富裕，这是体现社会主义本质的一个东西。"① 按照社会主义的本质要求，我们党执政就应担负两大任务：一大任务是"做大蛋糕"，即解放和发展生产力，让国家尽快地富强起来，这是社会主义共同富裕的物质基础。另一大任务就是要"分好蛋糕"，即解决好分配问题，防止和避免两极分化，让全体人民共同富裕。改革开放 30 多年来，我们最显著的成绩就是实现了经济的快速发展，成功地抵御了国际金融危机，在经济总量上成为世界第二，使得全世界对中国刮目相看。但另一方面，实事求是地讲，也面临十分尖锐的矛盾与问题，最突出的问题就是贫富差距问题，具体表现为城乡区域发展差距和居民收入分配差距不断拉大。可以说，当前我国各地群体性事件的发生从根源上来说都与此有关。为政之道，在于安民；安民之举，在于富民。缩小收入差距，共享发展成果，既是人民群众的热切期盼，也是我们党的庄严承诺。如果我们不解决好分配问题，实现共同富裕，那么，改革开放所取得

---

① 《邓小平文选》第 3 卷，人民出版社 1993 年版，第 172、364 页。

的成就有可能付之东流。因此，我们在发展中国特色社会主义的过程中，必须坚持社会主义基本经济制度和分配制度，调整国民收入分配格局，加大再分配调节力度，着力解决收入分配差距较大问题，使发展成果更多更公平地惠及全体人民，朝着共同富裕方向稳步前进。

6. 坚持促进社会和谐，明确了中国特色社会主义的社会理念

社会和谐，自古以来就是人类的美好理想，它既是中国特色社会主义的本质属性，也是马克思主义政党不懈奋斗的目标。社会和谐理念的提出，反映了中国特色社会主义发展的内在要求，体现了人民群众的普遍愿望。建设一个富强民主文明和谐的社会主义现代化国家，是全国各族人民的共同愿望。从党的十六大明确提出使"社会更加和谐"的发展要求，到党的十六届四中全会完整提出"构建社会主义和谐社会"的战略任务，再到党的十六届六中全会对"构建社会主义和谐社会"问题进行专题研究、全面部署，"社会和谐"的理念逐步实现了从"点题"到全面"破题"的过程，表明我们党对社会和谐的认识越来越明晰，对社会和谐的追求越来越自觉。和而不同，兼容并蓄，是"和谐"的应有之义，也是达成"和谐"的基本前提。构建社会主义和谐社会是为了更好地妥善处理各种矛盾，使社会成为一个充满生机、更具活力的社会。因此，在坚持和发展中国特色社会主义过程中，必须把保障和改善民生放在更加突出的位置，加强和创新社会管理，正确处理改革发展稳定关系，最大限度增加和谐因素，增强社会创造活力，确保人民安居乐业、社会安定有序、国家长治久安。"促进社会和谐"作为中国特色社会主义的社会理念，越来越成为全党和全国各族人们的共同信念，越来越成为引领中国社会发展的强大精神力量。

7. 坚持和平发展，明确了中国特色社会主义的发展模式

中国走和平发展道路，是对大国武力崛起旧模式的摒弃。纵观近代几百年来大国的兴衰史，大国崛起模式基本上都是一条通过武力和战争改变原先世界格局，从而建立新的霸权和国际秩序的模式。这种武力崛起模式给人类带来巨大灾难。中国走和平发展道路，开创了通过维护和利用国际和平环境来实现自身发展，又通过自身发展来促进世界和平与各国共同繁荣的全新模式，开创了落后国家在追求人类文明进步中实现发展的全新局面。这种和平发展模式是发展与和平相统一的模式。中国的迅速发展既为世界经济的发展注入了新的活力，也有利于实现人类的可持续发展。可以说，和平发展模式既适合中国国情又顺应历史潮流，是一种以发展谋和平，以合作促和平，努力实现互利共赢的新型发展模式，是中国特色社会主义的必然选择。总之，

坚持走和平发展道路既是对改革开放以来中国特色社会主义发展模式的科学总结，也是中国共产党和中华民族对世界人民作出的庄严承诺，既能促进中国的快速发展，又能赢得世界人民的尊重。因此，坚持和平发展是对新时期中国特色社会主义选择何种发展模式的科学回答。

8. 坚持党的领导，明确了中国特色社会主义事业的领导核心

中国共产党是中国特色社会主义事业的领导核心。近代以来，中国社会发展的历史告诉人们，作为中国工人阶级、中国人民和中华民族的先锋队的中国共产党，其领导地位和执政地位不是自封的，而是历史的必然选择。历史早已证明，只有在中国共产党成为中国革命和建设的领导者后，才真正开启了中国驶向现代化的历史航船。经过新中国成立以来 60 多年特别是改革开放 30 多年的奋斗，我们这条航船不仅开辟了通向现代化的正确航路，而且也顺利地完成了一段航程，现在正向着胜利的彼岸加速前进。那么，今后我们在中国特色社会主义进一步发展的过程中是否还需要中国共产党这个"舵手"掌舵呢？答案是毋庸置疑的。未来中国特色社会主义的发展仍然是一项伟大而艰巨的工程，建设好这一伟大工程，必须坚持立党为公、执政为民，加强和改善党的领导，必须坚持党总揽全局、协调各方的领导核心作用，必须保持党的先进性和纯洁性，增强党的创造力、凝聚力、战斗力，提高科学执政、民主执政、依法执政水平。

上述八项基本要求鲜明地指出了中国特色社会主义的发展主体、发展途径、发展动力、价值取向、根本原则、社会理念、发展模式与领导核心，是对新时期如何发展中国特色社会主义的科学回答，处处闪耀着马克思主义的真理光芒。

热点问题评述
如何理解中国特色社会主义是引领中国发展进步的伟大旗帜？

"主义譬如一面旗子"①，旗帜问题至关紧要。举什么旗、走什么路，历来是关系党和国家事业发展的根本问题。

党的十八大报告强调，要高举中国特色社会主义伟大旗帜。这表明了我们党继续推进中国特色社会主义伟大事业的坚定决心，充分反映了全党全国各族人民的共同愿望。学习贯彻党的十八大精神，关键是要紧紧抓住旗帜这

---

① 《毛泽东早期文稿》，湖南人民出版社 1990 年版，第 554 页。

一根本问题，不断深化认识，不断加深理解，进一步增强高举中国特色社会主义伟大旗帜的自觉性坚定性。

举起中国特色社会主义旗帜，走上中国特色社会主义道路，是历史的选择、人民的选择，是近代以来中国人民不懈探索、艰苦奋斗的必然结果。自从鸦片战争以后，中国人民就一直为寻找救国图强道路而上下求索，但无论是旧式的农民起义、封建统治阶级自强自救，还是资产阶级改良派和资产阶级革命派的种种努力，都没能改变中国半殖民地半封建的社会性质和中国人民受剥削受压迫的悲惨命运。俄国十月革命胜利后，马克思主义传入中国，在与中国工人运动的结合中中国共产党应运而生，中国共产党带领人民浴血奋战，最终实现了民族独立和人民解放，建立了新中国，开始了在社会主义道路上实现中华民族伟大复兴的历史征程。然而，由于对"什么是社会主义、怎样建设社会主义"缺乏深刻认识，导致我国在探索社会主义建设道路上经历了曲折历程。党的十一届三中全会以来，我们党在深刻总结正反两方面历史经验和科学分析我国基本国情的基础上，提出走自己的道路、建设中国特色社会主义。从此，我们党高举起中国特色社会主义伟大旗帜，开启了在中国特色社会主义道路上实现中华民族伟大复兴的崭新征程。只有社会主义才能救中国，只有中国特色社会主义才能发展中国，这是历史的必然结论。

新时期以来的伟大实践和伟大成就充分证明了中国特色社会主义的科学性、真理性。坚持和发展中国特色社会主义，是新时期我们党全部理论和实践的鲜明主题。新时期以来党的历次全国代表大会报告的主题都是紧紧围绕和体现中国特色社会主义的。经过改革开放30多年的发展，我国取得了举世瞩目的发展成就，经济保持了年均近10%的快速增长，成为世界第二大经济体。人民生活实现了从温饱不足到整体小康的历史性跨越并正在向全面小康迈进，人均国内生产总值超过5000美元，进入中上等收入国家行列。中国特色社会主义的实践和发展成就，不仅得到中国人民高度认同，也日益引起国际社会广泛关注，关于中国奇迹、中国模式、中国经验的讨论成为热门话题。这些都充分证明，中国特色社会主义是深深扎根中国大地、符合中国国情、具有强大生命力的社会主义，是当代中国发展进步的旗帜，是全党全国各族人民团结奋斗的旗帜。在当代中国，只有中国特色社会主义而没有别的什么主义能够实现民族振兴、国家富强、人民幸福、社会和谐。

旗帜引领方向，旗帜凝聚力量。高举中国特色社会主义伟大旗帜，是全面建成小康社会、实现中华民族伟大复兴的根本保证。中国特色社会主义把社会主义与民族复兴的历史任务紧密联系在一起，把实现社会主义现代化宏伟目标与实现人民共同富裕的历史使命紧密联系在一起，把国家的兴盛和个人的幸福紧密联系在一起，具有强大的吸引力、凝聚力、感召力，是引领、激励全国各族人民的强大精神力量，是当代中华儿女同心同德、共创伟业的共同理想和政治基础。面对艰巨繁重的改革发展稳定任务，面对前进道路上各种艰难险阻，只有不为任何风险所惧，不为任何干扰所惑，坚持不懈地用中国特色社会主义伟大旗帜引领伟大事业、推进伟大工程、实现伟大复兴，才能确保党和国家事业始终沿着正确方向前进，才能最大限度地激发亿万人民的发展热情和创造活力，为坚持和发展中国特色社会主义、实现全面建成小康社会和社会主义现代化的宏伟目标而奋斗。

第一篇

什么是马克思主义、怎样对待马克思主义

中国共产党从建党开始，就旗帜鲜明地高高举起马列主义大旗。但"在十月革命以前，中国人不但不知道列宁、斯大林，也不知道马克思、恩格斯。十月革命一声炮响，给我们送来了马克思列宁主义。十月革命帮助了全世界的也帮助了中国的先进分子，用无产阶级的宇宙观作为观察国家命运的工具，重新考虑自己的问题"①。自从找到马克思主义，中国人民在精神上就从被动转入主动，革命面貌为之一新。以后，中国共产党人不断把马克思主义基本原理与中国具体实际相结合，用发展着的马克思主义指导中国革命、建设和改革的实践，使中国发生了翻天覆地的变化。

---

① 《毛泽东著作选读》（下册），人民出版社1986年版，第677页。

第一章

马克思主义的创立与理论品格

自马克思主义诞生以来，对于什么是马克思主义，世界上有过许多评说。概言之，它或者被尊崇者神化，或者被反对者丑化和魔化；或者被变成僵死不变的教条，或者被实用主义者任意涂抹。正确把握真实的马克思主义，就必须对马克思主义的科学内涵作出准确界定，正本清源，还其以本来面目。

一　马克思主义的科学内涵

从狭义上说，马克思主义是马克思、恩格斯创立的学说体系，主要包括密切相关的三个组成部分：马克思主义哲学、马克思主义政治经济学和科学社会主义；从广义上说，马克思主义还包括其继承者对它的丰富和发展。作为中国共产党指导思想的马克思主义，是指由马克思、恩格斯所创立，由列宁推进到新阶段，并由中国共产党人进一步加以发展和中国化了的观点、学说体系。概括起来，马克思主义就是由马克思、恩格斯创立的，为他们的后继者所发展的，以反对资本主义、建设社会主义和共产主义为目标的理论体系。它是反映客观世界特别是人类社会的本质和规律的科学世界观和方法论，是关于工人阶级和人类解放的科学理论体系，是工人阶级及其政党的思想武器和行动指南。

"马克思主义"一词作为马克思、恩格斯创立的学说的总称谓，马克思在世时就已经出现。恩格斯在19世纪80年代初开始使用"马克思主义"一词，并于1886年在《路德维希·费尔巴哈和德国古典哲学的终结》一书中作了说明："绝大部分基本指导思想（特别是在经济和历史领域内），尤其是对这些指导思想的最后的明确的表述，都是属于马克思的。……马克思比我们大家都站得高些，看得远些，观察得多些和快些。马克思是天才，我们至多是能手。没有马克思，我们的理论远不会是现在这个样子。所以，这个理论用他的名字命名是理所当然的。"①

把握马克思主义的科学内涵，应明确以下几点：

第一，马克思主义是马克思、恩格斯共同创立的，但马克思起了主导作用，所以用马克思的名字命名极为恰当。没有马克思，就不会有马克思主义。当然，恩格斯对马克思主义的创立也做出了不可磨灭的贡献。

第二，马克思主义不仅包括它的创始人马克思、恩格斯的理论，而且还包括它的继承人的理论。马克思主义就像一条奔流不息的长河，从它的发源地开始，不断流淌，永不终止。在历史上还没有任何一种学说能像马克思主义这样跨越时空局限，具有如此普遍而持久的生命力。

第三，马克思主义的各个组成部分，不是彼此孤立、互不联系的，而是一个具有内在逻辑联系的科学体系。其中，马克思主义哲学是科学的世界观和方法论，政治经济学是马克思主义的理论基础，处于核心地位的则是科学社会主义理论。在马克思主义体系中，哲学是世界观和方法论的指导原则，政治经济学是通向实际生活（如对资本主义生产方式的剖析）的中介，科学社会主义则是应用哲学分析经济事实引出的结论。三者互相补充，构成统一的马克思主义学说。

第四，马克思主义是适应时代发展的客观需要，是在无产阶级革命斗争的实践中，在继承人类文化优秀成果的基础上产生和发展起来的。它"不是闭起眼睛不看资产阶级科学，而是注意它，利用它，批判地对待它，不放弃自己完整明确的世界观"②。作为开放的思想体系，马克思主义具有"海纳百川"的宽广胸怀，对来自四面八方的各种精神文明食粮，从不盲目排斥，但又绝不是"大杂烩"。它是全人类思想文化发展的伟大成果，又体现工人阶级的利益、要求、思想和情感，是工人阶级自己的思想体系和世界观，为工人阶级担负伟大历史使命、最终实现人类解放、达到理想的共产主义作理论论证。

第五，马克思主义是不断发展、创新的科学体系。马克思主义源于活生生的社会实践，必然随着实践的发展而不断充实和创新：适应时代发展的客观要求，在不断解答历史课题的实践中发展；批判继承整个人类的文明精

---

① 《马克思恩格斯全集》第21卷，人民出版社1965年版，第336页。
② 《列宁全集》第3卷，人民出版社1984年版，第585页。

华，在不断实践科学真理的变革中发展；战胜敌对思潮的恶毒攻击，在不断克服队伍内部错误倾向的斗争中发展。这是马克思主义发展的基本规律，是马克思主义存在的历史命运，也是马克思主义具有强大生命力的奥秘所在。

第六，列入马克思主义谱系的理论必须是在基本观点、基本立场、基本方法、基本价值取向等方面一脉相承，本质一致。现在世界上有很多理论使用了"马克思主义"的称谓，如弗洛伊德的马克思主义、存在主义的马克思主义、结构主义的马克思主义、现象学的马克思主义、后马克思主义，等等，但它们的基本观点、基本立场、基本方法以及基本价值取向与马克思主义有根本区别，有的甚至大相径庭。因此，这些"主义"并非真正的马克思主义。

二　马克思主义创立的历史条件

任何一种科学理论都是时代的产物。产生于 19 世纪 40 年代欧洲的马克思主义，是人类社会历史发展的必然结果。那个时代，资本主义生产方式已经确立，资本主义社会及其各种矛盾有了很大发展。时代需要马克思主义，也为马克思主义的创立提供了历史条件。

（一）客观条件

一种有价值的学说创立，都有其源和流。所谓源，即一定时期的社会背景和阶级状况，它是这种学说创立的事实根据和社会内容；所谓流，即社会上已有的科学成就和思想材料。马克思主义作为一个崭新的思想理论，其源就是 19 世纪 40 年代的社会背景，其流就是 19 世纪 40 年代的科学发展。

1. 社会背景

资本主义生产方式在 18 世纪末到 19 世纪初欧洲的一些主要国家已占统治地位。首先由英国开始工业革命，而后在法国、德国等先后兴起，极大地促进了资本主义的发展。工业革命推动了资本主义迅速发展，成为马克思主义产生的社会经济前提。工业革命促进工场手工业向机器大工业转变，不仅使生产技术发生了飞跃，推动了生产力巨大发展，也引起了社会关系的深刻变化，使资本主义制度所固有的矛盾明朗化、尖锐化，阶级斗争、政治斗争与经济关系、物质关系之间的联系更为清楚地表现出来。随着资本主义的发展，国内市场日益完善，海外贸易不断扩大，打开了人们的眼界，为正确认识社会变化的深层次原因提供了可能。尤其在生产力发展的同时，资本主义制度下生产社会化和生产资料私有制的矛盾日益激化，导致周期性地爆发经济危机。1825 年英国爆发了第一次全国性的经济危机，1836 年和 1847 年又相继爆发了波及欧洲主要资本主义国家的经济危机。每一次经济危机的爆发，都给资本主义世界造成巨大破坏。这一事实不仅暴露了资本主义生产方式的历史局限性，而且进一步表明，私有制社会发展到资本主义阶段已经到了极端。资本主义生产方式所固有的内在矛盾，决定了它永远不能根治这种致命的绝症。正如马克思、恩格斯指出的："资产阶级的生产关系和交换关系，资产阶级的所有制关系，这个曾经仿佛用法术创造了如此庞大的生产资料和交换手段的现代资产阶级社会，现在像一个魔法师一样不能再支配自己用法术呼唤出来的魔鬼了。"①　这一切都为马克思主义的产生提供了重要的社会条件。

2. 阶级基础

随着资本主义的发展，无产阶级队伍在不断发展壮大而成为一支独立的政治力量。历史发展所提出的彻底变革资本主义社会的重任，落在了无产阶级的肩上。无产阶级反对资产阶级的斗争，成为解决资本主义社会矛盾和开创人类社会美好未来的伟大动力。无产阶级最初只是一个"自在阶级"，对资本主义社会的认识尚局限于感性的阶段，开展的阶级斗争还带有自发的性质。随着无产阶级队伍的迅速发展壮大，成长为"自为阶级"，其斗争也日益指向了资本主义制度。从 19 世纪 30 年代起，无产阶级反对资产阶级的斗争进入了一个新的历史时期。1831—1834 年法国里昂工人的武装起义，1836 年英国的宪章运动，1844 年的德国西里西亚纺织工人起义，标志着无产阶级已开始作为一支独立的政治力量登上历史舞台。独立工人运动的兴起，成为马克思主义诞生的阶级基础。但由于没有革命理论的指导和无产阶级政党的领导，三大起义均以失败而告终。无产阶级为实现摧毁旧世界、创立新社会的历史使命，迫切需要一个能够正确反映社会发展规律和无产阶级利益的科学理论来指导，而无产阶级反对资产阶级日渐丰富的阶级斗争经验，为这个科学理论的产生提供了现实素材。成熟的历史条件，使马克思主义这一代表无产阶级利益的科学理论应运而生。马克思、恩格斯指出：我们的理论"不过是现存的阶级斗争、我们眼前的历史运动的真实关系的一般表述"②。

---

① 《马克思恩格斯选集》第 1 卷，人民出版社 1995 年版，第 277—278 页。
② 同上书，第 285 页。

3. 科学前提

马克思主义的产生有着深厚的自然科学和社会科学前提。从 19 世纪开始，资本主义工业发展推动了自然科学的进步和发展，使之进入了整理材料、寻找内部联系和跨门类研究的阶段，形而上学的自然观逐渐被打开了一个又一个缺口。自然科学研究取得突破性进展的代表性体现，是细胞学说、能量守恒和转化定律、生物进化论三大发现。这三大科学揭示了自然界的物质统一性以及各种物质形态之间联系和发展的辩证性质，为哲学总结自然现象以及认识它们的一般规律提供了可靠的知识基础。正如恩格斯指出的："由于这三大发现和自然科学的其他巨大进步，我们现在不仅能够说明自然界中各个领域内的过程之间的联系，而且总的说来也能说明各个领域之间的联系了。"① 细胞学说表明，所有动植物的生命现象，都是细胞按照一定规律分裂和增殖的结果，从而揭示了整个生物界的有机联系；能量守恒和转化定律表明，自然界各种形式的能量既不能凭空产生，也不能被消灭，只能从一种形态转化为另一种形态，从而揭示了整个自然界各种运动形式之间的相互联系和物质统一性；达尔文的进化论表明，自然界中品种繁多的生物种类，都是由少数简单生物经过长期的变化发展而成的，人类也是由一种古猿进化而来的，生物界是一个有规律的由低级向高级的发展过程。三大发现大大加速了整个科学技术的发展，为科学的认识论和方法论形成、为马克思主义创立奠定了科学基础。在社会科学方面，19 世纪初人类的思想理论达到了新的境界，出现了以黑格尔、费尔巴哈为代表的德国古典哲学，以亚当·斯密、大卫·李嘉图为代表的英国政治经济学，以圣西门、傅立叶、欧文为代表的法国、英国空想社会主义。黑格尔哲学中辩证法的"合理内核"和费尔巴哈哲学中唯物主义的"基本内核"，亚当·斯密和大卫·李嘉图对资本家与工人对立的经济根源分析，圣西门、傅立叶和欧文对资本主义内在矛盾的无情揭露和对未来社会的天才猜测，成为马克思主义哲学、马克思主义政治经济学和科学社会主义三个组成部分的直接理论来源。马克思主义正是在对上述优秀成果加以吸收和改造的基础上，总结资本主义制度发展和工人阶级斗争实践而创新、发展起来的，从而解决了资产阶级思想家提出而又未能解决的重大理论课题。正如列宁指出的："马克思是 19 世纪人类三个最先进国家中的三种主要思潮——德国古典哲学、英国古典政治经济学以及同

① 《马克思恩格斯选集》第 4 卷，人民出版社 1995 年版，第 246 页。

法国所有革命学说相联系的法国社会主义——的继承者和天才完成者。"①

（二）主观条件

马克思主义的创立还离不开不可缺少的主观条件。马克思、恩格斯都是学识渊博、思想敏锐的学者，能够站在时代智慧的高峰，批判地继承人类思想史上的一切优秀成果，概括和总结科学发展的最新成就。同时他们又是伟大的革命家，亲自参加和领导了当时无产阶级争取解放的伟大斗争实践，在革命实践和同各种错误思潮的斗争中，能够认识广大劳动群众创造历史的力量，看到无产阶级的伟大前途。这样，他们就逐步从唯心主义转变为唯物主义，由革命民主主义转变为共产主义，成为伟大的共产主义者。

马克思 1818 年 5 月 5 日出生于德国莱茵省特利尔城，他从小勤奋好学，善于独立思考。中学时代就有了为人类谋幸福的崇高理想。1841 年，在结束大学生活、获得哲学博士学位后，开始从事反对封建专制和争取民主的斗争。1842 年年初，马克思写了第一篇政论文章《评普鲁士的书报检查令》，通过对书报检查制度的批判，揭露整个普鲁士国家制度的反动本质。同年 5 月，他开始为自由主义反对派创办的《莱茵报》撰稿，后来担任该报的主编。在马克思的影响下，这份报纸越来越鲜明地倾向于革命民主主义。1843 年秋，马克思迁居巴黎，筹备出版《德法年鉴》杂志。在富有革命传统的法国，他积极参加工人集会，了解工人状况，同法国工人运动领袖和正义者同盟领导建立了密切联系，还结识了流亡在法国的各国革命家。这期间，马克思埋头钻研了资产阶级经济学家特别是英国古典经济学家亚当·斯密和大卫·李嘉图的劳动价值论，以及圣西门、傅立叶、欧文等人的空想社会主义学说，促进了其由民主主义者向共产主义者的转变。

恩格斯 1820 年 11 月 28 日出生于德国莱茵省巴门市（今乌培塔尔市），父亲是一个纺织厂主。恩格斯中学尚未毕业就辍学经商，他发表文章揭露封建专制制度和宗教虔诚主义的黑暗，倾注了对劳动人民的同情。他重视革命实践以及理论与实践的统一，1842 年 11 月，恩格斯到英国曼彻斯特欧门—恩格斯棉纺厂当职员，接触了真正的产业无产阶级。他参加工人的集会和斗争，并同宪章运动领袖建立联系。在英国期间，恩格斯做了大量的科学研究工作，分析了英国的社会状况，研究了资产阶级经济学家以及空想社会主义者的著作，为宪章运动机关报《北极星报》和马克思主编的《莱茵报》

---

① 《列宁选集》第 2 卷，人民出版社 1995 年版，第 418 页。

撰稿。1844 年 3 月，他在《德法年鉴》上发表了《国民经济批判大纲》和《英国状况——评托马斯·卡莱尔的〈过去和现在〉》等文章，以社会主义观点考察资本主义经济制度，指出一切弊端都是资本主义私有制统治的结果，认为社会主义革命和消灭私有制不可避免。这表明，恩格斯已经完成由民主主义者向共产主义者转变。

1844 年 8 月，恩格斯从英国回德国途中路过巴黎，同马克思会见。他们从此开始结成友谊，并共同创造他们的理论。马克思、恩格斯是从哲学着手研究理论的。1844—1846 年，他们合作先后写出了两部论战性的著作——《神圣家族》和《德意志意识形态》。前一部主要是清算黑格尔的弟子鲍威尔唯心主义体系，后一部则重点清算费尔巴哈的机械唯物主义和这种观点在社会历史观中的表现。1847 年，马克思又写出了《关于费尔巴哈的提纲》和《哲学的贫困》。在这些著作中，马克思主义的基本思想得到初步表述。1848 年 2 月，他们为共产主义者同盟（无产阶级政党雏形）起草的纲领《共产党宣言》发表，这既是国际共产主义运动第一个纲领性文献，又是马克思主义崭新思想理论诞生的标志。

1848 年的欧洲革命，使马克思、恩格斯的无产阶级革命理论经受了检验，并得到进一步发展。他们合写的《中央委员会告共产主义者同盟书》、《1848 年至 1850 年的法兰西阶级斗争》、《德国的革命和反革命》、《路易·波拿巴的雾月十八日》等著作，科学地总结了这次革命的经验教训，系统地阐述了无产阶级革命的理论和策略等问题，丰富和发展了马克思主义。

为了彻底批判资本主义，从 19 世纪 50 年代开始，马克思把他的研究重点从哲学转向经济学，用了 20 年时间，阅读了大量文献资料，写出了无数笔记，形成了两个手稿和两部著作，即《1857—1858 年经济学手稿》、《1861—1863 年经济学手稿》和 1859 年发表的《政治经济学批判大纲》第一分册、1867 年发表的被称为"工人阶级圣经"的《资本论》第一卷。《资本论》第一卷创立了剩余价值理论，揭露了资本家剥削工人的秘密，揭示了资本主义的历史局限性和被社会主义代替的历史必然性。马克思的剩余价值理论是继其唯物史观之后的第二个伟大发现，具有划时代意义。

为了加强各国工人阶级的团结，马克思、恩格斯于 1864 年创立了第一国际这一无产阶级群众性国际组织。作为该组织的灵魂，马克思根据《共产党宣言》的思想起草了《国际工人协会成立宣言》和《国际工人协会共同章程》两个文件。在第一国际存在的整个时期，马克思、恩格斯先后同各种机会主义派别——蒲鲁东主义、英国工联主义、拉萨尔主义和巴枯宁主义进行了毫不妥协的斗争，确立了马克思主义在国际工人运动中的指导地位。

1871 年，以普法战争为导火索，爆发了法国巴黎公社革命，创立了世界上第一个无产阶级政权，成为无产阶级推翻资产阶级、建立无产阶级专政的一个伟大尝试。巴黎公社失败后，马克思以第一国际总委员会的名义发表了《法兰西内战》，总结了公社的历史经验，痛斥了资产阶级对公社的诽谤和污蔑。后来，他又写了《哥达纲领批判》，对拉萨尔主义进行了严厉批判，并深刻阐述了科学社会主义的基本原理，首次提出从资本主义向共产主义的过渡时期和共产主义社会发展阶段的理论。1876—1878 年，恩格斯写出了《反杜林论》，深刻批判了杜林唯心主义先验论哲学、庸俗政治经济学和假社会主义，第一次系统地论证了马克思主义的三个组成部分——哲学、政治经济学和科学社会主义的基本原理，被誉为"马克思主义的百科全书"，标志着马克思主义科学体系的形成。1880 年，恩格斯把《反杜林论》一书最重要的理论部分改编成《社会主义从空想到科学的发展》小册子在法国发表，被马克思称为"科学社会主义的入门"。从 1873 年开始，恩格斯还用了 20 年的时间研究自然辩证法，写了许多札记和片段，这些手稿在他逝世后被编成《自然辩证法》一书出版。书中对 19 世纪中叶的自然科学成就作了辩证唯物主义的概括，进一步发展了唯物主义辩证法，批判了自然科学中的形而上学和唯心主义观点。

1883 年 3 月 14 日，马克思与世长辞。三天后，恩格斯在伦敦海格特公墓发表了《在马克思墓前的讲话》，指出："马克思在他所研究的每一个领域，甚至在数学领域，都有独到的发现。"[①] 但是，他最大的贡献是发现了唯物史观和剩余价值学说，这两大发现是科学社会主义的两大理论基石，使社会主义从空想发展成为科学。马克思逝世后，恩格斯担负了整理和出版马克思文献遗稿工作。1885 年和 1894 年先后出版了《资本论》第二卷和第三卷，完成了马克思未竟之业，为坚持和发展马克思主义做出了巨大贡献。1884 年恩格斯发表了《家庭、私有制和国家的起源》，揭示了作为阶级统治工具的国家的起源和本质，论证了社会主义代替资本主义的必然性。1886 年恩格斯又撰写了《路德维希·费尔巴哈和德国古典哲学的终结》，系统批判了黑格尔的唯心主义和费尔巴哈的唯物主义局限性及唯心史观，精辟论述了哲学的基本问题和唯物史观的基本原理。从 1890 年开始，恩格斯在一系

---

① 《马克思恩格斯选集》第 3 卷，人民出版社 1995 年版，第 776 页。

列通信中，在全面论述经济基础和上层建筑辩证关系的基础上，着重阐明了上层建筑的积极作用和意识形态相对独立性的原理，丰富和发展了唯物史观。恩格斯在从事理论工作的同时，还肩负指导国际共产主义运动的重担。在他的关心和支持下，1889 年建立了第二国际。步入老年的恩格斯，不知疲倦地写出了《马克思〈法兰西内战〉的导言》、《1891 年社会民主党纲领草案批判》、《法德农民问题》、《马克思〈1848 年至 1850 年的法兰西阶级斗争〉的导言》。这些著作，一方面无情地批判了第二国际特别是德国社会民主党内日益滋长的右倾机会主义；另一方面又不断地探讨和研究资本主义的新变化，提出和论证了关于社会主义的一系列新认识。

　　1895 年 8 月 5 日，恩格斯于伦敦去世。德国社会民主党的领导人倍倍尔称他是"全世界有阶级觉悟的无产者信任的国际伟人"[1]。如同恩格斯评价马克思一样，他也"首先是一个革命家。他毕生的真正使命，就是以这种或那种方式参加推翻资本主义社会及其所建立的国家设施的事业，参加现代无产阶级的解放事业"[2]。马克思、恩格斯同时又是学识渊博和著述甚丰的学者、理论家、思想家，他们创造的马克思主义像一盏明灯，照亮了人类解放的光明前程。

　　总之，马克思主义的产生，是人类历史发展到 19 世纪中叶时代的产物，是马克思、恩格斯顺应时代需要，提出了适应时代要求创立新的世界观任务，为无产阶级提供了科学世界观和伟大认识工具。

三　马克思主义的基本特征和理论品格

　　作为无产阶级的世界观和方法论，马克思主义是一个博大精深的理论体系。弄清什么是马克思主义，必须深刻把握马克思主义的基本特征和理论品格。只有这样，才能掌握马克思主义的精神实质，科学回答什么是马克思主义、怎样对待马克思主义这一坚持和发展中国特色社会主义的思想前提问题，从而在新的历史条件下既坚持马克思主义的基本原理，又在与中国特色社会主义实际的有机结合中赋予其当代意义，发展马克思主义。

（一）基本特征

　　马克思主义的基本特征是以实践为基础的科学性和革命性的统一。列宁

---

① 〔德〕奥·倍倍尔：《向弗里德里希·恩格斯告别》，《前进报》1895 年 8 月 15 日。
② 《马克思恩格斯选集》第 3 卷，人民出版社 1995 年版，第 777 页。

指出：马克思主义理论"对世界各国社会主义者所具有的不可遏止的吸引力，就在于它把严格的和高度的科学性（它是社会科学的最新成就）同革命性结合起来，并且不仅仅是因为学说的创始人兼有学者和革命家的品质而偶然地结合起来，而是把二者内在地和不可分割地结合在这个理论本身中"①。

马克思主义的科学性，首先在于它不带任何偏见，清除一切狭隘性和片面性的弊端，力求按照世界的本来面目去如实地认识世界，揭示自然界和人类社会发展的客观规律，并根据对客观规律的认识去能动地改造世界。其次在于它批判地继承了人类的全部优秀文化遗产，特别是吸取了凝结着 19 世纪上半叶人类思想最高成就的思想精华，并沿着概括科学发展新成果的途径建立起来的。它以可靠的科学知识和历史材料为依据，对世界本来面貌进行全面而深刻的反映。正如恩格斯所说："马克思在他所研究的每一个领域，甚至在数学领域，都有独到的发现，这样的领域是很多的，而且其中任何一个领域他都不是浅尝辄止。"② 最后在于它经受了实践的检验并随着实践的发展而不断发展。它坚持以实践为基础，不断研究和解决时代前进和实践发展所提出的新情况、新问题，因而也就能够成为永葆青春活力的科学真理。

马克思主义的革命性，一是集中表现为它的彻底的批判精神。马克思指出："辩证法在对现存事物的肯定的理解中同时包含着对现存事物的否定的理解，即对现存事物的必然灭亡的理解；辩证法对每一种既成的形式都是从不断的运动中，因而也是从它的暂时性方面去理解；辩证法不崇拜任何东西，按其本质来说，它是批判的和革命的。"③ 不仅辩证法在本质上是革命的和批判的，而且整个马克思主义在本质上也是革命的和批判的。马克思主义除了承认一切具体事物对于它赖以生存的条件来说具有暂时的合理性以外，不承认任何永恒不变的东西。马克思主义反对把旧事物、旧制度看成永恒不变的形而上学观点，它用发展变化的观点考察资本主义制度，既看到资本主义产生的历史必然性和在一定时期内的进步性，又从经济、政治、思想文化各个方面揭露其不合理性，无情地抨击其罪恶和弊端，指明其被更高的社会形态所代替的历史必然性。马克思主义的批判精神不仅适用于对资本主义制度的批判，也适用于对社会主义社会的自我反思、自我审视。因为在现

---

① 《列宁选集》第 1 卷，人民出版社 1995 年版，第 83 页。
② 《马克思恩格斯选集》第 3 卷，人民出版社 1995 年版，第 776—777 页。
③ 《马克思恩格斯选集》第 2 卷，人民出版社 1995 年版，第 112 页。

实的社会主义社会，仍然存在着贪污腐败、制假贩假、道德堕落等丑恶的社会现象，需要经过批判加以清除；社会主义制度还存在不完善的方面和环节，需要通过改革不断进行自我完善。马克思主义的批判精神也适用于每个个人。马克思、恩格斯具有自觉的自我批判意识，总是不断反思自己理论的不足，克服自身的历史局限性，从而把理论推向前进。二是表现在鲜明的政治立场上。马克思主义是工人阶级的意识形态，以科学的理论形式反映了工人阶级和广大人民群众的利益、愿望和要求，丝毫不隐瞒和回避理论的阶级本质，不以"超阶级"的幌子标榜自己是"全人类"利益的代表，而是公然申明自己的理论是为工人阶级服务的。这是马克思主义最鲜明的政治立场。在阶级社会里，任何思想体系都是有阶级性的。用阶级的眼光看世界，马克思主义坚决批判一切剥削阶级的理论观点，自觉捍卫无产阶级和广大人民群众的利益，以彻底推翻一切剥削制度、消灭社会不平等现象、争取工人阶级和全人类的彻底解放为己任。马克思曾经说过："哲学把无产阶级当作自己的物质武器，同样，无产阶级也把哲学当作自己的精神武器。"① 不仅马克思主义哲学是工人阶级的精神武器，马克思主义的各个组成部分都是工人阶级批判旧世界、建设新世界的精神武器。无产阶级是人类历史上最先进的生产方式的代表，其根本利益与社会发展规律、与人类彻底解放的必然趋势是完全一致的，是以解放全人类为己任的最彻底的革命的阶级。所以作为无产阶级意识形态的马克思主义，其阶级性和真理性、人民性是一致的，因而具有彻底革命的性质。

马克思主义的科学性和革命性具有内在的统一性。科学性是革命性的必要前提；革命性是科学性的必然结论。马克思主义既尊重社会发展的客观规律，又尊重无产阶级和人民群众的主体地位，所以它是科学性和革命性高度统一的理论。马克思主义是关于工人阶级和人类解放的科学，这一内涵的界定，鲜明地体现了科学性与革命性相统一的基本特征。马克思主义既是科学的理论体系，又是工人阶级的意识形态。马克思主义之所以能把科学性和革命性统一于一身，是因为工人阶级的根本利益与社会发展的方向和趋势具有一致性。工人阶级是现代化机器大生产的产物，工人阶级和广大人民群众的人心所向体现着社会前进的方向。工人阶级的本性决定了它必须科学地认识世界。只有科学地认识世界，特别是认识社会发展的客观规律性，才能找到自身解放的道路，实现自己的根本利益。由此可见，马克思主义的科学性和

---

① 《马克思恩格斯选集》第 1 卷，人民出版社 1995 年版，第 15 页。

革命性是不可分割的，科学性根源于革命性的要求，并且通过革命性表现出来；革命性必须以科学性为前提和基础，并且依靠科学性来保证。二者内在地结合在马克思主义的整个理论体系之中。

马克思主义的科学性和革命性都是以实践为基础的。实践的观点是马克思主义首要的基本观点，是马克思主义的出发点和归宿。实践性是马克思主义最本质的特征。马克思主义不仅科学地阐明了实践的观点在自身理论体系中的基础和核心作用，而且与那些脱离实际的抽象教条截然不同，它是在实践中产生又经过实践检验并随着实践的发展而发展的科学真理。这无论是从它的整体来看，还是就它的每一个组成部分来说，都是如此。马克思主义特别强调其改造世界的实践功能。马克思指出，哲学家们只是用不同的方式解释世界，而问题在于改变世界。马克思主义就是既能科学地认识世界又能能动地改造世界的理论。马克思主义决不是像黑格尔所比喻的那种黄昏时才起飞的"猫头鹰"，即事后才进行反思的科学，而是马克思自己所比喻的迎接人类解放黎明的"高卢雄鸡"，即批判旧世界、建设新世界的科学理论。这样的理论，离开了无产阶级和广大人民群众的实践活动，就成了无源之水，无本之木，就丧失了认识世界和改造世界的功能而失去存在的意义。马克思、恩格斯在创立自己的学说过程中，针对那些只在纯粹思想的范围内批判资本主义却不进行推翻资本主义实践活动的唯心主义理论家指出："思想从来也不能超出旧世界秩序的范围：在任何情况下它都只能超出旧世界秩序的思想范围。思想根本不能实现什么东西。为了实现思想，就要有使用实践力量的人。"[①] 他还指出："实际上，而且对实践的唯物主义者即共产主义者来说，全部问题都在于使现存世界革命化，实际地反对并改变现存的事物。"[②]

马克思主义完备而严密的理论体系和革命的、科学的、实践的本质，决定了它的社会功能必然是无产阶级和人类解放的科学世界观和方法论，是无产阶级政党指导思想的理论基础，是无产阶级和广大人民群众认识世界和改造世界最锐利的思想武器。

（二）理论品格

与时俱进是马克思主义的理论品格。所谓与时俱进，是指理论要随着时代、现实、社会、历史和实践的发展而不断调整自己的内容和形式，运用科

---

① 《马克思恩格斯全集》第 2 卷，人民出版社 1957 年版，第 152 页。
② 《马克思恩格斯选集》第 1 卷，人民出版社 1995 年版，第 75 页。

学的世界观和方法论不断分析和解决不同时代及其条件下出现的新问题，从而得出创新性的结论。这样的理论品格，是马克思主义保持生命力和发挥作用的根本所在。与时俱进，既具有深刻的理论内涵，又具有丰富的时代内涵。其理论内涵主要体现了马克思主义发展过程的主观与客观、认识与实践、知和行的具体的历史的统一，体现了对于马克思主义的继承、坚持与创新的统一；其时代内涵则要求防止和反对以教条主义的态度对待马克思主义，自觉把思想认识从那些不合时宜的观念、做法和体制中解放出来，从对马克思主义的错误的和教条式的理解中解放出来，从主观主义和形而上学的桎梏中解放出来，在实践中坚持和发展马克思主义。

　　马克思主义与时俱进的理论品格是由马克思主义的基本特征所决定的。因为坚持实践基础上的科学性与革命性的统一，必然要求理论与时代发展相一致，做到与时俱进。首先，马克思主义的实践性决定了其与时俱进。马克思主义不是远离生活、脱离实践的理论，而是深深根植于生活土壤的来自实践、服务实践、在实践中发展的活生生的理论。马克思主义作为指导无产阶级革命实践的科学世界观和方法论，与先前一切理论体系的根本区别就在于实践性，它产生于实践，在不断实践的检验中发展完善，并以指导实践作为归宿。这是马克思主义能够与时俱进的丰富源泉。其次，马克思主义的科学性决定了其与时俱进。马克思主义是建立在深刻揭示资本主义内在矛盾、科学阐发无产阶级使命、自觉遵循人类社会发展规律的基础上的，充分体现了辩证唯物主义和历史唯物主义的世界观和方法论，是人们认识世界和改造世界的科学指南。马克思主义提供的不是现成的答案，而是进一步研究的出发点和供这种研究使用的方法。马克思主义经典作家从来不把自己的理论看作是一成不变的教条，而是把它当作不断发展、不断创新的理论。这是马克思主义能够与时俱进的前提。最后，马克思主义的革命性决定了其与时俱进。在马克思主义看来，世界万事万物都处在运动之中，人类的社会生活和社会实践变化无穷、丰富多彩，"不存在任何最终的东西、绝对的东西、神圣的东西……除了生成和灭亡的不断过程、无止境地由低级上升到高级的不断过程，什么都不存在"①。由此，马克思主义主张不断批判、超越和改变事物的现状，用发展的眼光看待世界及其运动、变化的永恒性。马克思主义以发展的眼光看待世界，也以发展的眼光看待自己，从来不把自己的学说当作一成不变的教条和包治百病的灵丹妙药，而是始终坚持立足于社会现实，从现

---

① 《马克思恩格斯选集》第4卷，人民出版社1995年版，第217页。

实生活中汲取营养、推动理论创新，这是它能够与时俱进的生命根基。

马克思主义与时俱进的理论品格体现在：一是在实践中丰富和发展的，是无产阶级革命实践经验的科学总结。理论来自实践，指导实践，经受实践检验，随着实践的发展而发展。如马克思通过总结欧洲 1848 年革命和巴黎公社的经验，写出《1848 年至 1850 年的法兰西阶级斗争》、《路易·波拿巴的雾月十八日》和《法兰西内战》等重要著作；列宁在总结俄国 1905 年革命经验的基础上，完成《社会民主党在民主革命中的两种策略》一书。二是在吸收人类精神文明成果中丰富和发展的，是一种开放的学说。如马克思、恩格斯吸收了人类一切精神文明成果，特别是德国古典哲学、英国古典政治经济学和法英空想社会主义的优秀部分；列宁吸收了他所处时代的优秀精神文明成果，尤其是俄国革命民主主义者的思想遗产。三是在同各种错误思潮斗争中丰富和发展的。正确的东西总是同错误的东西相斗争而发展的。马克思主义是在斗争中创立的，也是在斗争中发展的。马克思、恩格斯的许多著作，如《神圣家族》、《德意志意识形态》、《哥达纲领批判》、《反杜林论》、《1891 年社会民主党纲领草案批判》等，都是在同各种错误思潮斗争中写出的。列宁时期，国内外形势严峻，党内斗争更加激烈，他写的论战性著作就更多了。四是在潜心研究中丰富和发展的。马克思、恩格斯、列宁的所有著作都是他们长期思考和研究的理论成果。如马克思的长篇巨著《资本论》，可以说是尽其毕生精力刻苦研究完成的。

马克思主义的创始人及其后继者都是与时俱进的典范，不断与时俱进地推进理论的完善，包括修正自己理论中某些不合时宜的观点和内容。例如，马克思、恩格斯在 1848 年 2 月发表的《共产党宣言》中说："至今一切社会的历史都是阶级斗争的历史"[1]；恩格斯在 1883 年德文版序言中就把这个观点修改为"（从原始土地公有制解体以来）全部历史都是阶级斗争的历史"[2]；后又在 1888 年英文版序言中把这个观点表述为"人类的全部历史（从土地公有的原始氏族社会解体以来）都是阶级斗争的历史"[3]。再如，马克思、恩格斯早年把资本主义寿命估计得过短，在 1848 年欧洲大革命和 1871 年巴黎公社起义时期，他们曾认为经过一次突然袭击就可以消灭资本主义制度，取得无产阶级革命的胜利；恩格斯晚年在总结欧洲 1848 年革命

---

[1]　《马克思恩格斯选集》第 1 卷，人民出版社 1995 年版，第 272 页。
[2]　同上书，第 252 页。
[3]　同上书，第 257 页。

和 1871 年巴黎公社经验教训时，公开承认这一看法"错了"，是一种"迷雾"、"一个幻想"，是"不对的"，是"不可能的事情"。任何理论都有历史的和时代的局限性，马克思主义也不例外，问题在于能不能通过自我反省、自我批判，克服这种局限性。马克思、恩格斯的可贵之处，不仅在于他们敢于对黑暗的现实和各种错误理论进行无情的批判，还在于他们勇于自我反省、自我批判，不断克服自己理论的局限性，与时俱进地开辟新境界，使自己的理论达到新的高度和水平。

与时俱进与理论创新是不可分割的，成为马克思主义的强大生命力。列宁在领导俄国革命中，不断地进行理论创新。例如，他通过深刻分析资本主义经济政治发展不平衡规律，提出社会主义革命将首先在一国或数国胜利的新论断，突破了马克思、恩格斯在 19 世纪所作出的社会主义革命只有在大多数资本主义国家同时发生才能取得胜利的结论。这一结论在当时被很多马克思主义者视为天经地义。毫不夸张地说，没有列宁的"一国胜利论"，就没有十月革命的胜利。列宁把马克思主义发展到列宁主义新阶段，就是马克思主义与时俱进的生动体现。人类实践没有止境，理论创新也永无止境。这一社会前进的必然规律要求每一个马克思主义者必须适应实践的发展，不断推进理论创新。与时俱进，说到底就是要不断创新。在创新中既坚持马克思主义的基本原理，又谱写新的理论篇章；既发扬革命传统，又不断丰富马克思主义的科学内涵。这样才能紧跟时代步伐，把握时代特征，在新的历史条件下研究新情况、解决新问题，推进马克思主义的新发展，使其永葆旺盛的生命力。

总之，马克思主义作为时代发展的产物和精华，不是僵化不变的学说，而是与时俱进的开放的发展理论。与时俱进，是马克思主义的理论品格和必然要求。回顾马克思主义发展史，能否做到与时俱进，是区分真假马克思主义者的分水岭。

四 列宁把马克思主义发展到一个新阶段

马克思主义自从产生以后便对人类历史发展进程产生了重大影响，并与时俱进地在实践中不断得到丰富和发展。这种丰富和发展首先是由列宁在领导俄国革命中实现的。

从 19 世纪 70 年代到 20 世纪初，科学技术的发展有力地推动了生产规模的扩大，使生产和资本日益集中，从而形成资本主义垄断的局面。垄断组织的迅速发展，加剧了资本主义各国之间政治经济发展的不平衡，使人类历史由自由资本主义进入垄断资本主义的帝国主义阶段，导致了第一次世界大战的发生。第一次世界大战的爆发，充分暴露了帝国主义各国内部的矛盾，造成了社会主义革命可能胜利的历史条件。在第一次世界大战中，沙皇俄国成为帝国主义链条上最薄弱的环节，为世界无产阶级革命准备了有利的条件。面对日益成熟的革命条件，列宁深刻分析了现实社会的变化，认为资本主义发展到帝国主义阶段，出现了马克思、恩格斯生前不曾有的新变化、新特点，经济政治发展的不平衡已成为资本主义发展的绝对规律。由此，他坚持和运用马克思主义一般原理，创立了社会主义可以在一国首先取得胜利的理论，领导俄国实现了由民主革命向社会主义革命的转变并开展了社会主义建设，探索和开创了经济文化落后国家向社会主义过渡与发展的道路，从理论上科学回答了时代提出的新课题，创造性地把马克思主义发展到一个新的阶段——列宁主义阶段。

列宁 1870 年 4 月 22 日出生于俄国伏尔加河畔西姆比尔斯克城，父亲是省国民教育厅巡视员。列宁是通过普列汉诺夫于 1883 年在瑞士日内瓦建立的"劳动解放社"阅读马克思、恩格斯著作之后，成为马克思主义者和走上革命道路的。1887 年，列宁在莫斯科喀山大学法律系学习期间，因反对沙皇专制制度而被捕流放。从此，他就把自己的整个生命贡献给反对沙皇专制和资本主义、使劳动者获得彻底解放的事业。

列宁走上革命征途的第一件事，就是在俄国创建新型无产阶级政党。列宁在创建新型无产阶级政党的过程中遇到并克服了两大障碍。第一个障碍是"民粹派"。19 世纪 70 年代，俄国的一些革命知识分子穿起农民服装跑到农村工作，即当时所谓的"到民间去"。民粹派否认社会发展的客观规律性，抹杀资本主义在俄国发展的必然性；否认无产阶级是最先进最革命的阶级，认为知识分子是领导农民革命的主要力量；以所谓的"群氓无能"观点蔑视人民群众的伟大力量，在"英雄万能"观点支配下采取个人恐怖策略。这种民粹派，实质上是一种小资产阶级社会主义思潮或农业社会主义思潮。列宁在 1894 年写出了第一部名著《什么是"人民之友"以及他们如何攻击社会民主主义者？》，在彻底批判民粹派理论观点和政治纲领的基础上，提出了建立俄国无产阶级政党、工人阶级是最革命的阶级、工农联盟是推翻沙皇专制制度的主要力量等思想。第二个也是最大的障碍是"经济派"。经济派是伯恩施坦主义在俄国的变种，是"合法马克思主义"的后裔，它有一整套机会主义的观点和路线，概括起来就是否定马克思主义对工人运动的指导作用和党对工人运动的领导作用，把工人阶级的阶级斗争限定在经济领域。

1889 年列宁在萨马拉组建了全俄第一个马克思主义小组，1895 年他又去首都彼得堡建立了"工人阶级解放斗争协会"，把马克思主义和工人运动结合起来，为成立无产阶级政党奠定了基础。1898 年，彼得堡、莫斯科、基辅等地的"工人阶级解放斗争协会"召开了俄国社会民主工党第一次代表大会，宣告党的成立，但由于没有制定党纲和党章，不久大会选出的中央机关也被反动当局破获，实际上党并没有真正建立起来。这期间，经济派十分嚣张，造成刚刚宣告成立的俄国社会民主工党政治上动摇、思想上涣散和组织上瓦解，给建党工作带来严重阻碍。在这种情况下，列宁主张在"二大"召开前，必须首先划清马克思主义同经济主义的界限，从思想上把各地党组织统一到马克思主义的路线上，才能把党建设成功。为此，列宁于1890 年从流放地回来以后，立即到国外创办《火星报》，并于 1902 年发表了《怎么办?》这一建党名著，严厉地批判了经济派的自发主义、经济主义、尾巴主义的思想体系，论证了党是马克思主义同工人运动相结合的产物，从而奠定了新型无产阶级政党的思想基础。1903 年 7—8 月，俄国社会民主工党先后在布鲁塞尔和伦敦召开第二次代表大会，主要任务就是根据《火星报》制定的原则建立新型的无产阶级政党。大会讨论和通过了党纲和党章，列宁和他的支持者在建党问题上赢得了多数，取得了胜利。从此，在俄国党内形成多数派（布尔什维克）和少数派（孟什维克）两个派别激烈斗争的局面。为了粉碎孟什维克的组织路线和策略路线，列宁在 1904 年和1905 年先后写了《进一步，退两步》、《社会民主党在民主革命中的两种策略》，系统论证了新型无产阶级政党的组织原则，全面阐述了布尔什维克在资产阶级民主革命中的策略路线，发展了马克思主义的建党学说和无产阶级在资产阶级民主革命中的策略思想。

1905 年资产阶级民主革命失败后，开始了俄国历史上的"斯托雷平反动时期"。面对沙皇大臣斯托雷平的猖狂进攻，社会民主党内发生了动摇和混乱，出现主张取消"秘密党"、"为公开党而斗争"的"取消派"和主张召回在杜马中的社会民主党人的"召回派"。思想战线上的斗争也反映到哲学领域。以波格丹诺夫为首的一批马克思主义著作家，打着马克思主义的旗号，向马克思主义哲学"讨伐"，妄图用马赫主义、贝克莱主义来代替马克思主义。为了捍卫马克思主义哲学的纯洁性，列宁用了 8 个月的时间写成了《唯物主义和经验批判主义》，并于 1909 年出版。这部著作及后来写的《哲学笔记》，成为列宁的宝贵哲学遗产。

1914 年爆发了第一次世界大战，欧洲各国工人运动和农民运动重新高涨。但第二国际的多数领袖背叛战前诺言，在"保卫祖国"的幌子下，公开投身到资产阶级怀抱，狂热支持本国资产阶级政府进行战争，堕落为社会沙文主义者，使第二国际名存实亡。列宁坚持与第二国际的社会沙文主义进行斗争，并针对考茨基的"超帝国主义"论，于 1916 年写了《帝国主义是资本主义的最高阶段》一书，深刻总结了自《资本论》第一卷出版以后资本主义在半个世纪内的发展，科学揭示了帝国主义的本质、各种矛盾及其灭亡的规律。"帝国主义论"是马克思《资本论》在帝国主义阶段的新发展。1915—1916 年间，列宁还写了《论欧洲联邦口号》和《无产阶级革命的军事纲领》两篇文章，根据对资本主义经济政治发展不平衡规律的科学分析，得出社会主义将首先在一国或数国取得胜利的新论断。"一国胜利论"是列宁对马克思主义的重大发展，成为列宁主义的重要标志。

1917 年 2 月，俄国爆发了第二次资产阶级民主革命并取得胜利，但国内却出现了两个政权并存的特殊局面。在这种形势下，俄国向何处去？ 1917 年列宁发表了《无产阶级在我国革命中的任务》（即"四月提纲"），为全党提出了明确的方向。为了回答无产阶级在革命中应当怎样对待资产阶级国家机器和建立一个什么样的国家政权这个迫切问题，肃清第二国际考茨基在这方面的"偏见"和流毒，列宁在白色恐怖的匿居环境中写出了《国家与革命》，不仅强调无产阶级要用暴力打碎资产阶级的国家机器和建立自己的崭新国家机器，而且进一步探讨了从资本主义向共产主义的过渡时期和共产主义的发展阶段等重大理论问题。随着布尔什维克党的发展壮大，武装起义的条件日益成熟，列宁领导人民终于取得十月革命的胜利，推翻了人剥削人、人压迫人的社会制度，建立了世界上第一个社会主义国家，开辟了人类历史的新纪元。十月社会主义革命胜利后，为了巩固年轻的苏维埃政权，批驳第二国际考茨基对十月革命道路的攻击，1918 年列宁发表了《无产阶级革命和叛徒考茨基》。这部著作与《国家与革命》，对布尔什维克党夺取政权和巩固政权起了重大作用。

为了适应欧洲革命形势的发展，加强无产阶级的国际团结，在列宁的领导下，1919 年 3 月在莫斯科建立了第三国际。为了克服西欧一些新建的共产党因年轻缺乏经验而常犯"左"的错误，1920 年列宁写了《共产主义运动中的"左派"幼稚病》，全面总结了布尔什维克党的历史经验，批评了西欧"左派"在如何对待妥协、资产阶级议会和反动工会等问题上"左"的错误。

随着国内战争结束和进入和平建设年代，苏维埃政权的工作重心开始向经济建设方面转移，以 1921 年召开的俄共（布）十大为标志，从战时共产主义政策向新经济政策过渡。列宁写了《论粮食税》，对新经济政策作了论证和说明。1921 年 10 月列宁在俄国共产主义青年团大会上作了《青年团的任务》的讲话，成为社会主义精神文明建设的纲领。1922 年末至 1923 年初，他在病中所写的《日记摘录》，进一步提出了有科学依据的在苏联建设社会主义的新构想。

1924 年 1 月 21 日，列宁的心脏停止了跳动。斯大林代表苏共（布）中央致的悼词说：“列宁不仅是俄国无产阶级的领袖，不仅是欧洲工人阶级的领袖，不仅是殖民地东方的领袖，而且是全球整个劳动世界的领袖。”[①] 列宁在 20 世纪新的历史条件下，把马克思主义基本原理同俄国的具体实践和时代特征相结合，在无产阶级政党、无产阶级革命、无产阶级专政、民族殖民地问题、帝国主义的历史地位、过渡时期和社会主义建设等问题上提出了许多新观点、新论断，极大地丰富和发展了马克思主义，把马克思主义发展到一个新的阶段即列宁主义阶段。

---

① 《斯大林全集》第 6 卷，人民出版社 1956 年版，第 46 页。

第二章

马克思主义中国化及其理论成果

中国共产党一成立，就是一个以马克思列宁主义为指导思想的党。然而，找到了马克思列宁主义这个崭新的思想武器，并不意味着就能够自然而然地解决中国革命所面临的问题，还必须把马克思主义的基本原理同中国的具体实际结合起来，与时俱进，实现马克思主义的中国化。

一 马克思主义中国化的正式提出及科学内涵

中国共产党的早期领导人李大钊等就曾经提出过要把马克思列宁主义应用到中国的实践当中去的思想，但在党的幼年时期，对于这个问题还没有形成深刻、完整、统一的认识。党的中央领导真正认识到这个问题的重要性是在 1935 年遵义会议以后，而就全党来讲，则是在延安整风以后。

（一）正式提出

就党的文件来看，"马克思主义中国化"的正式提出发轫于 1938 年党的六届六中全会。毛泽东在此次会议上作了题为"论新阶段"的政治报告，首次提出了"马克思主义中国化"这个命题。他指出："没有抽象的马克思主义，只有具体的马克思主义。所谓具体的马克思主义，就是通过民族形式的马克思主义，就是把马克思主义应用到中国具体环境的具体斗争中去，而不是抽象地应用它。……因此，马克思主义的中国化，使之在其每一表现中带着中国的特性，即是说，按照中国的特点去应用它，成为全党亟待了解并亟须解决的问题。"[①]

---

① 《中共中央文件选集》第 11 册，中共中央党校出版社 1991 年版，第 658—659 页。

毛泽东之所以提出实现马克思主义的中国化，源于对中国革命进程中正反两个方面的实践经验的科学总结。在第一、第二次国内革命战争时期，中国共产党经历过两次胜利和两次失败。特别是第二次国内革命战争时期，党创造性地把马克思主义的革命学说应用于中国实际，创建了工农红军，建立了农村革命根据地和工农政府，实行了工农武装割据，连续击退国民党军队的多次"围剿"；在国民党统治区，在极其艰苦的条件下，发展了党和其他革命组织，展开了群众革命斗争。这一切都是从中国实际出发运用马克思主义的结果。但这一时期，党对把马克思主义同中国实际相结合还不够自觉，特别是由于1931年开始在党内占统治地位的"左"倾错误，把马克思主义教条化，把共产国际决议和苏联经验神圣化，使中国革命遭受严重挫折，几乎陷于绝境。错误和挫折教育了党。遵义会议确立了毛泽东在全党的实际领导地位后，党开始从理论上系统地总结中国革命的历史经验，为中国革命提供合乎实际的完整的理论、路线、方针和政策。抗日战争时期，又努力排除党内在统一战线问题上出现的右倾错误的干扰。

经过延安整风，马克思主义中国化的思想成为全党的共识。刘少奇代表党中央在党的七大上做的关于修改党章的报告中，对"马克思主义中国化"从理论上作了进一步的阐述。七大通过的《中国共产党章程》在总纲中确定，以马克思列宁主义的理论与中国革命的实践之统一的思想——毛泽东思想，作为我们党一切工作的指针。毛泽东思想是马克思主义中国化的第一个重大理论成果，是"中国的马克思主义"①。

实现马克思主义中国化，是解决中国问题的需要。马克思主义作为科学真理，虽然具有普遍的指导意义，但将这些普遍真理应用于中国的具体实际却是一项极其艰巨的任务。中国共产党人面对着特殊的国情，在半殖民地半封建的旧中国，不仅革命的条件与马克思、恩格斯、列宁所分析的西方资本主义国家很不一样，而且中国社会历史发展的具体道路同西方资本主义各国以及其他国家社会历史发展的道路也不可能相同；同样，在新中国如何进行社会主义建设，如何进行社会主义改革，也不同于其他社会主义国家。要真正运用马克思主义来指导中国革命、建设和改革，必须实现马克思主义的中国化。中国革命、建设和改革的实践也证明，马克思主义之所以能在中国发挥指导作用，不仅因为它是科学，而且因为它同中国人民的革命、建设和改革的实践发生了联系，实现了结合，并为中国人民所掌握。

---

① 《刘少奇选集》上卷，人民出版社1981年版，第333页。

　　实现马克思主义中国化，也是马克思主义理论的内在要求。恩格斯曾明确指出："马克思的整个世界观不是教义，而是方法。它提供的不是现成的教条，而是进一步研究的出发点和供这种研究使用的方法。"① 各国马克思主义者的任务就是结合各个国家不同时期的具体实际，将马克思主义进一步加以具体化；同时，马克思主义也只有在同各国具体实践相结合的过程中，才能开辟自身的发展道路。这是马克思主义的题中应有之义。马克思主义要在中国发挥指导作用，就必须将其同中国的具体实际相结合，实现马克思主义的中国化；中国化的马克思主义又为马克思主义理论宝库增添了新的内容。

（二）科学内涵

　　马克思主义中国化，就是将马克思主义基本原理同中国具体实际相结合。具体地说，就是把马克思主义的基本原理更进一步地同中国实践、中国历史、中国文化结合起来，使马克思主义在中国实现具体化。1942 年，毛泽东曾经在一次讲话中说过："我们要把马、恩、列、斯的方法用到中国来，在中国创造出一些新的东西。只有一般的理论，不用于中国的实际，打不得敌人。但如果把理论用到实际上去，用马克思主义的立场、方法来解决中国问题，创造些新的东西，这样就用得了。"② 在这里，"解决中国问题"和"创造些新的东西"，是马克思主义中国化的两个相互关联、相互一致的目标。马克思主义基本原理同中国具体实际相结合的过程，一方面是在实践中学习和运用理论，用理论指导实践的过程；另一方面是在总结实践经验基础上深化对理论的认识并丰富和发展理论的过程。

　　第一，马克思主义中国化就是运用马克思主义解决中国革命、建设和改革的实践问题。旧中国是半殖民地半封建的国家，农民占人口的绝大多数，经济和文化十分落后。在这样的条件下进行革命，必然会遇到许多特殊的复杂问题，靠套用马克思主义一般原理和照搬外国经验，不可能解决这些问题。同样，在中国进行社会主义建设和改革，也不能把马克思主义当作教条，更无法照抄别人的经验。要真正运用马克思主义来指导中国革命、建设和改革，必须紧密结合中国国情和时代条件，寻找适合中国实际的道路，制定正确的方略。马克思主义中国化，就是为了解决中国的具体问题，把马克

---

① 《马克思恩格斯选集》第 4 卷，人民出版社 1995 年版，第 742—743 页。
② 《毛泽东文集》第 2 卷，人民出版社 1993 年版，第 408 页。

思主义应用到中国具体环境的具体实践中去，使马克思主义在中国具体化，从而用"具体的马克思主义"来指导中国的具体行动。

第二，马克思主义中国化就是把中国革命、建设和改革的实践经验和历史经验提升为理论。马克思主义中国化不是关起门来搞纯粹的理论工作，而是运用马克思主义的立场、观点和方法来解决中国的实际问题，它的基础是中国人民的实践。在解决中国实际问题的过程中，必然会产生许多具有独创性的实践经验，通过对这些经验的总结和提炼，就会创造出新的东西，从而丰富和发展马克思主义，也就是毛泽东强调的"使中国革命丰富的实际马克思主义化"①。马克思主义中国化还包括运用马克思主义的立场、观点和方法去总结中国的历史经验。毛泽东曾经指出，今天的中国是历史的中国的一个发展；我们是马克思主义的历史主义者，我们不应当割断历史。从孔夫子到孙中山，我们应当给予总结，继承这一份珍贵的遗产。这对于指导当前的伟大的运动，是有重要帮助的。中国是一个有着几千年文明历史的大国，积淀着丰富的历史经验，在马克思主义的指导下，把这些历史经验认真地加以概括和提炼，为马克思主义理论宝库增加新的内容。要实现马克思主义中国化，应该了解和懂得中国的历史状况和社会状况、中国的特点、中国社会的发展规律，达到对于马克思主义的理论和中国的实践完整的、统一的、深入的理解和把握。在当代中国，马克思主义中国化就是要把马克思主义的基本原理同中国社会主义现代化建设的实践经验很好地结合起来，一方面要坚持用马克思主义的基本原理来指导社会主义现代化建设；另一方面又要把中国社会主义现代化建设的经验加以马克思主义的提炼和升华。

第三，马克思主义中国化就是把马克思主义植根于中国的优秀文化之中。这也就是毛泽东强调的要使马克思主义"和民族的特点相结合，经过一定的民族形式"②表现出来。马克思主义作为一种外来思想文化传入中国，要使它能为中国人民所广泛接受，并在实践中发挥指导作用，就必须寻找一种为中国人民所能理解和接受的民族形式。马克思主义中国化既不是对马克思主义的照搬，也不是对中国文化的复制，而是将马克思主义的基本原理同中国文化中的优秀成分结合进而达到融合。在这个过程中，以马克思主义为指导，对中国文化进行认真的清理，剔除其糟粕，吸收其精华，又用中国优秀文化的表达方式和中国老百姓喜闻乐见的语言形式，深入浅出地阐明

---

① 《毛泽东文集》第2卷，人民出版社1993年版，第374页。
② 《毛泽东选集》第2卷，人民出版社1991年版，第707页。

马克思主义的基本原理。这样做的结果，就使马克思主义植根于中国优秀文化的土壤之中而得以生长和繁荣起来。

二　马克思主义中国化的历史进程和重要意义

理论必须与实际相结合方能有生命力，马克思主义普遍原理必须与中国的具体国情和实践需要相结合才能发挥指导作用。90多年来，中国共产党人在艰苦卓绝的革命斗争和艰难曲折的社会主义建设与改革实践中，成功地实现了这种结合，不断推进马克思主义中国化，形成了既适应特定时空条件又一脉相承的中国化的马克思主义——毛泽东思想和中国特色社会主义理论体系。正是在毛泽东思想和中国特色社会主义理论体系的指导下，中国的新民主主义革命才走向了胜利，中国的社会主义事业才蓬勃发展。

（一）历史进程

马克思主义中国化是一个历史过程，即马克思主义的基本原理同中国的具体实际日益结合的过程。在一定意义上，中国共产党的历史就是一部提出和探索马克思主义中国化，并在实践中不断推进马克思主义中国化的历史。

党在幼年时期，由于理论准备和实践经验不足，对于中国的历史和社会状况、中国革命的特点和规律不甚了解，还不善于将马克思列宁主义的理论同中国革命的实践相结合，使中国革命走了一些弯路，出现了严重的曲折。遵义会议以后，党的理论和实践逐步走上了正确的轨道。

在领导中国革命和建设的过程中，以毛泽东为核心的党的第一代中央领导集体，把马克思列宁主义的基本原理同中国革命的具体实际结合起来，创立了毛泽东思想，第一次实现了马克思主义的中国化。在毛泽东思想指引下，中国共产党领导全国各族人民，取得了新民主主义革命的胜利，建立了人民民主专政的中华人民共和国；顺利地进行了社会主义改造，确立了社会主义基本制度；发展了社会主义的经济、政治和文化，初步探索了社会主义建设的道路。

党的十一届三中全会以来，以邓小平为核心的党的第二代中央领导集体，在总结国内外社会主义建设的历史经验特别是改革开放以来的新鲜经验的基础上，初步回答了"什么是社会主义、怎样建设社会主义"这个首要的基本的理论问题，逐步形成了建设中国特色社会主义的路线、方针、政策，创立了邓小平理论，开辟了建设中国特色社会主义的正确道路，推进了马克思主义的中国化。

党的十三届四中全会以来，以江泽民为核心的党的第三代中央领导集体，根据国内外形势和党的历史方位的新变化，进一步回答了"什么是社会主义、怎样建设社会主义"和"建设什么样的党、怎样建设党"的问题，深化了对中国特色社会主义的认识，形成了"三个代表"重要思想，实现了党的指导思想的又一次与时俱进，进一步推进了马克思主义的中国化。

党的十六大以来，以胡锦涛为总书记的党中央，立足社会主义初级阶段基本国情，总结我国发展实践，借鉴国外发展经验，适应新的发展要求，提出了科学发展观，进一步回答了"实现什么样的发展、怎样发展"这一关系到中国未来前途和命运的重大问题，深化了党对共产党执政规律、社会主义建设规律、人类社会发展规律的认识，继续推进了马克思主义中国化的发展过程。

中国共产党在领导中国革命、建设和改革的长期实践中，实现了马克思主义同中国实际相结合的两次历史性飞跃，产生了两大理论成果。第一次飞跃的理论成果是毛泽东思想，是被实践证明了的关于中国革命和建设的正确的理论原则和经验总结。第二次飞跃的理论成果是中国特色社会主义理论体系，包括邓小平理论、"三个代表"重要思想和科学发展观，是马克思主义中国化的最新成果。中国特色社会主义理论体系，坚持和发展了马克思列宁主义、毛泽东思想。毛泽东思想和中国特色社会主义理论体系虽然形成于不同的历史时期，面对着不同的历史任务，但在基本精神上是一致的，都坚持实事求是、群众路线和独立自主。这是它们的基本点。中国特色社会主义理论体系同毛泽东思想是一脉相承又与时俱进的。

（二）重要意义

马克思主义中国化，是对马克思主义的发展与创新，具有重要的现实意义和深远的历史意义。马克思主义中国化的理论成果，为我党和人民提供了强大的精神支柱和强有力的思想武器，指引着中国的革命、建设和改革，为中国的发展指明了方向。倡导和推进马克思主义中国化，表明了我们党对待马克思主义的科学态度和优良作风，不断开拓着马克思主义在中国发展的新境界。

第一，马克思主义中国化的理论成果指引着我们党和人民的伟大事业不断取得胜利。列宁曾经说过："没有革命的理论，就不会有革命的运动。"[①]

---

① 《列宁选集》第 1 卷，人民出版社 1995 年版，第 153 页。

在毛泽东思想的指引下，中国共产党领导全国各族人民，经过长期的反对帝国主义、封建主义、官僚资本主义的革命斗争，取得了新民主主义革命的胜利，建立了中华人民共和国；新中国成立以后，成功地进行了社会主义改造，完成了从新民主主义到社会主义的过渡，确立了社会主义基本制度，发展了社会主义的经济、政治和文化。在毛泽东思想、邓小平理论和"三个代表"重要思想的指引下，我国又不断推进了中国特色社会主义建设和改革的进程，国民经济持续快速健康发展，改革开放取得丰硕成果，人民生活总体上达到小康水平。在新世纪新阶段，党领导全国各族人民深入贯彻落实科学发展观，正朝着全面建成小康社会和实现富强民主文明和谐社会主义现代化国家"两个百年"目标迈进。实践证明，如果离开了对马克思主义中国化的不懈探索，离开了马克思主义中国化理论成果的指引，我们的实践就会陷于盲目，我们的事业就会遭受挫折和失败。

第二，马克思主义中国化的理论成果提供了凝聚全党和全国各族人民的强大精神支柱。一个民族，一个国家，如果没有自己的精神支柱，就等于没有灵魂，就会失去凝聚力和生命力。在当代中国，中国化的马克思主义是全党和全国各族人民的精神支柱。马克思主义中国化的一系列理论成果，代表着中国最广大人民在不同历史时期的意志和愿望，是一定历史条件下中华民族智慧的最高表现和理论的最高概括，是中华民族优秀文化的结晶，是凝聚党心民心的强大精神动力。特别是在世界多极化和经济全球化的今天，我们面临着难得的历史性机遇，同时也有很多困难，更需要用中国化的马克思主义来统一思想、凝聚人心、凝聚力量。只有这样，中华民族才能以崭新的面貌屹立于世界民族之林。

第三，马克思主义中国化倡导和体现了对待马克思主义的科学态度和优良作风，不断开拓着马克思主义在中国发展的新境界。马克思主义中国化进程中形成的理论成果，是马克思主义与中国不同时期实际相结合的产物，体现了理论与实际的统一、坚持与发展的统一，既反对轻视甚至背离马克思主义的错误倾向，又反对教条式地对待马克思主义和静止地、孤立地研究马克思主义的错误倾向。它们的形成和发展，既反映了马克思主义基本理论在中国的传承，又体现了马克思主义是一个不断发展的、开放的科学体系。它们不但以新的形态发展了马克思主义，而且展示了马克思主义所固有的强大生命力。

第三章

科学对待马克思主义

胡锦涛指出："马克思主义是我们立党立国的根本指导思想。坚持和巩固马克思主义指导地位，是党和人民团结一致、始终沿着正确方向前进的根本思想保证。"① 这是我们党通过长期历史比较和深刻国际观察所得出的一个关系党和国家前途命运的历史结论。

一 毫不动摇地坚持马克思主义

马克思主义是由一系列相互联系的基本原理所构成的科学理论体系。我们坚持马克思主义，必须完整准确地理解和坚持马克思主义，努力掌握它的科学思想体系，以及构成这一科学体系的基本原理，特别是它的立场、观点、方法，而不能只是背诵它的个别词句和个别结论。

（一）坚持马克思主义基本原理

列宁说："马克思主义是马克思的观点和学说的体系。"② 其实，这只是一个概括，马克思主义还包括其共同创立者恩格斯的巨大理论贡献以及其继承者对它的发展。马克思主义的基本组成部分是马克思主义哲学、政治经济学和科学社会主义。除此之外，还包括马克思主义者运用这些理论研究的历史学、政治学、法学、军事学、社会学、民族学、人类学等内容。马克思主义作为人类最伟大的思想理论和认识工具，是在继承人类优秀文化成果的基础上创立的真正科学的宇宙观和最彻底的社会革命论，是一个博大精深、高度严整的科学思想体系。

---

① 《在纪念党的十一届三中全会 30 周年大会上的讲话》，《人民日报》2008 年 12 月 19 日。
② 《列宁选集》第 2 卷，人民出版社 1995 年版，第 418 页。

马克思主义思想体系是由一系列相互联系的基本原理构成的。所谓基本原理，就是被长期实践反复证明了的、在一定领域具有普遍真理性的科学原理。它是由马克思主义或马克思主义某一学科的基本范畴构成的，反映了事物发展的普遍规律，因而具有普遍的指导意义。而个别结论则不同，它是对某一具体事物特殊本质的反映，其真理性因条件的改变而改变，因而不具有普遍的指导意义。坚持基本原理就是坚持马克思主义，否定基本原理就是否定马克思主义。不论在什么情况下，在基本原理问题上都必须旗帜鲜明，不能含糊。为此，必须把马克思主义基本原理同个别结论区别开来。如果把个别结论误认为基本原理，就会犯教条主义错误；如果把基本原理指为个别结论，就会犯违背马克思主义的错误。这两种倾向，都是应当加以防止的。区别什么是基本原理，什么是个别结论，并不总是很容易的，但又是必须去做的，而且只能建立在总结国际国内、历史现实各方面丰富实践经验的基础之上。

（二）坚持马克思主义立场观点方法

马克思主义立场观点方法，是马克思主义科学思想体系的精髓所在。立场，是人们观察、认识和处理问题的立足点。马克思主义始终站在人民大众的立场上，一切为了人民、一切相信人民、一切依靠人民，全心全意为人民谋利益。正如胡锦涛指出的："马克思主义政党的一切理论和奋斗都应致力于实现最广大人民的根本利益，这是马克思主义最鲜明的政治立场。"[①] 观点，是马克思主义关于自然、社会和人类思维规律的科学认识，是对自然界规律和人类社会实践经验的科学总结，体现在马克思主义哲学、政治经济学和科学社会主义这三个组成部分之中，涵盖面非常广泛。比如，马克思主义关于人类社会发展规律及其历史趋势的基本观点，关于生产活动是人类社会存在和发展根本前提的观点，关于社会发展和人的全面发展的观点，关于社会主义革命和无产阶级专政的基本观点，关于无产阶级政党的基本观点，关于社会主义本质和社会主义建设的基本观点，等等。方法，既含具体的方法又指根本的方法论。这里所说的方法，是与马克思主义世界观相统一的方法论。具体讲，就是实事求是的思想方法和群众路线的工作方法。实事求是集中体现了马克思主义唯物的辩证的认识论，是我们党始终坚持的根本思想方法。解放思想是实事求是的内在要求，与时俱进是实事求是的必然要求和结

---

① 参见《人民日报》2013 年 7 月 2 日。

果。坚持实事求是，就要同解放思想、与时俱进有机统一起来，在解放思想、与时俱进中坚持真理、纠正错误，做到不唯上、不唯书、只唯实。群众路线就是一切为了群众、一切依靠群众，从群众中来、到群众中去。这是马克思主义历史唯物主义基本原理在实际工作中的具体体现，也是我们党始终坚持的根本工作路线和根本工作方法。坚持群众路线，就要放下架子、扑下身子，深入实际、深入基层，从群众中寻找解决问题的方案和办法，充分调动广大群众的积极性、主动性、创造性。

能否坚持马克思主义的立场观点方法，不仅是一个能力问题，更是一个态度问题。我们党历来重视和强调这一点。1938 年 10 月，毛泽东在党的六届六中全会上提出"马克思主义在中国具体化"时就明确指出，我们"不但应当了解马克思、恩格斯、列宁、斯大林他们研究广泛的真实生活和革命经验所得出的关于一般规律的结论，而且应当学习他们观察问题和解决问题的立场和方法"[①]。1941 年在《改造我们的学习》中，针对当时党内存在的理论脱离实际、教条主义地对待马克思主义的严重问题，毛泽东再次指出，许多同志"只会片面地引用马克思、恩格斯、列宁、斯大林的个别词句，而不会运用他们的立场、观点和方法，来具体地研究中国的现状和中国的历史，具体地分析中国革命问题和解决中国革命问题"[②]。那一年，中央作出决定，"号召我们的同志学习应用马克思列宁主义的立场、观点和方法，认真地研究中国的历史，研究中国的经济、政治、军事和文化，对每一问题要根据详细的材料加以具体的分析，然后引出理论性的结论来"[③]。坚持用马克思主义的立场观点方法分析和解决中国的具体问题，是毛泽东思想的重要组成部分。邓小平在改革开放初期总结社会主义建设经验教训时指出：我们"主要的是要用马克思主义的立场、观点、方法来分析问题，解决问题。马克思主义的活的灵魂，就是具体地分析具体情况。马列主义、毛泽东思想如果不同实际情况相结合，就没有生命力了"[④]。江泽民指出："我们学习理论，关键要学会运用马克思主义的立场、观点、方法来观察和解决问题，提高辩证思维的能力，防止形而上学和片面性。"[⑤]胡锦涛在毛泽东诞辰 110 周年座谈会上的讲话指出："高举毛泽东思想、邓小平理论、'三个代表'重

---

① 《毛泽东选集》第 2 卷，人民出版社 1991 年版，第 533 页。

② 《毛泽东选集》第 3 卷，人民出版社 1991 年版，第 797 页。

③ 《习近平在中共中央党校春季学期开学典礼上的讲话》，《人民日报》2010 年 3 月 2 日。

④ 《邓小平文选》第 2 卷，人民出版社 1994 年版，第 118 页。

⑤ 《江泽民文选》第 2 卷，人民出版社 2006 年版，第 286 页。

要思想的旗帜，不断开创中国特色社会主义事业新局面，不断开创马克思主义在中国发展的新境界，最重要的是始终坚持贯穿这个科学思想体系的活的灵魂，始终坚持马克思主义立场、观点和方法。"①

二　创造性地运用马克思主义

（一）只有马克思主义能够救中国

中国近代以来 170 多年的历史证明，只有马克思主义而没有别的什么主义能够救中国。为了挽救民族危亡、实现国家独立和富强，中国人民曾经选择过各种各样的主义，进行过各种各样的斗争，包括农民起义、洋务运动、维新变法、旧式民主革命等，但最终都没有能够解决问题。正如毛泽东所说："从一八四〇年的鸦片战争到一九一九年的五四运动的前夜，共计七十多年中，中国人没有什么思想武器可以抵御帝国主义。旧的顽固的封建主义的思想武器打了败仗，抵不住，宣告破产了。不得已，中国人被迫从帝国主义的老家即西方资产阶级革命时代的武器库中学来了进化论、天赋人权论和资产阶级共和国等项思想武器和政治方案，组织过政党，举行过革命，以为可以外御列强，内建民国。但是，这些东西也和封建主义的思想武器一样，软弱得很，又是抵不住了，败下阵来，宣告破产了。""一九一七年的俄国革命唤醒了中国人，中国人学到了一样新的东西，这就是马克思列宁主义。……从此以后，中国改换了方向。"② 马克思主义传入中国以后，同中国的工人运动相结合，产生了中国共产党，中国共产党领导的革命便是新民主主义革命，在这一革命进程中，中国共产党人把马克思列宁主义普遍真理同中国革命的具体实践相结合，创立了中国化的马克思主义——毛泽东思想，从而引导中国民主革命取得了彻底胜利，进而在中国建立起社会主义制度。中国革命的胜利，是毛泽东思想的胜利，也是马克思主义在中国的胜利。我们说中国必须坚持马克思主义，这不是某个人的主观认定，而是实践的选择、历史的选择、人民的选择。

（二）马克思主义是发展中国的根本法宝

中国改革开放以来的伟大成就证明，马克思主义具有强大生命力，马克

---

① 参见《人民日报》2003 年 12 月 27 日。
② 《毛泽东选集》第 4 卷，人民出版社 1991 年版，第 1513—1514 页。

思主义不仅能够救中国，而且能够发展中国。马克思主义基本原理不是教条而是行动指南，各国人民必须根据自己的条件创造性地运用马克思主义，其中最主要的是要做到三个"结合"。

1. 理论同实际相结合

马克思主义的基本原理为我们的实践活动提供了总的指导思想、根本原则和根本方法，但是，它没有提供解决问题的现成答案。列宁说：马克思主义一般原理的应用，"具体地说，在英国不同于法国，在法国不同于德国，在德国又不同于俄国"①。同样，中国既不同于俄国，更不同于欧美，必须把马克思主义基本原理同中国革命和建设的具体实际相结合，使之中国化。这就是毛泽东所说的，"学会把马克思列宁主义的理论应用于中国的具体的环境"、"使马克思主义在中国具体化"、"使之在其每一表现中带着必须有的中国的特性"②。这也就是邓小平所说的："我们多次重申，要坚持马克思主义，坚持走社会主义道路。但是，马克思主义必须是同中国实际相结合的马克思主义，社会主义必须是切合中国实际的有中国特色的社会主义。"③

2. 领导和群众相结合

理论的重要性在于，它一旦被群众所掌握就会变成强大的物质力量。人民群众是历史主体，也是认识主体。马克思主义同本国实际相结合，是国家领导机关和领导人员的任务，也是亿万人民群众的任务，这两个方面是不可分割地联系在一起的。中国共产党人在领导中国人民进行中国革命的伟大实践中就创立了具有中国特色的群众路线，即一切为了群众、一切依靠群众，从群众中来、到群众中去，这是马克思主义的政治路线、工作路线，也是马克思主义的认识路线。"实践—认识—实践"，"群众—领导—群众"，这两个公式是完全一致的。马克思主义与实际相结合是在亿万人民群众的奋斗中实现的，人民群众的实践需要是"结合"的动力之源，人民群众的实践经验和创造是"结合"的智慧之源。邓小平反复强调，改革开放中许多东西是群众创造的，他的贡献是把这些东西概括起来，加以提倡和推广。我们党创造的马克思主义中国化的理论成果——毛泽东思想和包括邓小平理论、"三个代表"重要思想、科学发展观在内的中国特色社会主义理论体系，都是由人民群众经验升华的集体智慧的结晶。

---

① 《列宁选集》第 1 卷，人民出版社 1995 年版，第 274—275 页。
② 《毛泽东选集》第 2 卷，人民出版社 1991 年版，第 534 页。
③ 《邓小平文选》第 3 卷，人民出版社 1993 年版，第 63 页。

3. 学习借鉴外国与独立自主相结合

中国的革命、建设和改革都离不开世界，必须重视研究和借鉴外国经验，必须争取一切可能争取的外援，必须重视吸收人类创造的一切优秀文明成果。但是，这一切都不能原样照搬，生吞活剥。独立自主、自力更生，是从中国实际出发、依靠群众进行革命、建设和改革的必然结论。毛泽东一贯强调，本国国情靠本国人民去认识，本国革命的胜利靠本国人民去争取，我们的方针要放在自己力量的基点上。邓小平说："独立自主，自力更生，无论过去、现在和将来，都是我们的立足点"，"把马克思主义的普遍真理同我国的具体实际结合起来，走自己的道路，建设有中国特色的社会主义，这就是我们总结长期历史经验得出的基本结论"①。

三　与时俱进地发展马克思主义

（一）马克思主义是行动指南

马克思主义的创始人和后继者都坚决反对任何以教条主义的态度对待马克思主义的做法。早在 1843 年，当马克思还处在由革命民主主义者向共产主义者、由唯心主义者向唯物主义者转变的时期就明确宣布："新思潮的优点就恰恰在于我们不想教条式地预料未来，而只是希望在批判旧世界中发现新世界。""所以我不主张我们竖起任何教条主义的旗帜。"② 恩格斯也反复强调："我们的理论是发展着的理论，而不是必须背得烂熟并机械地加以重复的教条。""马克思的整个世界观不是教义，而是方法。它提供的不是现成的教条，而是进一步研究的出发点和供这种研究使用的方法。""如果不把唯物主义方法当作研究历史的指南，而把它当作现成的公式，按照它来剪裁各种历史事实，那它就会转变为自己的对立物。"③ 马克思、恩格斯在《共产党宣言》1872 年德文版序言中指出："这个《宣言》中所阐述的一般原理整个说来直到现在还是完全正确的"，但"这些原理的实际运用，正如《宣言》中所说的，随时随地都要以当时的历史条件为转移"④。1872 年 9 月马克思在阿姆斯特丹群众大会上演说，谈到工人总有一天必须夺取政权时说："我们从来没有断言，为了达到这一目的，到处都应该采取同样的手

---

① 《邓小平文选》第 3 卷，人民出版社 1993 年版，第 3 页。
② 《马克思恩格斯全集》第 1 卷，人民出版社 1956 年版，第 416 页。
③ 《马克思恩格斯选集》第 4 卷，人民出版社 1995 年版，第 681、742—743、688 页。
④ 《马克思恩格斯选集》第 1 卷，人民出版社 1995 年版，第 248 页。

段。我们知道，必须考虑到各国的制度、风俗和传统。"① 1881 年 2 月马克思在回答荷兰社会民主党创始人之一纽文胡斯的提问时说：社会党人在夺取政权之后，"在将来某个特定的时刻应该做些什么，应该马上做些什么，这当然完全取决于人们将不得不在其中活动的那个既定的历史环境"②。

列宁在以马克思主义基本原理为指导领导俄国革命实践的过程中，更是反复强调这一思想。他在批判考茨基时指出："马克思和恩格斯说过，我们的理论不是教条，而是行动的指南；卡尔·考茨基、奥托·鲍威尔这类'正宗的'马克思主义者的最大错误和最大罪恶，就是他们不懂得这一点，不善于在无产阶级革命最紧要的关头按此行事。"③ "我以前说过，现在还要再三地说，这个学说不是教条，而是行动的指南。"④ 他说："我们完全以马克思的理论为依据。"但是，"我们决不把马克思的理论看作某种一成不变的和神圣不可侵犯的东西"。"对于俄国社会党人来说，尤其需要独立地探讨马克思的理论，因为它所提供的只是总的指导原理。"⑤

毛泽东把脱离中国实际、教条化对待马克思主义的错误态度称作"本本主义"，并坚决反对这种"本本主义"。他说："马克思主义的'本本'是要学习的，但是必须同我国的实际情况相结合。我们需要'本本'，但是一定要纠正脱离实际情况的本本主义。"⑥中国共产党人在领导中国革命、建设和改革的过程中，同党内外"左"右倾机会主义进行坚决的斗争，坚持把马克思主义基本原理同中国具体实际相结合，不断推进马克思主义的中国化，实现了两次历史性飞跃，产生了两大理论成果——毛泽东思想和中国特色社会主义理论体系。实践证明，什么时候坚持了"相结合"的思想原则，中国的事业就发展和胜利；什么时候离开了"相结合"的思想原则，中国的事业就遭受挫折和失败。

马克思主义不是教条，并不提供对一切问题的现成答案。那种从马克思主义经典著作中寻章摘句，试图寻找对现实问题直接答案的做法，不仅达不到目的，而且十分有害。邓小平说："马克思去世以后一百多年，究竟发生了什么变化，在变化的条件下，如何认识和发展马克思主义，没有搞清楚。

① 《马克思恩格斯全集》第 18 卷，人民出版社 1964 年版，第 170 页。
② 《马克思恩格斯选集》第 4 卷，人民出版社 1995 年版，第 643 页。
③ 《列宁选集》第 4 卷，人民出版社 1995 年版，第 180 页。
④ 《列宁全集》第 35 卷，人民出版社 1985 年版，第 219 页。
⑤ 《列宁选集》第 1 卷，人民出版社 1995 年版，第 273、274 页。
⑥ 《毛泽东选集》第 1 卷，人民出版社 1991 年版，第 111—112 页。

绝不能要求马克思为解决他去世之后上百年、几百年所产生的问题提供现成答案。列宁同样也不能承担为他去世以后五十年、一百年所产生的问题提供现成答案的任务。真正的马克思列宁主义者必须根据现在的情况，认识、继承和发展马克思列宁主义。"①

把马克思主义作为行动的指南，就必须从客观存在的实际情况出发，而不能从马克思主义的一般原理出发。只有把马克思主义的一般原理与本国的具体实际相结合，才能真正发挥马克思主义的指导作用，制定出适合本国情况的路线、纲领、方针、政策，并根据实际情况的变化加以适当调整。正如列宁所说："现在必须弄清一个不容置辩的真理，这就是马克思主义者必须考虑生动的实际生活，必须考虑现实的确切事实，而不应当抱住昨天的理论不放，因为这种理论和任何理论一样，至多只能指出基本的、一般的东西，只能大体上概括实际生活中的复杂情况。"②

（二）在实践中发展马克思主义

马克思主义是历史的产物，但是它没有成为只是留在人们记忆中的历史陈迹，原因就在于它是开放的科学，随着历史的发展而不断得到丰富和发展。这是它的真正的生命力所在。科学地对待马克思主义，必须与时俱进地发展马克思主义。

马克思、恩格斯不仅是马克思主义的创立者，而且也是马克思主义的发展者。马克思在 1845 年春天写下的《关于费尔巴哈的提纲》和在 1845—1846 年与恩格斯合著的《德意志意识形态》，是标志着马克思主义基本形成的著作；马克思 1847 年 7 月发表的《哲学的贫困》和马克思、恩格斯 1848 年 2 月发表的《共产党宣言》，则标志着马克思主义公开问世。自此以后，马克思、恩格斯又通过总结实践经验、研究深奥理论以及同反马克思主义观点的论战，不断把自己的理论推向前进。恩格斯早在 1877 年给一位美国女士写信时就说："我们的理论是发展着的理论，而不是必须背得烂熟并机械地加以重复的教条。"③ 恩格斯作为马克思的战友，不仅与马克思一起创立了马克思主义，而且还在马克思逝世后发展了马克思的学说。恩格斯的《家庭、私有制和国家的起源》，第一次把马克思主义关于家庭问题的观点

①《邓小平文选》第 3 卷，人民出版社 1993 年版，第 291 页。
②《列宁选集》第 3 卷，人民出版社 1995 年版，第 26—27 页。
③《马克思恩格斯选集》第 4 卷，人民出版社 1995 年版，第 681 页。

系统化了，并进一步阐述了所有制、阶级和国家的起源，指出了国家的本质和特征。恩格斯 1888 年出版的《路德维希·费尔巴哈和德国古典哲学的终结》，第一次科学、全面地提出和论述了哲学的基本问题，进一步探讨历史发展的动力问题，提出了人民群众的共同意志是人类历史发展的动力的观点。

列宁在资本主义日趋腐朽的帝国主义时期捍卫了马克思主义，也发展了马克思主义，把马克思主义推进到了一个新的阶段，即列宁主义阶段。列宁在《唯物主义和经验批判主义》、《哲学笔记》等著作中，捍卫和发展了马克思主义哲学；在《俄国资本主义的发展》、《帝国主义是资本主义的最高阶段》等著作中，捍卫和发展了马克思主义的政治经济学；在《第二国际的破产》、《国家与革命》等著作中，捍卫和发展了科学社会主义理论。特别值得提及的是，列宁在《论欧洲联邦口号》和《无产阶级革命的军事纲领》中，提出在特定的历史条件下社会主义革命有可能在一国或几国首先取得胜利的思想；在十月革命前夕和革命胜利以后，多次谈到落后的国家通过国家资本主义形式向社会主义过渡的思想。这些思想对落后国家的社会主义革命和社会主义建设，具有非常重大的指导意义。

19 世纪末 20 世纪初马克思主义传入中国，并在指导中国实践的过程中逐渐中国化，形成中国化的马克思主义，即具有中国特点、中国风格和中国气派的马克思主义。一部中国的马克思主义发展史，就是一部马克思主义基本原理和中国具体实际相结合的历史。在新民主主义革命时期，以毛泽东为代表的中国共产党人经过反复探索，在成功经验和失败教训的基础上，找到了符合中国实际的革命道路，创造性地发展了马克思主义，形成了毛泽东思想。新中国成立以后，以毛泽东为代表的党的领导集体，又对中国社会主义改造和社会主义建设道路进行了多方面的探讨，提出了不少有价值的思想。改革开放以来，我们党开辟了中国特色社会主义道路，形成了包括邓小平理论、"三个代表"重要思想和科学发展观的中国特色社会主义理论体系。这个理论体系，坚持和发展了马克思列宁主义、毛泽东思想，凝结了几代中国共产党人带领人民不懈探索实践的智慧和心血，是马克思主义中国化的最新成果，是党最宝贵的政治和精神财富，是全国各族人民团结奋斗的共同思想基础。在当代中国，坚持中国特色社会主义理论体系，就是真正坚持马克思主义。

马克思主义是时代的产物、实践经验的总结、科学成果的升华，它必然会随着时代的改变、实践的扩展、科学的进步而不断丰富和发展其自身。马克思主义的生命力就来源于实践。毛泽东说："马克思主义一定要向前发展，要随着实践的发展而发展，不能停滞不前。停滞了，老是那么一套，它就没有生命了。"① 邓小平说，决不能要求马克思为解决他去世之后上百年、几百年新产生的问题提供现成答案。真正的马克思主义者必须根据现有的情况，认识、继承和发展马克思列宁主义。老祖宗不能丢、又要讲新话。新话才能反映新的情况、解决新的问题。

纵观马克思主义产生以来的历史过程，就是其创始人及其后继者根据变化了的实际情况不断推进理论创新发展的过程；马克思主义的生命力就存在于这个不断创新发展的过程之中。在新的历史条件下发展马克思主义，必须能够准确地提出时代需要解决的问题。只有准确地提出问题，才能正确地解决问题。马克思指出，一切时代的迫切问题，有着和任何在内容上有根据的因而也是合理的问题共同的命运：主要的困难不是答案，而是问题。人类的实践过程说明，除了用新问题来回答和解决老问题之外，没有别的办法。问题是时代的格言，是表现时代自己内心状态的最实际的呼声。从第二次世界大战结束到现在的半个多世纪中，世界历史发生了许多引人注目的重大变化，向马克思主义提出了许多新的研究课题，并提供了不少回答这些课题的实践经验。当今，马克思主义既面临着严峻的挑战，又面临着极好的发展机遇。概其要，有以下几个方面。

第一，现实社会主义的变化向马克思主义提出新的课题。20 世纪最后20 年，世界社会主义运动发生了一系列重大变化。主要有两种情形：一种是中国等国仍然坚定地走社会主义道路，举起改革、开放、创新的旗帜，反思现实社会主义的经验教训，继续探索和推进社会主义事业，取得了不同程度的成功，中国则取得了举世瞩目的伟大成就；另一种是 20 世纪 80 年代末90 年代初，苏联解体、东欧剧变，不仅改变了世界格局，而且社会主义和马克思主义也被一些人认为似乎到了生死存亡的关头。在这种情况面前，如何正确认识社会主义的前途和命运？如何说明社会主义必然代替资本主义的历史必然性？如何正确认识和处理社会主义与资本主义的关系？迫切需要马克思主义根据新的实践经验作出新的说明。

第二，当代资本主义新变化向马克思主义提出新的课题。第二次世界大战以后，资本主义发生了一系列的变化。它不仅没有在世界上消失，而且有了很大的发展。发达资本主义国家不仅生产力有了巨大发展，而且生产关系

---

① 《毛泽东文集》第 7 卷，人民出版社 1999 年版，第 281 页。

也发生了很多变化。在生产资料所有制方面，出现了知识化、社会化、分层化、垄断化和全球化等特点。所谓知识化，即知识资本等"非物质资本"占资本的比重日益增加，深刻改变了资本所有权结构；所谓社会化，指法人资本与合作资本成为投资主体，大量出现"混合所有制"；所谓分层化，是指在股份制条件下，所有权与占有权、使用权、经营管理权相分离；所谓垄断化，即股份制更加强化了资本垄断经济的能力，从私人垄断上升为国家垄断和国际垄断；所谓全球化，即各种资本要素的跨国流动形成全球资本主义，知识资本和金融资本联合形成国际垄断。在生产中的地位及其相互关系方面，垄断资产阶级为了缓和阶级矛盾，采取了种种调整劳资关系的政策，如改善工人的劳动条件、减轻工人的劳动强度、缩短工人的劳动时间、提高工人的劳动报酬和生活水平、吸收部分工人参加企业管理等。在收入分配方面，资本主义国家普遍建立和实行由政府统一管理的社会福利制度，社会福利费用增长很快，较多的社会福利用于失业救济、养老金、遗属生活补助、残疾和医疗补助等。如何正确认识当代资本主义的这些新变化？能否从这些新变化中得出资本主义的本质发生了根本改变、资本主义的内在矛盾能够通过自身调节最终得到解决、人类到资本主义社会就已经"终结"的结论？迫切需要马克思主义根据新的实践经验作出科学回答。

第三，经济全球化向马克思主义提出新的课题。经济全球化向马克思主义提出的问题，不少是关系到全人类利益、需要经过世界各国共同努力才能解决的问题，诸如环境污染、人口膨胀、资源短缺、粮食匮乏、恐怖主义猖獗、金融危机等。解决这些问题涉及多方面的关系，包括人与自然之间的关系，人与社会之间的关系，民族国家利益与全人类利益之间的关系，发达国家与发展中国家之间的关系，国家、集体、个人之间的关系等。如何处理好这些错综复杂的关系，统筹兼顾各方面利益，协调组织好各种力量，调动利用好各种资源，需要马克思主义者经过认真的研究，提出系统的理论，拟订可行的计划，拿出行之有效的措施。

第四，世界新技术革命向马克思主义提出新的课题。世界新技术革命本质上是知识智力革命。自20世纪中期新技术革命兴起以来，知识智力因素在经济社会发展中的作用日益增强，科学技术成了第一生产力，许多国家已经进入知识经济时代，当今世界的竞争，在很大程度上是科技力量和科技人才的竞争。世界新技术革命，不仅引起和即将引起政治、经济、思想、文化、生活方式、思维方式等社会生活各个方面的深刻变化，而且向马克思主义提出了一系列重大问题。诸如，随着知识、智力因素在社会发展中的作用日益增强，物质生活的生产方式是否仍然是社会存在和发展的基础？在新技术革命时代，推动社会发展的动力有哪些，如何正确认识各种动力之间的相互关系，生产力和生产关系的矛盾是否仍然是社会发展的根本动力？如何正确评价技术的社会作用，新技术革命能否解决资本主义的固有矛盾、挽救资本主义必然灭亡的历史命运？新技术革命对我国社会主义现代化建设和实现民族伟大复兴有什么影响？等等。迫切需要马克思主义作出科学的、实事求是的、有说服力的回答。

第五，我国改革开放和现代化建设向马克思主义提出新的课题。我国的改革开放已经走过 30 多年的历程，取得了举世瞩目的伟大成就。同时也要清醒地看到，在实践上还面临许多困难和矛盾，需要花大力气去解决；在理论上还面临许多深层问题，需要我们以科学的态度认真探讨。这些理论问题主要有：关于我国目前的社会性质和所处的发展阶段问题，关于如何理解中国特色社会主义理论体系与马克思、恩格斯创立的科学社会主义理论前后相继、一脉相承的问题，关于社会主义与市场经济能否相容的问题，关于政府与市场的关系问题，关于如何有效地反腐倡廉的问题，关于合理调整产业结构和改变经济发展方式的问题，关于深化政治、经济体制改革的问题，等等。这些问题，我们在实践中虽然有了某些认识，但还有待扩展和深化。只有以马克思主义基本原理为指导，逐步有效地解决这些问题，中国的改革开放和现代化建设事业才能持续健康平稳地向前发展。

马克思主义在回答这些课题的过程中已经获得了一定程度的发展，随着实践的发展必将会继续获得发展。邓小平指出："世界形势日新月异，特别是现代科学技术发展很快。现在的一年抵得上过去古老社会几十年、上百年甚至更长的时间。不以新的思想、观点去继承、发展马克思主义，不是真正的马克思主义者。"[①]

总之，马克思主义不是封闭僵化的理论体系，而是在解决时代和实践的重大课题中不断发展的科学。马克思主义是真理，但"马克思列宁主义并没有结束真理，而是在实践中不断地开辟认识真理的道路"[②]。这就使它与历史上无数显赫一时的其他理论有着完全不同的命运。马克思主义由于自觉根植于时代和实践的沃土之中，并不断根据时代和实践发展的需要，为满足广大人民群众的利益和要求，推进理论创新，成为一个开放的、不断发展的

---

① 《邓小平文选》第 3 卷，人民出版社 1993 年版，第 291—292 页。
② 《毛泽东选集》第 1 卷，人民出版社 1991 年版，第 296 页。

体系，所以它能够保持长久的生命活力。在新的历史条件下，只有坚持解放思想、实事求是，坚持与时俱进、求真务实，坚持在实践中发展马克思主义，才能使中国特色社会主义道路越走越宽广，让马克思主义放射出更加灿烂的真理光芒。

热点问题评述
马克思主义"过时"了吗？

马克思主义在其发展过程中虽然面临新问题和新挑战，但它的基本原则和基本方法并没有过时。其一，马克思主义的辩证唯物主义和历史唯物主义哲学揭示了自然、社会和人类思维发展的普遍规律，提供了观察世界和解决问题的基本立场、正确观点和科学方法，为无产阶级政党制定正确的思想路线奠定了理论基础。其二，马克思主义关于资本主义、帝国主义和社会主义、共产主义的理论仍然是我们认识当代资本主义变化和当代社会主义发展的重要思想武器。其三，站在整个人类历史发展的总体趋势上看，当今时代的基本性质并没有发生根本改变，仍然处于资本主义向社会主义、共产主义过渡的进程之中。无产阶级解放全人类的历史使命没有完成，马克思主义就不可能过时。

19世纪最后30年，资本主义从自由竞争向垄断过渡，资本主义经济相对繁荣。此时，资产阶级开始普遍地改变统治政策，培植"工人贵族"，安抚国内工人阶级。这样，机会主义的逆流在西欧工人运动内部产生。1896—1898年，伯恩施坦在考茨基主编的《新时代》上发表了一系列文章，声称时代发生了变化，要求社会民主党重新检查一下自己的"精神武器"，认为马克思主义已经过时，科学社会主义充满空想的性质等。这种思潮在工人运动内部被系统化、理论化，形成了向资产阶级投降的伯恩施坦修正主义。事实上，伯恩施坦的修正主义是从资产阶级观点出发的修正社会主义理论。这一学说在客观上和本质上都是企图消灭历史唯物主义的，其实质是用康德的"绝对命令"这一抽象的教条来改造社会，否认人类社会发展的客观必然性和规律性，其整个理论必然陷入唯心主义泥潭。

20世纪80年代末，由于苏联、东欧社会主义的挫折，马克思主义"过时论"死灰复燃。一位日裔美国人福山在其博士论文《历史的终结》中宣称：西方的自由民主已克服共产主义意识形态，可能由此形成"人类意识进步的终点"与"人类统治的最后形态"，也形成"历史的终结"。一位西方学者针对这种说法作了一个不是很准确的比喻：不能因为教皇垮台了，就认为圣经也不对了。的确，一个社会主义模式失败了，不等于科学社会主义就不再是科学的了，社会主义的根基依然深厚。其实，即使在西方，真正的有识之士也并不认为马克思主义已经"消失"或"过时"，而是对于马克思主义的历史地位、现实作用和未来影响往往有着比较中肯的客观评价，甚至赞扬马克思主义"仍然保留着生命力和内在潜力"，"是我们时代需要的哲学"，惊呼"马克思的幽灵仍然在世界上空徘徊"。如法国著名哲学家萨特就说："马克思主义的生命力远未枯竭，它还年轻"，"它仍然是我们时代的哲学，它不可被超越，因为产生它的那些历史条件还没有被超越"①。美国著名经济学家、哲学和法学博士罗伯特·海尔布隆纳也说："马克思主义不仅提供了一种历史观，同时它也是历史创造的指南。尽管世态多变，但一个多世纪以来，马克思的著作仍然不失其效用。在我们的时代和今后，世界的改变是肯定无疑的，而且大部分将是在马克思主义本身的鼓舞和指导下进行的。……要探索人类发展的前景，就势必要求教于马克思主义。"②

当代国际共产主义运动遭受挫折的教训，特别是苏东剧变的教训，恰好证明，马克思主义这个武器丢不得；丢了这个武器，共产党就失去了精神支柱，社会主义就改变了方向，人民的团结就没有了共同的思想基础，社会就会陷入混乱和动乱。江泽民曾说："东欧剧变、苏联解体，最深刻的教训是：放弃了社会主义道路，放弃了无产阶级专政，放弃了共产党的领导地位，放弃了马克思列宁主义，结果使得已经相当严重的经济、政治、社会、民族矛盾进一步激化，最终酿成了制度剧变、国家解体的历史悲剧。"③"前车之覆，后车之鉴。"这个教训我们决不能忘记，苏联、东欧的错误我们决不能重复。

马克思主义的真理不会过时，社会主义的根基依然深厚。美国共产党主席霍尔于1999年7月在《政治事务》月刊上发表文章，阐述美共对社会主义的理解，指出："美国的未来是社会主义。我们的主张将赢得越来越多的人民，因为社会主义不仅在逻辑上而且在实际上都是资本主义的最好替代者。资本主义不会永存，就像以往的社会不会永存一样。更重要的是，社会主义将是人类文明阶梯的不可避免的下一步。"④

---

① 《马克思主义与现实》1990年第1期，第5页。
② 《马克思主义：赞成和反对》，中国社会科学出版社1982年版，第119页。
③ 《江泽民文选》第3卷，人民出版社2006年版，第230页。
④ 《国外理论动态》2000年第1期，第21—22页。

1998 年，时逢《共产党宣言》发表 150 周年，世界上许多国家都大量重印发行这本名著，举办各种形式的纪念活动与学术研讨会。其中，由法共《马克思园地》组织召开的有 60 多个国家 1500 多人参加的巴黎国际大会，是规模和影响最大的活动。法国《回声报》2000 年 2 月 17 日刊登文章《重温马克思》，引述了巴黎第八大学哲学教授达尼埃尔·邦萨伊德的观点："马克思并没有随着柏林墙的倒塌和意识形态的宣布死亡而消失。历史在反抗。曾于 1848 年纠缠过欧洲的共产主义幽灵注定要纠缠全世界。孕育造反运动的肥沃土壤仍然存在，不满的种子虽然还很分散，但却随时会发芽。"这是社会历史发展的必然，是全世界社会主义者和人民大众的期望和心声！

马克思主义一个半多世纪的存在、发展和胜利，用铁的事实无情地驳斥了一切对它的诽谤。在 20 世纪与 21 世纪之交，马克思被评选为本千年最伟大的和最有影响的思想家之一。这项由英国广播公司（BBC）主办的活动，在 1999 年秋季经过国际互联网反复评选，最后产生的"千年伟人"名单，马克思高居榜首，爱因斯坦排名第二。此后不久，路透社又邀请政界、商界、艺术和学术领域的名人评选"千年伟人"，爱因斯坦仅以一票的优势领先于马克思和甘地。马克思作为"千年伟人"，显示了马克思主义真理的伟大力量，也说明当今时代仍然需要马克思主义。我国坚定不移地坚持以马克思主义为指导，中国特色社会主义蓬勃生机的实践，更加证明马克思主义是颠扑不破的科学真理。马克思主义没有失败，没有过时，而是在同错误思潮的斗争中不断发展，向世人显示和证明它强大的生命力。

第二篇

建设什么样的社会主义、怎样建设社会主义

建设什么样的社会主义、怎样建设社会主义，这是中国共产党在整个社会主义历史阶段一直在努力探索的问题。改革开放以来，中国共产党紧紧抓住这个基本问题进行深入探索，明确我国仍然处在社会主义初级阶段的基本国情，提出社会主义的本质是解放生产力，发展生产力，消灭剥削，消除两极分化，最终达到共同富裕；提出以经济建设为中心，坚持四项基本原则、坚持改革开放的重大论断；提出社会和谐是中国特色社会主义的本质属性，促进人的全面发展是社会主义的根本要求等。这一系列的新思想新观点，解决了既坚持科学社会主义原理又根据时代条件和人民愿望发展社会主义的问题，比较系统地回答了在中国这样一个经济文化比较落后的国家，怎样建设、巩固和发展社会主义这一关键问题，深化了对社会主义建设规律的认识。

第四章

社会主义从理论到实践的发展

资本主义必然灭亡，社会主义必然胜利，社会主义迟早要取代资本主义，这是人类社会发展的必然结果，也是马克思主义运用科学的世界观和方法论考察人类社会发展的一般规律和资本主义社会发展的特殊规律得出的基本结论。但社会主义取代资本主义不可能一蹴而就，需要经历一个长期曲折的过程。

一　社会主义由空想转变为科学

社会主义从理论到实践的探索是以社会主义由空想到科学的发展为起点，以科学社会主义从理论到社会主义运动的实践、到社会主义制度的建立为基本线索而展开的。

科学社会主义理论是在批判地继承空想社会主义思想的基础上创立的。空想社会主义产生于 16 世纪，发展到 19 世纪初达到顶峰，历时 300 多年。其间，大体经历了三个阶段：第一阶段，16—17 世纪的空想社会主义。这个时期，是资本原始积累时期，也是资产阶级和无产阶级开始形成的时期。与此相对应，出现了无产者反抗资产者的初期斗争，这种斗争的理论表现形式便是以英国的托马斯·莫尔和意大利的托马斯·康帕内拉为主要代表的早期空想社会主义思潮。托马斯·莫尔的《乌托邦》和托马斯·康帕内拉的《太阳城》集中阐述了他们的空想社会主义思想：要废除私有制，建立财产公有、没有阶级差别、社会组织生产劳动和人人平等的社会。早期空想社会主义者作为近代无产阶级的先驱者和反对资本主义的最初呐喊，其思想还缺乏严密的理论论证。第二阶段，18 世纪的空想社会主义。在法国大革命爆发前夕，其主要代表人物是法国的摩莱里和马布利，主张废除私有制，建立人与人之间政治权利和个人社会地位真正平等的完善的社会制度，强调依法治理国家和社会；实行禁欲主义和绝对平均主义。这一时期的空想社会主义开始从理论上和法理角度论证废除私有制等社会主义的基本原则，但受小农经济影响，带有粗陋的平均主义和禁欲主义的局限。第三阶段，19 世纪初的空想社会主义。这个时期，资本主义的产业革命迅速发展，面对资产阶级的剥削和压迫，无产阶级对资本主义制度深感失望，产生了三大空想社会主义理论家——法国的圣西门、傅立叶和英国的欧文，把空想社会主义发展到最高阶段，为马克思、恩格斯创立科学社会主义提供了直接思想素材。马克思把他们称为"社会主义的鼻祖"[①]。

空想社会主义特别是 19 世纪三大空想社会主义，为社会主义思想的发展做出了巨大贡献。首先，它深刻揭露和批判了资本主义社会，认为资本主义私有制是万恶之源，资本主义政治制度是一种复活了的奴隶制。这种批判不仅"提供了启发工人觉悟的极为宝贵的材料"[②]，而且为科学社会主义对资本主义的批判也提供了宝贵的思想材料。其次，它对未来社会提出了许多合理的主张和天才的猜测，认为未来社会要消灭阶级差别，消灭城乡之间、脑力劳动和体力劳动之间的差别，社会生产要有计划有组织地进行，生产的目的是满足人们的需要，实行民主选举，依法管理社会，等等。再次，它初步认识了人类社会发展的过程性和规律性，力图证明资本主义社会的暂时性以及被理想社会所代替的必然性。这些思想蕴含着辩证法和唯物史观的因素和成分。

由于历史和阶级的局限，空想社会主义存有明显的缺陷，表现在：认识到资本主义灭亡的命运，却未能揭示资本主义灭亡的经济根源；提出埋葬资本主义，却找不到埋葬资本主义的社会力量；憧憬取代资本主义的理想社会，却找不到通往理想社会的现实道路。这样的局限性，决定了它不能成为无产阶级和劳动人民解放的思想武器。无产阶级的革命斗争迫切需要科学理论的武装，创立科学社会主义理论已成为历史的必然。这一伟大的使命由马克思、恩格斯最终完成，1848 年 2 月他们合著的《共产党宣言》发表，标志着科学社会主义的诞生，使社会主义学说由空想到科学实现了一次历史性飞跃。马克思、恩格斯之所以能担当历史重任，完成社会主义学说由空想到科学的变革，创立科学社会主义理论，是因为他们在深入社会实际、积极投

① 《马克思恩格斯选集》第 3 卷，人民出版社 1995 年版，第 230 页。
② 《共产党宣言》，人民出版社 1997 年版，第 60 页。

身工人运动、继承人类优秀思想文化成果的基础上，发现了唯物史观和剩余价值学说，从而为科学社会主义的诞生奠定了科学的理论基础。

唯物史观为社会主义从空想到科学的转变奠定了第一块理论基石。首先，唯物史观克服了空想社会主义把"人类理性"、"永恒正义"视为社会历史发展的根本原因的理论缺陷，找到了用社会存在说明社会意识的道路。其次，唯物史观揭示了人类历史发展的客观规律，阐明社会主义代替资本主义的历史必然性，认为社会基本矛盾的运动是社会发展的根本动力。再次，唯物史观明确了人民群众是历史的创造者，是推动社会发展和实现社会变革的决定力量，克服了空想社会主义者把历史进步和社会更替的希望寄托于少数天才人物的思想局限性。最后，唯物史观提出了阶级斗争是阶级社会发展的直接动力，从而指明了变革资本主义社会的现实道路。

剩余价值学说为社会主义从空想到科学的转变奠定了又一块理论基石。首先，剩余价值学说揭示了资本主义剥削的秘密，阐明无产阶级与资产阶级之间对立的经济根源，表明资本主义生产唯一目的就是剩余价值的产生和增值。对剩余价值的无止境追求，必然导致资本主义生产方式的内在矛盾加深，这些矛盾在资本主义制度的框架内不能得到根本解决，最终只能导致资本主义被社会主义代替。其次，剩余价值学说阐明了无产阶级的社会地位和历史使命，明确了无产阶级实现人类解放的现实道路。无产阶级肩负着实现人类彻底解放的历史使命，只有通过社会革命，推翻资本主义制度，无产阶级才能解放全人类并最后解放自己。

正是由于唯物史观和剩余价值学说这两个伟大的发现，才使社会主义从空想变成了科学。马克思、恩格斯在《共产党宣言》中比较全面地阐述了科学社会主义理论，并在与工人运动相结合的社会主义运动中，进一步完善和发展了科学社会主义的基本原理。

如果说科学社会主义从理论到社会主义运动的实践中，马克思、恩格斯创立并深化、发展了科学社会主义理论，那么，科学社会主义从理论到社会主义制度实践的发展则是科学社会主义发展进程中一次新的飞跃。这次飞跃是以十月社会主义革命的胜利为标志，以列宁创造性地发展科学社会主义理论以及社会主义制度实践从一国到多国的发展而展开的。

二　社会主义从理论到实践的探索

科学社会主义理论与工人运动的密切结合，促进了国际工人运动的发展，迎来了第一次无产阶级革命高潮——巴黎公社起义。尽管起义取得胜利后建立的世界上第一个无产阶级政权——巴黎公社仅存在 72 天就被反动势力扼杀了，但它将永远作为新社会的光辉先驱而为人所称颂。19 世纪末 20 世纪初，资本主义发展至垄断阶段，资本主义内外矛盾加剧，帝国主义国家先后发动了两次世界大战，无产阶级革命形势高涨，在列宁"一国胜利"论的指导下，俄国十月革命取得了伟大胜利，社会主义制度由理想变为现实。第二次世界大战后，社会主义由一国到多国，形成了与资本主义世界并存的社会主义体系。

第一次世界大战期间，沙皇俄国参与了帝国主义战争，造成经济的严重破坏，国内外矛盾空前激化，沙皇政府陷入严重的政治危机。面对革命形势的出现，布尔什维克党在列宁关于"变现时的帝国主义战争为国内战争"策略思想的指导下，于 1917 年 2 月推翻了沙皇政府，取得了资产阶级民主革命的胜利。二月革命胜利后，俄国出现两个政权并存的局面：一个是掌握国家政权资源的资产阶级临时政府，一个是工兵代表苏维埃。1917 年 7 月资产阶级临时政府制造了"七月事变"，血腥镇压了彼得格勒十万工人和士兵的和平示威游行。在革命的紧急关头，以列宁为首的布尔什维克党领导彼得格勒工人赤卫队、革命士兵于 1917 年 11 月 7 日（俄历 10 月 25 日）在首都彼得堡进行武装起义，推翻了资产阶级临时政府，建立了世界上第一个工人阶级领导的社会主义国家。

十月社会主义革命的胜利，改变了世界历史的发展方向，开辟了人类历史新纪元。首先，它在人类历史上第一次在一国推翻了资产阶级统治，建立了世界上第一个无产阶级专政的新型国家，无产阶级和劳动人民成为国家和社会的主人。其次，它冲破了帝国主义战线，在世界上国土最大的资本主义国家建立起社会主义制度，为各国无产阶级开辟了胜利的道路。再次，它动摇了帝国主义殖民地的统治，开辟了民族殖民地人民解放斗争的新纪元。最后，它是马克思主义特别是列宁主义在实践中的伟大胜利，促进了世界各国无产阶级及其先进分子掌握马列主义的普遍真理，并组织起马克思主义政党，使革命面貌为之一新。

十月革命的胜利，社会主义苏联的建立，使社会主义成为活生生的现实实践，而且以其蓬勃的生命力和无比的优越性向世界昭示，社会主义就是人类社会发展的未来方向。苏联的迅速强大，不但使其以较为雄厚的物质基础和蓬勃的动员机制取得了卫国战争和世界反法西斯战争的伟大胜利，而且以其无比的社会主义优越性引导着各国人民，推动着更多的国家走上社会主义道路。至 1949 年形成了第二次世界大战后的社会主义阵营，包括苏联、波兰、民主德国、捷克斯洛伐克、匈牙利、罗马尼亚、保加利亚、阿尔巴尼亚、中国、蒙古、朝鲜、越南 12 个社会主义国家。社会主义阵营的形成，实现了社会主义从无到有、从小到大、从弱到强、从一国到多国的迅速发展，并在地理上连成一片，成为一个占据世界 1/3 人口、1/4 土地，能与资本主义相抗衡的强大的社会主义世界体系。

三　中国社会主义基本制度的建立

（一）中国社会主义制度的确立

1949 年新中国的建立和 1956 年底社会主义改造的基本完成，标志着中国历史上长达数千年的阶级剥削制度彻底结束，实现了由新民主主义向社会主义的过渡和转变，社会主义基本制度在我国得到确立。社会主义基本制度的确立，不仅是中国新民主主义革命和社会主义革命的基本目标，也是中国社会主义建设的具体开端，因而具有承上启下的重大历史意义。

中国新民主主义革命胜利后建立起新民主主义制度。新民主主义社会并不是一个独立的社会形态，最终要过渡到社会主义社会。社会主义社会基本制度的确立，要经过社会主义革命和社会主义改造来完成。中国社会主义的基本政治制度，是随着新中国的建立而逐步确立起来的。1948 年 4 月 30 日，中共中央在发布的纪念五一劳动节口号中首次提出：各民主党派、各人民团体、各社会贤达迅速召开政治协商会议，讨论并召集人民代表大会，成立民主联合政府。此后，在筹备召开新政协和建立新中国的过程中，以毛泽东为核心的中国共产党人就新中国的国体、政体进行了深入的构想和设计。1948 年 9 月，毛泽东在中共中央政治局会议上明确地提出，我们要建立的新国家的阶级性质是无产阶级领导的以工农联盟为基础的"人民民主专政"，同时明确表示我们不搞资产阶级的三权鼎立和国会制，要搞民主集中制的人民代表大会制度。随后，毛泽东在中共七届二中全会报告和《论人民民主专政》等文章中，对人民民主专政问题进行了系统的论述，形成完整的思想体系。1949 年 9 月，中国人民政治协商会议通过的《共同纲领》规定：中华人民共和国为新民主主义即人民民主主义的国家，实行工人阶级领导的、以工农联盟为基础的、团结各民主阶级和国内各民族的人民民主专政。这一规定和随后成立的中华人民共和国中央人民政府，标志着人民民主专政国家政权的正式建立。1954 年 9 月，第一届全国人民代表大会颁布了

《中华人民共和国宪法》，以根本大法的形式对人民民主专政的新型国家政权形式予以确定和保障。同时，结束了中国人民政治协商会议代行全国人大职能、《共同纲领》代行国家宪法的职能，但中国人民政治协商会议作为中国共产党领导的统一战线组织形式得以续存，作为中国共产党领导的多党合作和政治协商制度的具体体现得到发展。鉴于中国自古就是一个统一的多民族国家，根据我国的历史发展、文化特点、民族关系和民族分布等具体情况，实行了民族区域自治制度，并将其作为中国的一项基本政治制度。至此，人民民主专政的国体、人民代表大会制度的政体、中国共产党领导的多党合作和政治协商制度、民族区域自治制度，作为新中国社会主义的基本政治制度最终确立。

中国社会主义的基本经济制度，是随着社会主义改造的完成而最终确立的。按照马克思主义的基本原理，社会主义社会基本的经济制度，在生产资料所有制上是社会主义的公有制，在产品分配上实行按劳分配。社会主义经济制度是不能在资本主义的旧制度内部发育成长的，必须通过无产阶级革命才能建立起来。由于中国的特殊国情，新中国成立后实行的经济形态，《共同纲领》称之为"新民主主义的人民经济"。"新民主主义"的经济主要有五种成分，即国营经济、合作社经济、个体经济、私人资本主义经济和国家资本主义经济；"人民经济"，在于其社会主义的主导性和人民性。五种经济成分中，国营经济、国家资本主义经济、合作社经济是具有社会主义性质的经济，在国民经济中起着领导和引导作用。党对于五种经济发展的指导方针是："必须以发展国营经济为主体。……组织国家资本主义经济，在有利于新民主主义的国计民生的范围以内，容许私人资本主义经济的发展，而对于带有垄断性质的经济，则逐步地收归国家经营，或在国家监督之下采用国家资本主义的方式经营。……逐步地稳当地过渡到社会主义。"① 在此方针指导下，新中国首先没收了四大家族为首的官僚资本以及帝国主义在华企业，建立起了以生产资料公有制为基础的社会主义性质的经济。到 1949 年底，在全国大型工业的总产值中，国营经济占 41.3%，拥有全国发电量的58%、原煤产量的 68%、生铁产量的 92%、钢产量的 99%、棉纱产量的53%。通过社会主义改造，农民、手工业者的个体私有经济基本转变为劳动群众集体所有的社会主义公有制，资本家所有的私人资本主义经济基本转变为国家所有即全民所有的社会主义公有制。在整个国民经济中，全民所有制

① 《刘少奇选集》上卷，人民出版社 1981 年版，第 428 页。

和劳动群众集体所有的社会主义公有制经济已经居于绝对统治的地位。1956年同 1952 年相比，在国民收入结构上，公有制经济比重上升到 92.9%；在工业总产值中，社会主义工业比重上升到 67.5%；在商品零售额上，国营商业和供销合作社商业比重上升到 68.3%。① 由于公私合营中把对企业的改造和对人的改造相结合，资本家被改造成为自食其力的劳动者，社会主义的按劳分配原则得到全面落实。这样，社会主义计划经济体制逐步确立。尽管此间，毛泽东曾提出发挥中央和地方两个积极性，"我们不能像苏联那样，把什么都集中到中央"②。陈云也提出过"三个主体三个补充"（在工商业生产经营方面，国家经营和集体经营是主体，附有一定数量的个体经济作为补充；在生产计划方面，计划生产是工农业生产的主体，按照市场变化，在国家计划许可的范围内的自有生产为补充；在社会主义统一市场里，国家市场是主体，自由市场是补充），但最终随着以调整为中心的"八字"方针确立，又回到了中央高度集权的管理体制。

　　中国社会主义的基本文化体制，是随着社会主义政治经济基本制度的确立而建立起来的。经过新中国成立前后的思想改造和社会主义文化建设的实践，马克思列宁主义和毛泽东思想逐步被确立为中国文化建设的指导思想。在此基础上，党和国家进行了大规模的社会主义文化建设。其主要表现有：进行教育扫盲和文化普及，努力改造旧文化；树立无产阶级思想和道德观念，大力培养"有社会主义觉悟、有文化的劳动者"；对公共文化服务体系进行初步建设，为文化的发展奠定基础。其中，党的知识分子政策成为较为突出的问题。1951 年 9 月起在全国范围内开展知识分子自我教育、自我改造的学习运动，使知识分子的思想面貌发生了重大变化。1956 年 1 月，周恩来在中共中央知识分子问题会议上提出了知识分子"已经是工人阶级的一部分"③ 的科学论断。1956 年 4 月 28 日，毛泽东在政治局会议上正式提出"百花齐放，百家争鸣"的方针，即艺术民主和学术自由。这些方针政策的提出，对于发展和繁荣社会主义的文化教育事业起到了极其重大的作用。

（二）苏联模式与中国特色社会主义的探索

　　中国社会主义建设与苏联模式息息相关：一方面，中国共产党对苏联模

---

① 胡绳：《中国共产党的七十年》，中共党史出版社 1991 年版，第 333 页。
② 《毛泽东文集》第 7 卷，人民出版社 1999 年版，第 31 页。
③ 《周恩来选集》下卷，人民出版社 1984 年版，第 162 页。

式的认识直接影响了中国社会主义建设的理论与实践；另一方面，中国社会主义建设过程中出现的许多问题，只有通过研究中国共产党对苏联模式的认识，才能搞清楚。以毛泽东为核心的党的第一代中央领导集体对中国社会主义建设进行了有益的探索，并且取得了一些积极的成果，为后来实施改革开放奠定了基础。

1. 苏联模式

所谓苏联模式，是苏联在社会主义探索过程中形成的、采用高度集中的政治经济体制的社会主义建设模式。因它产生于斯大林时期，故又称斯大林模式。由于苏联是世界上第一个社会主义国家，因而其社会主义建设模式具有很大的模板性和导向性。加之苏联大国大党的逐渐膨胀，这种模式不可避免地在国际上得到推广。由于中国革命和新中国的建立得到了苏联的大力支持，因而新中国的社会主义改造和社会主义建设也就不可避免地受到苏联的影响。因此，尽管中国的社会主义改造是中国社会自主发展的必经阶段，但它的展开进行却有着较为明显的世界社会主义迅速发展和苏联模式推广的国际大背景。

社会主义没有任何一劳永逸的现成方案。十月革命后，列宁曾将特殊时期的"战时共产主义"作为社会建设模式，后来承认"干了蠢事"，在新经济政策的探索上则是一直高度谨慎的。列宁一方面坚持要根据现实根本改变对社会主义的整个看法，而不要拘泥于书本和字眼；另一方面也主张各国要根据自己的情况探索和确定自己的发展道路，而反对发展模式的推广和照搬。斯大林在战胜了反对派后，却背离了马克思主义的基本原则，完全改变了较为灵活的新经济政策，逐步形成了固定不变的斯大林模式或苏联模式。这一模式是伴随着高速发展重工业化、农业全盘集体化和大清洗运动形成的。高速发展重工业化、农业全盘集体化和大清洗运动，既是苏联模式形成的重要推动力，也是苏联模式的重要组成和具体体现。

苏联模式的基本特征就是，在经济上，实行高度的计划经济体制；在政治上，实行高度集权的政治管理体制；在文化上，实行严格统一的控制体制，文化思想高度意识形态化。作为世界社会主义的第一个发展模式，这种高度集中、行政管理的苏联模式，一方面显示了其自身的优越性和生命力：短期内实现了社会主义工业化与农业化，奠定了国民经济发展的坚实基础，由落后的农业国变为先进的工业国，并且建立起了强大的国防体系，为苏联卫国战争乃至整个世界反法西斯战争的胜利准备了雄厚的物质基础；另一方面也损害了社会主义的形象和持续发展：高度集权、个人崇拜，忽视民主、破坏法制，思想钳制、文化壁垒，不但违背了社会主义的基本原则，更为严重的是，种种弊端的积累最终造成了苏联的解体，使世界社会主义运动严重受挫。

苏联模式在国际上的推广，使东欧等国走上社会主义道路，并深受苏联模式的影响。由于中国共产党的独立自主性更强一些，因而中国的社会主义呈现出更多的"中国特色"。

2. 中国的探索

社会主义基本制度确立以后，以毛泽东为核心的中国共产党人肩负起了领导全党和全国各族人民建设社会主义的历史重任。在中国这样一个经济文化比较落后的国家建设社会主义是一项前所未有的全新事业，依然要进行创造性的艰辛探索。1956 年 4 月，毛泽东在总结苏联社会主义建设的历史经验教训时提出了"第二次结合"的思想。他说："现在是社会主义革命和建设时期，我们要进行第二次结合，找出在中国进行社会主义革命和建设的正确道路。"① "第二次结合"是相对于民主革命时期马克思主义与中国革命"第一次结合"而言的。毛泽东提出"第二次结合"，说明我们党对建设社会主义的历史艰巨性已经有所认识。

1956 年 4 月，鉴于苏联模式的弊端，毛泽东发表了《论十大关系》，是我们党第一代中央领导集体对社会主义建设进行探索的起点。从 1956 年我国基本完成对生产资料私有制的社会主义改造，中国共产党领导全国各族人民转入全面的大规模的社会主义建设开始，到 1966 年发动"文化大革命"，前后共 10 年时间。这一时期，党的工作在指导方针上有过严重失误，经历了"四起四落"的曲折发展过程。第一次是 1956 年到 1957 年。1956 年党的八大后，全国人民在党的领导下掀起了轰轰烈烈建设社会主义的高潮。党为了更好调动人民群众的社会主义积极性，进行了开门整风运动，整顿主观主义、官僚主义和宗派主义问题。结果整风运动出人意料地转化为反右斗争，导致 1957 年反右斗争扩大化的错误，伤害了广大人民群众特别是知识分子建设社会主义的积极性。第二次是 1957 年到 1958 年。反右斗争结束后，党提出在政治思想战线社会主义革命取得胜利后，要把工作重点转移到技术革命上来的新任务。党的八大二次会议制定了"鼓足干劲，力争上游，多快好省地建设社会主义"的总路线，但由于过于强调主观热情，忽视经济建设的客观规律，发生了"大跃进"和农村人民公社化运动的错误，社

---

① 吴冷西：《论十年论战》上卷，中央文献出版社 1999 年版，第 23—24 页。

会主义建设又一次遭受严重挫折。第三次是 1958 年到 1959 年。1958 年底，毛泽东发现了"大跃进"和农村人民公社化运动中存在的问题，努力纠正已经察觉到的错误。但是在 1959 年的庐山会议后期，又发生了反对所谓右倾的问题，致使党内民主进程和经济上纠正"左"倾错误的进程被打断。第四次是 1959 年到 1966 年。在工作指导上失误、严重自然灾害和苏联政府背信弃义撕毁合同等多重因素夹击下，党中央和毛泽东从 1960 年冬开始纠正农村工作中的"左"倾错误，形成了一系列关于社会主义建设包括发展社会主义商品经济的重要思想，并且决定对国民经济实行"调整、巩固、充实、提高"八字方针，还给大多数"右派分子"摘掉了帽子，为大多数在"反右倾"运动中被错误批判的同志进行了甄别平反。在 1962 年党的八届十中全会上重新提出阶级斗争问题，1963 年又重提"以阶级斗争为纲"，并于 1963 年到 1965 年在部分农村和少数城市基层开展了社会主义教育运动，强调重点是整所谓"党内走资本主义道路的当权派"，致使不少基层干部受到不应有的打击。

十年的探索，我们党积累了领导社会主义建设的重要经验。我国现在赖以进行现代化建设的物质技术基础，很大一部分是这个时期建设起来的；全国经济文化建设等方面的骨干力量和他们的工作经验，大部分也是在这个时期培养和积累起来的。特别是在第三届全国人民代表大会上，周恩来根据毛泽东的提议，提出了建设社会主义现代化强国的目标。在这一目标激励下，全国各族人民自力更生、艰苦奋斗，取得了很大的成就。这是十年间党的工作的主导方面。

从 1966 年发动的"文化大革命"运动开始到 1976 年粉碎"四人帮"，前后也是 10 年时间。"文化大革命"是一场由领导者错误发动，被反革命集团利用，给党、国家和各族人民带来严重灾难的内乱。"文化大革命"的十年间，党和人民同"左"倾错误和林彪、"四人帮"反革命集团的斗争一直没有停止过。由于全党和全国人民的共同斗争，使"文化大革命"的破坏受到了一定程度的限制，特别是最终战胜了林彪、江青两个反革命集团的破坏，党、人民政权、人民军队和整个社会的性质都没有改变。历史再次证明，我们的人民是伟大的人民，我们的党是伟大的党，我们的社会主义制度具有伟大而顽强的生命力。

在从 1956 年到 1976 年长达 20 年的艰辛探索中，我党取得了探索的初步成果。这些成果主要体现在毛泽东 1956 年 4 月发表的《论十大关系》、1957 年 2 月发表的《关于正确处理人民内部矛盾的问题》、1956 年党的八大的历史文献、毛泽东读斯大林的《苏联社会主义经济问题》和苏联《社会主义政治经济学》教科书过程中的重要批示与讲话、1962 年毛泽东在扩大的中央工作会议上的讲话等重要历史文献中。概括讲，有 10 个方面。

第一，关于社会主义的长期性和发展的阶段性。在我国进入社会主义社会之初，毛泽东就说过："我国的社会主义制度还刚刚建立，还没有完全建成，还不完全巩固。"[①] 在这里，毛泽东已经提出了社会主义的长期性和艰巨性。在经历了"大跃进"和人民公社化运动的挫折后，毛泽东于 1959 年底读苏联《社会主义政治经济学》教科书时进一步提出了社会主义发展的阶段性问题。他指出，社会主义可以划分为两个阶段，第一阶段是不发达的社会主义，我国正处在这个阶段；第二阶段是比较发达的社会主义社会，后一阶段可能比前一阶段需要更长的时间。这是对我国国情和社会主义发展阶段比较清醒的认识。

第二，关于社会主义社会矛盾的理论。这是毛泽东在社会主义时期最大的理论创造。毛泽东在《关于正确处理人民内部矛盾的问题》中，强调矛盾是社会主义社会发展的根本动力。毛泽东是社会主义思想史上对社会主义社会的矛盾作透辟分析的第一人。首先，他着重分析了社会主义社会的基本矛盾。认为仍然是生产关系和生产力、上层建筑和经济基础的矛盾，但与旧社会所不同的是，两者之间又相适应又相矛盾，是非对抗性的。这个论述极大地解放了人们的思想，为后来的改革提供了最重要的理论依据。其次，分析了社会主义社会两类不同性质的矛盾。针对苏联的肃反扩大化，毛泽东提出社会主义社会存在着人民内部矛盾和敌我矛盾两类不同性质的社会矛盾，强调要严格区分和正确处理这两类不同性质的矛盾。在革命时期大规模的急风暴雨式的阶级斗争基本结束后，要把正确处理人民内部矛盾作为国家政治生活的主题。这就为调动一切积极因素建设社会主义作出了重要理论论证。

第三，关于中国工业化道路。中国要发展，必须实现社会主义工业化，变落后的农业国为先进的工业国。鉴于苏联工业化存在的种种问题，毛泽东提出要走出一条有别于苏联模式的中国工业化道路。根据中国的国情，他提出中国工业化，一要坚持以农、轻、重为序安排国民经济，调整产业结构和投资比例，并把它作为经济建设的总方针；二要坚持沿海工业和内地工业共同发展，更多地利用和发展沿海工业，同时大力发展内地工业，平衡工业发展的布局；三要坚持国防建设必须以经济建设为基础。只有经济建设发展得

---

① 《毛泽东文选》第 7 卷，人民出版社 1999 年版，第 214 页。

更快，国防建设才能有更大的进步。

第四，关于中国社会主义现代化的目标和步骤。早在 1954 年，党中央就提出了社会主义现代化目标。1964 年，周恩来在三届人大一次会议的《政府工作报告》中进一步明确提出全面实现农业、工业、国防和科学技术的"四个现代化"，并描绘了两步走的发展战略：第一步用 15 年时间，即在 1980 年以前建成一个独立的、比较完整的工业体系和国民经济体系；第二步在本世纪内，即在 2000 年前全面实现"四个现代化"。

第五，关于改革党的领导体制和社会主义经济体制。毛泽东提出必须正确处理社会主义建设中的一系列重大关系，改革党的领导体制和社会主义经济体制：一是中央和地方的关系，让地方有更多的权力，发挥中央和地方两个积极性；二是党和非党的关系，共产党和民主党派"长期共存，互相监督"；三是国家、集体和个人的关系，必须兼顾国家、集体和个人三个方面；四是汉族和少数民族的关系，要积极帮助少数民族发展经济建设和文化建设；五是中国和外国的关系，外国好的东西"必须有分析有批判地学，不能盲目地学，不能一切照抄，机械搬用"①。正确处理上述关系，"把党内党外、国内国外的一切积极的因素……全部调动起来，把我国建设成为一个强大的社会主义国家"②。这是我国建设社会主义的基本方针。

第六，关于发展社会主义商品经济。针对苏联和我国某些经济学家害怕和反对商品生产的错误倾向，毛泽东严厉地批评了这些"可怜的马克思主义者"。他突破了马克思主义创始人的思想，主张大力发展商品生产和商品交换。他指出，价值法则是一个伟大学校，只有利用它，才有可能教会我们几千万干部和几万万人民，才有可能建设我们的社会主义和共产主义。

第七，关于社会主义民主政治建设。毛泽东强调，必须扩大社会主义民主，反对官僚主义；大力加强社会主义法制建设，做到"有法可依、有法必依"；防止领导机关官僚化、特殊化，防止各级领导干部成为特殊阶层；坚持民主集中制，"造成一个又有集中又有民主，又有纪律又有自由，又有统一意志又有个人心情舒畅、生动活泼，那样一种政治局面"③。

第八，关于在文化领域实行"百花齐放，百家争鸣"方针。针对苏联在文化建设方面管得过死，常常用行政方法管理学术，毛泽东提出在文化领

---

① 《毛泽东文集》第 7 卷，人民出版社 1999 年版，第 41 页。
② 同上书，第 44 页。
③ 《建国以来毛泽东文稿》第 8 册，中央文献出版社 1998 年版，第 543 页。

域实行"百花齐放，百家争鸣"的方针。这是促进艺术发展和科学进步、促进我国社会主义文化繁荣的方针。

第九，关于实行独立自主的和平外交政策。新中国成立以后，毛泽东、周恩来为我国制定了独立自主的和平外交政策。周恩来提出和平共处五项原则，作为不同社会制度国家相互关系的准则，为我国的现代化建设提供了良好的国际环境。20世纪70年代初，毛泽东又从当时的世界形势出发提出了"三个世界"理论，打开我国对外联系的新局面。

第十，关于加强党的建设。毛泽东指出，党面临执政的严峻考验，必须从思想理论、工作作风、反对官僚主义、密切联系群众、坚决反对腐败等各个方面加强党自身的建设。特别是1962年《在扩大的中央工作会议上的讲话》中，毛泽东系统地论述了民主集中制原则，对于在社会主义建设过程中更好地发扬党内民主提出了许多重要思想。

这些成果，是中国共产党人领导人民把马克思主义与中国实际"第二次结合"取得的。"第二次结合"的重点，就是要找到符合中国实际的社会主义建设道路。在新中国成立之初缺乏经济建设经验的情况下，我们只能学习第一个社会主义国家苏联的经验。到20世纪50年代中期，我们在实践中已经感到苏联有些经验并不完全适合中国国情。在此情况下，毛泽东提出要"以苏为鉴"，独立探索一条有别于苏联模式、适合中国国情的社会主义建设道路。这是一场波澜壮阔而又崎岖曲折的艰辛探索，由于复杂的主客观原因，我们既取得了巨大历史成就，又发生过重大失误，特别是发生了"文化大革命"这样长达10年之久的内乱，不仅改变了毛泽东提出"第二次结合"的方向和要求，而且使中国社会主义事业遭受重大挫折。但是，这一切，不论是巨大历史成就还是重大失误，都是我们党探索适合中国情况的社会主义的宝贵财富，为后人开辟中国特色社会主义道路，形成中国特色社会主义理论体系，提供了重要的思想资料、理论准备和前提条件。

第五章

中国特色社会主义的总依据和总任务

党的十八大报告指出："建设中国特色社会主义，总依据是社会主义初级阶段。""总任务是实现社会主义现代化和中华民族伟大复兴。"① 中国特色社会主义总依据和总任务的提出，体现了党驾驭社会主义现代化建设的水平和能力不断提高，指明了中国特色社会主义的奋斗目标和历史责任，激励着我们不断增强为中国特色社会主义而奋斗的伟大力量。

一　社会主义初级阶段是我国最大的实际

正处于并将长期处于社会主义初级阶段，是当代中国最大的实际。"我们必须清醒认识到，我国仍处于并将长期处于社会主义初级阶段的基本国情没有变，人民日益增长的物质文化需要同落后的社会生产之间的矛盾这一社会主要矛盾没有变，我国是世界最大发展中国家的国际地位没有变。在任何情况下都要牢牢把握社会主义初级阶段这个最大国情，推进任何方面的改革发展都要牢牢立足社会主义初级阶段这个最大实际。"②党的十八大从中国社会性质和发展阶段上对中国国情做出了全局性、总体性判断。要搞清楚什么是社会主义、怎样建设社会主义，就必须搞清楚什么是初级阶段的社会主义、在初级阶段怎样建设社会主义。

（一）社会主义初级阶段理论的形成与发展

认识国情，最重要的是搞清楚现实社会的性质和发展阶段，认识社会主

---

① 《坚定不移沿着中国特色社会主义道路前进　为全面建成小康社会而奋斗》，《人民日报》2012 年 11 月 18 日第 1 版。

② 同上。

要矛盾及其变化。以毛泽东为核心的党的第一代中央领导集体全面、准确地把握了我国处于半殖民地半封建社会的基本国情，才正确地解决了新民主主义革命的对象、任务、性质、动力和前途等一系列基本问题，引导中国革命取得了胜利。社会主义制度建立以后，像中国这样一个脱胎于半殖民地半封建社会、经过新民主主义革命和社会主义改造建立起来的社会主义社会，对它的基本国情应该怎样认识？我们党一直进行着极其艰难和有益的探索，但在党的十一届三中全会以前，总的来说是处于认识不完全清楚的状态。

中国处在社会主义初级阶段，是中国共产党和邓小平对当代中国基本国情的科学判断。这一判断是在总结第一个社会主义国家建立以来的历史发展，特别是中国社会主义建设曲折发展的历史经验和教训的基础上逐步形成的。提出"社会主义初级阶段"这一具有特定内涵的新概念，在马克思主义发展史上是第一次。

我国社会主义制度确立后，毛泽东曾比较明确地提出我国社会主义发展的阶段问题。他在 1956 年 1 月召开的知识分子问题会议上提出了我国社会主义社会已经进入、尚未完成的思想。后来，他又明确地指出，我国社会主义制度只是"刚刚建立"，还没有"完全建成"。1959 年到 1960 年初，他在读苏联《政治经济学教科书》时提出，"社会主义这个阶段，又可能分为两个阶段，第一个阶段是不发达的社会主义，第二个阶段是比较发达的社会主义。后一阶段可能比前一阶段需要更长的时间"。"在我们这样的国家，完成社会主义建设是一个艰巨任务，建成社会主义不要讲得过早了。"[①] 毛泽东对社会主义发展阶段的划分，对混淆社会主义同共产主义的区别，对否认价值规律和等价交换等观点的批评，为后来我国社会主义社会发展阶段的探索提供了十分有益的启示。但是，60 年代党的指导思想方面"左"的倾向不断发展，中断了探索我国社会主义发展阶段的正确之路。

进入改革开放新时期，我们党在总结新中国成立以来历史经验和改革开放以来新的实践经验基础上，对我国社会主义所处的历史阶段进行了新的探索，逐步作出了我国还处于并将长期处于社会主义初级阶段的科学论断，准确地把握了我国的基本国情。党之所以能够在新时期比较自觉地把探索社会主义社会发展阶段的问题提到日程上来，原因是全党全国的工作重心转入经济建设后实行改革开放的实践，迫切需要我们正确认识社会主义发展阶段问题。党的十一届三中全会以后实行的一系列新政策，在实践上取得了明显成

[①] 《毛泽东文集》第 8 卷，人民出版社 1999 年版，第 116 页。

效，在理论上却同过去人们对社会主义的理解发生了冲突，为了推进改革开放，坚持改革开放的社会主义方向，必须从理论上正确把握社会主义社会发展阶段问题。

新时期党对社会主义发展阶段的认识经历了一个过程。邓小平曾经把底子薄、人口多、生产力落后概括为中国的现实国情，强调中国的现代化建设必然是长期的。1981 年 6 月，党的十一届六中全会通过的《关于建国以来党的若干历史问题的决议》，首次提出"我们的社会主义制度还是处于初级的阶段"命题。之后，1982 年 9 月党的十二大报告和 1986 年 9 月党的十二届六中全会通过的《关于社会主义精神文明建设指导方针的决议》，分别对这一阶段的内容作了分析。但总的说来，这三次提出社会主义社会初级阶段或初级发展阶段时，都没有把它作为建设中国特色社会主义的全局性问题加以把握，因而还没有从理论上作为制定党的路线和政策的根本依据加以展开和发挥。

1987 年党的十三大召开前夕，邓小平强调指出："党的十三大要阐述中国社会主义是处在一个什么阶段，就是处在初级阶段，是初级阶段的社会主义。社会主义本身是共产主义的初级阶段，而我们中国又处在社会主义的初级阶段，就是不发达的阶段。一切都要从这个实际出发，根据这个实际来制订规划。"① 这个论述，第一次把社会主义初级阶段作为事关全局的基本国情加以把握，明确了这一问题是制定路线、政策的出发点和根本依据。党的十三大对社会主义初级阶段的系统阐述，表明了党对社会主义和中国国情认识上的一次飞跃。

1992 年党的十四大对邓小平建设有中国特色社会主义理论的主要内容作了系统概括，认为社会主义初级阶段理论是其重要内容并在其中处于基础地位。1997 年党的十五大不仅进一步强调我国处于社会主义初级阶段的问题，而且提出我国将长期处于社会主义初级阶段的新判断，并对我国社会主义初级阶段的基本特征、发展进程、主要矛盾和根本任务等作了更加系统的论述。2006 年党的十六大在全面规划、全面建设小康社会奋斗目标时指出，我国正处于并将长期处于社会主义初级阶段，现在达到的小康还是低水平的、不全面的、发展很不平衡的小康。2007 年党的十七大进一步提出了"两个没有变"，即我国仍处于并将长期处于社会主义初级阶段的基本国情没有变，人民日益增长的物质文化需要同落后的社会生产之间的矛盾这一社

---

① 《邓小平文选》第 3 卷，人民出版社 1993 年版，第 252 页。

会主要矛盾没有变。2012 年党的十八大在"两个没有变"的基础上，增加了"我国是世界最大发展中国家的国际地位没有变"①。

从党的十三大到十八大，对社会主义初级阶段这个最大国情、最大实际反复强调、深入阐发、一以贯之，体现了我们党对国情认识的不断深化。正是由于对社会主义初级阶段的基本国情有了科学认识和正确把握，我们才得以成功地走出了一条建设和发展中国特色社会主义的新道路，使社会主义在中国显示出蓬勃生机和活力，使社会主义现代化建设取得了举世瞩目的巨大成就。

（二）社会主义初级阶段的科学内涵和基本特征

社会主义初级阶段理论，是党的十一届三中全会以后，我们党在重新审视我国国情并深刻反思国际社会主义发展经验教训基础上作出的理论创造，是在改革开放和社会主义现代化建设实践的基础上对中国国情和社会主义进行再认识的成果和总结。这一理论的提出，确立了我国社会主义发展的历史方位和坐标，为形成中国特色社会主义理论和路线、方针、政策提供了根本依据。

1. 科学内涵

社会主义初级阶段这个重要论断包括两层含义：第一，我国社会已经是社会主义社会。我们必须坚持而不能离开社会主义。第二，我国的社会主义社会还处在初级阶段。我们必须从这个实际出发而不能超越这个阶段。前一层含义阐明的是初级阶段的社会性质，后一层含义阐明的是我国现实中社会主义社会的发展程度。只有把社会主义社会的性质同它的发展程度有机地统一起来，构成一个科学概念，才能够深刻地理解和把握我国的基本国情。因此，正确把握国情必须全面地认识我国社会所处的历史方位，把社会性质同它的发展程度统一起来。

社会主义初级阶段的两层基本含义既相互区别又紧密联系，构成了一个具有特定内涵的新概念。这里所说的初级阶段特指我国在生产力发展水平不高、商品经济不发达条件下建设社会主义必然要经历的特定历史阶段，是继我国新民主主义社会之后的一个新的历史发展时期。

2. 基本特征

关于社会主义初级阶段的基本特征，我们党有过三次集中概括，一次是

---

①　《坚定不移沿着中国特色社会主义道路前进　为全面建成小康社会而奋斗》，《人民日报》2012 年 11 月 18 日第 1 版。

十三大，一次是十五大，一次是十七大。三次概括，前后时间跨度皆为10年。

　　1987年党的十三大，明确阐述了社会主义初级阶段"是建设有中国特色的社会主义的首要问题，是我们制定和执行正确的路线和政策的根本依据"，并从我国人口结构、工业发展水平、地区发展状况、科学教育文化发展等几个方面初步概括了我国社会主义初级阶段的基本特征。经过10年的实践和认识，1997年党的十五大更加全面地从现代化发展水平、工业产业结构、经济运行方式、文化教育发展水平、人民富裕程度、地区发展状况、体制改革、精神文明建设及国际比较等方面，对社会主义初级阶段的特征作出了新的概括。强调指出，社会主义初级阶段，是逐步摆脱不发达状态，基本实现社会主义现代化的历史阶段；是通过改革和探索，建立和完善比较成熟的充满活力的社会主义市场经济体制、社会主义民主政治体制和其他方面体制的历史阶段；是逐步缩小同世界先进水平的差距，在社会主义基础上实现中华民族伟大复兴的历史阶段；等等。

　　社会主义初级阶段是一个相当长的历史发展阶段，在发展进程中必然还要经历若干具体的发展阶段，显现出不同的阶段性特征。2007年党的十七大从八个方面对新世纪新阶段我国发展呈现出的新的阶段性特征，进行了深入分析和概括。第一，经济实力显著增强，同时生产力水平总体上还不高，自主创新能力还不强，长期形成的结构性矛盾和粗放型增长方式尚未根本改变；第二，社会主义市场经济体制初步建立，同时影响发展的体制机制障碍依然存在，改革攻坚面临深层次矛盾和问题；第三，人民生活总体上达到小康水平，同时收入分配差距拉大趋势还未根本扭转，城乡贫困人口和低收入人口还有相当数量，统筹兼顾各方面利益难度加大；第四，协调发展取得显著成绩，同时农业基础薄弱、农村发展滞后的局面尚未改变，缩小城乡、区域发展差距和促进经济社会协调发展任务艰巨；第五，社会主义民主政治不断发展、依法治国基本方略扎实贯彻，同时民主法制与扩大人民民主和经济社会发展的要求还不完全适应，政治体制改革需要继续深化；第六，社会主义文化更加繁荣，同时人民精神文化需求日趋旺盛，人们思想活动的独立性、选择性、多变性、差异性明显增强，对发展社会主义先进文化提出了更高要求；第七，社会活力显著增强，同时社会结构、社会组织形式、社会利益格局发生深刻变化，社会建设和管理面临诸多新课题；第八，对外开放日益扩大，同时面临的国际竞争日趋激烈，发达国家在经济科技上占优势的压力长期存在，可以预见和难以预见的风险增多，统筹国内发展和对外开放要求更高。

当前我国发展的阶段性特征，是社会主义初级阶段基本国情在新世纪新阶段的具体表现。只有既牢牢把握社会主义初级阶段这个大的历史阶段，又认真分析不同时期具体的阶段性特征，才能准确判断我国社会发展的主流和方向，并据此制定正确的发展战略和政策。

（三）社会主义初级阶段的长期性和主要矛盾

我国社会主义建设的历史前提、现实状况和国际环境，决定了社会主义初级阶段的长期性。这就要求我们必须立足于我国处于并将长期处于社会主义初级阶段的最大国情，正确认识和把握初级阶段的主要矛盾，在"全面建成小康社会"的最关键时期，"解放思想，改革开放，凝聚力量，攻坚克难，坚定不移沿着中国特色社会主义道路前进"[①]。

我国处于并将长期处于社会主义初级阶段，这个"长期"是指从 1956 年生产资料私有制社会主义改造基本完成算起，到 21 世纪中叶基本实现社会主义现代化的目标实现为止，至少需要 100 年。

社会主义初级阶段的长期性，从根本上说是由中国进入社会主义的历史条件和建成社会主义所需要的物质基础所决定的。近代中国的历史条件，决定了我国只能从半殖民地半封建的旧中国，经过新民主主义走向社会主义。从而使中国社会主义呈现出的重要特点是人口多、底子薄、生产力落后，经济不发达，远远落后于资本主义国家。这就决定了我国必须在社会主义条件下用一个较长的历史阶段，去建立和发展社会主义应有的高度发达的生产力基础。历史使我们超越了资本主义充分发展并占主要地位的历史阶段，但是，生产力和商品经济的充分发展却是无法逾越的。我们必须在社会主义条件下用一个很长的历史阶段，去实现别的国家在资本主义条件下实现的工业化和经济的市场化、社会化、现代化的任务，去发展社会主义应有的发达的生产力基础。经过 60 多年的社会主义建设，特别是改革开放 30 多年的迅速发展，我国的生产力水平有了明显提高，人民生活总体上达到小康水平。但总的来说，我国的生产力和科技、教育还比较落后，还没有从根本上改变我国仍然处在社会主义初级阶段的基本国情。党的十八大对我国当前经济状态的分析是："发展中不平衡、不协调、不可持续问题依然突出，科技创新能

---

① 《坚定不移沿着中国特色社会主义道路前进　为全面建成小康社会而奋斗》，《人民日报》2012 年 11 月 18 日第 1 版。

力不强，产业结构不合理，农业基础依然薄弱，资源环境约束加剧，制约科学发展的体制机制障碍较多，深化改革开放和转变经济发展方式任务艰巨；城乡区域发展差距和居民收入分配差距依然较大；社会矛盾明显增多……关系群众切身利益的问题较多。"① 这些问题不是短时期能够解决的。实现工业化和现代化还有很长的路要走，即使 2020 年如期实现全面建成小康社会目标后的相当长时间内，我们仍然要继续完成社会主义初级阶段的历史任务。至于进一步巩固和发展社会主义制度，那就需要更长的时间。

牢固树立社会主义初级阶段长期性的观点，有助于我们从根本上克服急躁情绪，克服各种超越阶段的错误观念和政策，坚持党在现阶段的基本路线、基本纲领、基本经验和基本要求，埋头苦干、脚踏实地地完成初级阶段的各项任务，不断推进社会主义现代化建设。现在，在全国已达到总体小康水平的基础上我们党又提出"在中国共产党成立 100 年时全面建成小康社会，在新中国成立 100 年时建成富强民主文明和谐的社会主义现代化国家"的奋斗目标。这是实现中华民族伟大复兴"中国梦"的关键所在，也是中国几千年来最艰巨的历史重任。实现这一重任，我们必须始终保持清醒头脑，牢记社会主义初级阶段这个最大的国情。

社会主义初级阶段的长期性，反映了社会主义初级阶段不同时期的基本特征，体现在经济、政治、文化和社会生活各个方面必然存在各种矛盾，但主要矛盾是人民日益增长的物质文化需要同落后的社会生产之间的矛盾。

早在 1956 年党的八大就指出：我国社会主义改造基本完成后，无产阶级同资产阶级之间的矛盾已经基本上解决，几千年来剥削制度的历史已经结束。"我国国内的主要矛盾，已经是人民对于建立先进的工业国的要求同落后的农业国的现实之间的矛盾，已经是人民对于经济文化迅速发展的需要同当前经济文化不能满足人民需要的状况之间的矛盾。"② 1981 年，党的十一届六中全会通过的《关于建国以来党的若干历史问题的决议》对我国社会主要矛盾作了规范的表述：在社会主义改造基本完成以后，我国所要解决的主要矛盾，是人民日益增长的物质文化需要同落后的社会生产之间的矛盾。

社会主义初级阶段的主要矛盾，贯穿于整个社会发展的过程和社会生活的各个方面。在我国社会主要矛盾中，生产力落后将长期是矛盾的主要方

---

① 《坚定不移沿着中国特色社会主义道路前进　为全面建成小康社会而奋斗》，《人民日报》2012 年 11 月 18 日第 1 版。

② 《建国以来重要文献选编》第 9 册，中央文献出版社 1994 年版，第 341 页。

面。要彻底改变这种情况，就必须始终坚持以经济建设为中心，集中力量不断解放和发展生产力。这就要求我们必须始终坚持以经济建设为中心，在经济发展的基础上，促进社会全面进步，不断提高人民生活水平满足人民的需要。

二　对社会主义本质的新认识

建设什么样的社会主义、怎样建设社会主义，最根本的是要把握社会主义的本质。以毛泽东为核心的党的第一代中央领导集体在对社会主义建设的初步探索中之所以出现曲折乃至失误，从宏观的角度看，除了客观上社会主义制度刚刚建立，缺乏经验，受苏联模式影响外，主观上恐怕与长期没有完全弄清楚什么是社会主义有关。邓小平说："什么是社会主义，如何建设社会主义。我们的经验教训有许多条，最重要的一条，就是要搞清楚这个问题。"[①]

社会主义本质是社会主义社会固有的属性，是决定社会主义区别于其他主义的本质规定性。只有明确了社会主义本质，才有可能真正弄清和解决"什么是社会主义、怎样建设社会主义"这样重大的理论和实践问题。

（一）社会主义本质的提出

党的十一届三中全会以后，以邓小平为核心的党的第二代中央领导集体总结多年来离开生产力抽象地谈论社会主义，把许多束缚生产力发展的、并不具有社会主义本质属性的东西当作"社会主义原则"加以固守，把许多在社会主义条件下有利于生产力发展的东西当作"资本主义复辟"加以反对的历史教训，经过深邃的思考，创造性地揭示了社会主义本质，深化了对社会主义的认识。1992 年初邓小平在南方谈话中，用精练的语言概括道："社会主义的本质，是解放生产力，发展生产力，消灭剥削，消除两极分化，最终达到共同富裕。"[②]

邓小平对社会主义本质所作的精辟概括，是从我们长期以来没有完全搞清楚什么是社会主义、怎样建设和发展社会主义这个问题，因而影响了社会主义优越性的发挥这一实际出发，经过深入思考发现了问题的症结所在以后

---

① 《邓小平文选》第 3 卷，人民出版社 1993 年版，第 116 页。
② 同上书，第 373 页。

提出来的。这一新的理论概括，从社会主义经济、政治、社会等多个方面的特征中，抽象出"社会主义的本质"这一范畴，从更深的层次上使人们科学地理解究竟什么是社会主义，为探索建设和发展社会主义的新道路和新方法提供了坚实的理论基础。

20世纪80年代初，我国刚刚实行改革开放之际，针对一些人因政策的调整而产生的困惑和忧虑，邓小平在论述怎样才能发挥社会主义制度优越性的问题时，第一次提出了社会主义本质这个概念。鉴于我们过去搞了20多年的社会主义，人民生活水平提高不多、生产力发展不够理想、同世界先进水平差距拉大的实际情况，他指出："社会主义是一个很好的名词，但是如果搞不好，不能正确理解，不能采取正确的政策，那就体现不出社会主义的本质。"① 社会主义经济政策对不对，归根到底要看生产力是否发展、人民收入是否增加。他把发展生产和增加人民收入称之为压倒一切的标准，实际上已经提出了社会主义本质的核心内容。同时，邓小平对不符合社会主义本质要求的思想进行了深刻的剖析，他认为，贫穷不是社会主义，发展太慢不是社会主义，平均主义不是社会主义，两极分化也不是社会主义，没有民主就没有社会主义。

发展生产，增加人民收入，最终是为了实现全体人民的共同富裕。1986年9月，邓小平在回答美国记者关于"致富光荣的口号同社会主义的关系"时说："社会主义财富属于人民，社会主义的致富是全民共同致富。社会主义原则，第一是发展生产，第二是共同致富。"② 这段话成为社会主义本质论断的雏形。1990年12月，邓小平又一次强调共同富裕，他指出："社会主义最大的优越性就是共同富裕，这是体现社会主义本质的一个东西。"③ 在全面总结我国社会主义实践的历史经验和改革开放的新鲜经验基础上，邓小平在1992年南方谈话中明确提出了关于社会主义本质的著名论断。

（二）社会主义本质的科学内涵

邓小平对社会主义本质所作的概括，一方面强调必须集中力量解放和发展生产力，另一方面指出了解放和发展生产力的目的和手段。这一概括既坚持了马克思主义的科学社会主义，同时又赋予了社会主义以新的含义和时代

---

① 《邓小平文选》第2卷，人民出版社1994年版，第313页。
② 《邓小平文选》第3卷，人民出版社1993年版，第172页。
③ 同上书，第364页。

内容。它的基本内涵包括以下两个方面。

第一，把解放和发展生产力纳入社会主义的本质。这是社会主义本质理论的十分明显和突出的特点。强调解放和发展生产力在社会主义本质中的地位，是邓小平在科学社会主义理论与社会主义建设实践内在统一的基础上认识社会主义的一个创造，也是他提出社会主义本质这个具有更高概括性范畴的重要原因。

解放和发展生产力是每一个新的社会制度固有的历史使命和根本任务，过去人们没有认识到它是体现社会制度属性的范畴。邓小平之所以把解放和发展生产力纳入社会主义本质之中，不是简单地出于对社会主义历史使命和根本任务的逻辑推演，而是以唯物史观为指导，在认真总结社会主义建设的历史经验、科学把握中国的具体国情和时代特征的基础上提炼出来的。从我国社会主义建设的历史经验看，过去对什么是社会主义的问题之所以没有完全搞清楚，一个重要的原因就是离开生产力水平抽象地谈论社会主义，误以为只要不断改变生产关系，提高公有化的程度，就能推动生产力的发展，一个时期内甚至用"以阶级斗争为纲"取代发展生产力这个中心任务。此外也没有认识到在社会主义条件下还有一个解放生产力的问题，因而长期以来没有解决好在社会主义条件下如何发展生产力的问题。从中国的具体国情看，我国还处于社会主义初级阶段。在这个历史阶段，人民群众日益增长的物质文化需要同落后的社会生产之间的矛盾表现得更加突出，解放和发展生产力的意义也就更加重要。从时代特征看，在和平与发展成为时代主题、新的科技革命迅速发展的条件下，世界各国都在研究如何抓住时机、加快发展自己的问题。只有突出解放和发展生产力在社会主义本质中的地位和作用，才能自觉地坚持以经济建设为中心，抓住机遇，加快发展，不断推进社会主义现代化建设，并最终以实践来证明社会主义优于资本主义。

第二，突出强调消灭剥削，消除两极分化，最终达到共同富裕。指明了社会主义的发展目标，并从生产力和生产关系两个方面阐明了实现这个目标的途径。

马克思主义认为，共产主义的最终目的是实现人的自由而全面发展。邓小平从中国的具体国情出发，把实现共同富裕作为社会主义的根本目标，体现了马克思主义同当代中国实际的结合。实现共同富裕，是走向人的自由而全面发展所必经的阶段。要实现共同富裕，除了要解决如何解放和发展生产力，不断增加社会物质财富的问题外，从生产关系方面来说，还要消灭剥削，消除两极分化，使社会生产力发展的成果为全体人民所享有。而这又是在坚持以社会主义公有制和按劳分配为主体的条件下才能实现的。所以，邓小平一再强调，一个公有制占主体，一个共同富裕，这是我们必须坚持的社会主义的根本原则；社会主义有两个非常重要的方面，一是以公有制为主体，二是不搞两极分化。他指出，我们发展生产力，创造的财富归人民所有，不允许出现两极分化。消灭剥削，消除两极分化，最终达到共同富裕，是一个随着生产力的发展而逐渐实现的较长的动态过程。在我国社会生产力充分发展以前，仍然会存在一定范围、一定程度的剥削现象和两极分化的可能性。社会主义的本质和优越性将伴随着社会生产力的发展和社会主义社会由低级到高级、由不完善到逐步完善的发展过程而逐步地得到充分体现。

（三）社会主义本质理论的丰富和发展

以江泽民为核心的党的第三代中央领导集体，在进入 21 世纪的新形势下，继承了邓小平关于社会主义本质的理论，又从中国社会主义现代化建设的实际和执政党历史使命的角度，丰富了社会主义本质的理论。他说："我们建设中国特色社会主义的各项事业，我们进行的一切工作，既要着眼于人民现实的物质文化生活的需要，同时又要着眼于促进人民素质的提高，也就是要努力促进人的全面发展。"[1] 这一论断有三层新的内涵。

第一，只有在社会主义制度下才能实现人的全面发展。因为，在私有制社会形态下，人们所创造的一切都成为一种外在的异己力量与人民相对立，人们只能屈从于这种力量，由此决定人的发展只能是片面的。奴隶社会，奴隶只是"会说话的工具"，连最基本的生存条件都不具备，根本谈不上发展；封建社会，农民和农奴被迫依附于封建地主，受到残酷的剥削和压迫，也谈不上全面发展；资本主义社会，人成了资本增值的工具，更谈不上人的全面发展。只有社会主义社会，实现了经济、政治、文化的全面解放，才为促进人的全面发展创造了条件。

第二，追求人的全面发展是建设中国特色社会主义的重要特征和价值目标。中国特色社会主义是科学社会主义基本原则与中国具体实际相结合的必然选择。这就决定中国特色社会主义同科学社会主义不存在根本性的差别。因此，人的全面发展也是中国特色社会主义的本质要求和追求目标，偏离了这个目标就不是社会主义。所以，我们党的几代领导集体都一直强调，物质贫困不是社会主义，精神空虚也不是社会主义。搞好社会主义，要物质文明

---

[1] 《论"三个代表"》，中央文献出版社 2001 年版，第 179 页。

和精神文明两手抓。

第三，实现人的全面发展是社会主义现代化建设的重要内容。中国进行社会主义现代化建设与西方资本主义国家现代化建设的根本区别在于，发展经济不是最终目的，而是当作使人能够得到全面发展的手段和条件。一切工作都要积极促进和推动人的全面发展这个最终目标的实现。就是说，人的全面发展是经济发展的目的，经济发展要服务于人的全面发展。

以胡锦涛为总书记的党中央，从新世纪新阶段中国的实际出发，进一步深化了中国共产党人对社会主义本质的认识，提出"社会和谐是中国特色社会主义的本质属性"的重要论断。这一论断，是总结国内外社会主义建设特别是我国社会主义建设历史经验得出的重要结论，也是构建社会主义和谐社会的理论基础。科学发展和社会和谐是内在统一的。没有科学发展就没有社会和谐，没有社会和谐也难以实现科学发展。构建社会主义和谐社会是贯穿中国特色社会主义事业全过程的长期历史任务，是在发展的基础上正确处理各种社会矛盾的历史过程和社会结果。要通过发展增加社会物质财富、不断改善人民生活；要通过发展保障社会公平正义、不断促进社会和谐。

江泽民、胡锦涛从社会主义本质的层面上来认识人的全面发展和社会和谐问题，创造性地丰富和发展了邓小平社会主义本质的思想，标志着我们党对社会主义本质的认识实现了新的飞跃，达到了一个全新的高度和境界。

（四）社会主义本质理论的重要意义

改革开放以来，中国共产党人在坚持和发展中国特色社会主义的伟大实践中，以科学社会主义理论和实践的基本成果为指导，抓住"什么是社会主义、怎样建设社会主义"这个根本问题，深刻揭示了社会主义本质，这是对马克思主义的重大发展，对于发展中国特色社会主义具有重大的理论和实践意义。

第一，社会主义本质理论把对社会主义的认识提高到一个新的科学水平。社会主义本质理论的提出，使我们对社会主义的认识从强调公有制、按劳分配等特征层面，进一步深入到实现共同富裕这个建设社会主义的根本目标上。过去由于对社会主义的本质缺乏认识，我们在社会主义建设过程中，以为公有制和按劳分配的范围越广、程度越高，越有助于实现共同富裕，甚至脱离实际盲目扩大公有制的范围，提高公有化的程度，导致远离根本目的的"穷过渡"。改革开放以后，对改革开放的一些政策调整之所以经常出现不同的意见，从认识论的角度看，也是因为离开了社会主义的根本目标孤立地看待是否符合公有制、按劳分配等社会主义的特征。因此，提出一个把建设社会主义的手段和目的统一起来的更高层次的社会主义本质概念，搞清楚建设社会主义的根本目的和目标，对于统一认识，促进改革开放事业的发展，保证社会主义改革的正确方向，是十分重要的。社会主义本质理论的提出，为判断改革开放的是非得失提供了强大的思想武器，有力地促进了社会主义现代化建设事业大踏步地向前发展。

第二，社会主义本质理论为探索怎样建设社会主义指明了方向。邓小平提出社会主义本质理论，一方面是针对过去片面强调公有制、按劳分配和计划经济，把它当作目的本身，而忽视了更为基本的建设社会主义的根本目的和目标；另一方面则针对改革进程中可能会出现的两极分化和其他消极现象。这两种情况都不可能使我国的社会主义建设找到一条正确的道路。社会主义本质理论把搞清楚"什么是社会主义、怎样建设社会主义"紧密地结合起来，揭示了实现社会主义本质与建设社会主义道路之间的内在逻辑关系。社会主义本质理论的提出，为我们更深层次地认识社会主义，在改革开放中探索出一条发展更快、人民享受到社会主义建设成果最大、能够充分体现出社会主义优越性的道路，奠定了理论基础，开辟了广阔前景。

总之，我们党对社会主义本质所作的理论概括，是对科学社会主义理论的继承和创新，为我们真正搞清楚"什么是社会主义、怎样建设社会主义"，并在实践中创造充满生机和活力的中国特色社会主义奠定了科学的思想基础。

三　社会主义初级阶段党的基本路线和基本纲领

处于并将长期处于社会主义初级阶段的结论，集中了中国共产党 90 多年的经验，是新中国成立 60 多年来理论和实践探索过程中我们党取得的最重要的成果之一。正是把社会主义初级阶段作为我国最大国情、最大实际，正确认识了社会主义的本质，我们党才在这个基础上形成了创造今天辉煌成就而被实践证明科学有效的党的基本路线和基本纲领。

（一）基本路线

党的基本路线是党在一定历史时期为解决社会主要矛盾而制定的行动纲领，是总览全局的根本指导方针。党在社会主义初级阶段的基本路线，是在总结过去制定和贯彻基本路线的经验和教训基础上，在改革开放和社会主义现代化建设实践的过程中逐步形成的。

1978 年党的十一届三中全会前夕，邓小平就提出，实现四个现代化是一场伟大的革命，经济战线要进行全面的重大改革。十一届三中全会初步提出了改革开放的方针。随后，针对当时出现的否定社会主义制度和党的领导、否定毛泽东思想的错误思潮，邓小平及时提出了要坚持社会主义道路、坚持无产阶级专政、坚持共产党的领导、坚持马列主义和毛泽东思想这四项基本原则。1981 年党的十一届六中全会确定了以现代化建设、民主政治建设和精神文明建设为标志的全面建设社会主义的总任务。在党的十二大上，邓小平第一次提出了"建设有中国特色的社会主义"的概念，之后，党对社会主义初级阶段基本路线的主要内容及其相互关系的认识不断深化。1985 年邓小平进一步指出："我们拨乱反正，就是要在坚持四项基本原则的基础上发展生产力。为了发展生产力，必须对我国的经济体制进行改革，实行对外开放的政策。"① 开始将以经济建设为中心同坚持改革开放和四项基本原则联系起来。1986 年党的十二届六中全会根据邓小平的思路，提出了我国现代化建设的总体布局思想，即以经济建设为中心，坚定不移地进行经济体制改革，坚定不移进行政治体制改革，坚定不移地加强精神文明建设，并且使这几个方面相互配合、相互促进。

1987 年党的十三大召开前夕，邓小平更为明确地指出："搞社会主义现代化建设是基本路线。要搞现代化建设使中国兴旺发达起来，第一，必须实行改革开放政策；第二，必须坚持四项基本原则。"② 党的十三大正式提出了党在社会主义初级阶段的基本路线：领导和团结全国各族人民，以经济建设为中心，坚持四项基本原则，坚持改革开放，自力更生，艰苦创业，为把我国建设成为富强、民主、文明的社会主义现代化国家而奋斗。2007 年党的十七大通过的党章又把"和谐"与"富强、民主、文明"一起写入基本路线，表明经过多年的实践和探索，我们党对奋斗目标的认识逐渐深化，实现了中国特色社会主义事业总体布局与奋斗目标的有机统一。

党的基本路线高度概括了党在社会主义初级阶段的奋斗目标、基本途径和根本保证、领导力量和依靠力量，以及实现这一目标的基本方针，既紧紧抓住了我国现阶段的主要矛盾，又体现了运用社会主义社会基本矛盾运动的规律，全面推动社会进步，实现民富国强、民族振兴的要求。

第一，建设"富强民主文明和谐的社会主义现代化国家"。这是基本路

---

① 《邓小平文选》第 3 卷，人民出版社 1993 年版，第 138 页。
② 同上书，第 248 页。

线规定的党在社会主义初级阶段的奋斗目标，体现了社会主义社会的经济、政治、文化和社会全面发展的要求。富强、民主、文明、和谐在现实中表现为经济建设、政治建设、文化建设和社会建设的统一。党的十八大又提出加快生态文明建设，形成中国特色社会主义事业"五位一体"的总体布局。

第二，"一个中心、两个基本点"。这是基本路线最主要的内容，是实现社会主义现代化奋斗目标的基本途径。"以经济建设为中心"回答了社会主义的根本任务问题，体现了发展生产力的本质要求；"坚持四项基本原则"回答了解放和发展生产力的政治保证问题，体现了社会主义基本制度的要求；"坚持改革开放"回答了社会主义的发展动力和外部条件问题，体现了解放生产力的本质要求。"一个中心、两个基本点"是一个整体，集中体现了我国社会主义现代化建设战略布局的核心，揭示了中国特色社会主义的客观规律和发展道路。全面坚持和正确处理"一个中心、两个基本点"的相互关系，是科学认识和处理经济基础与上层建筑之间、生产力与生产关系之间辩证统一关系的内在要求。

第三，"领导和团结全国各族人民"。这是实现社会主义现代化奋斗目标的领导力量和依靠力量。中国共产党是中国特色社会主义事业的领导核心，中国特色社会主义事业要紧紧依靠全国各族人民，有了这两者的结合，社会主义现代化事业就必定能够胜利。

第四，"自力更生，艰苦创业"。这是我们党的优良传统，也是实现社会主义初级阶段奋斗目标的根本立足点。"中国搞四个现代化，要老老实实地艰苦创业。"① 把"自力更生，艰苦创业"方针概括到党的基本路线中，不仅是改变我国不发达现状的需要，也体现了社会主义的奋斗精神。

在社会主义初级阶段，坚持党的基本路线不动摇，社会主义现代化的实现就有了根本保证，中华民族的复兴就有了真实希望。坚持党的基本路线，必须紧紧围绕经济建设这一中心。以经济建设为中心的确定，是我党在新时期实现的最根本的拨乱反正。以经济建设为中心是兴国之要，是我们党和国家兴旺发达、长治久安的根本要求。能否坚持以经济建设为中心，是关系到我国社会主义现代化的成败、关系到党和国家前途和命运的大问题。坚持党的基本路线，必须把坚持四项基本原则同坚持改革开放结合起来，既要以四项基本原则保证改革开放的正确方向，又要通过改革开放赋予四项基本原则新的时代内涵；坚持把以经济建设为中心同四项基本原则、改革开放这两个

---

① 《邓小平文选》第2卷，人民出版社1994年版，第257页。

基本点统一于中国特色社会主义的伟大实践，这是改革开放以来"我们党最可宝贵的经验，是我们事业胜利前进最可靠的保证"①。四项基本原则是立国之本，是我们党和国家生存发展的政治基石；改革开放是强国之路，是我们党和国家发展进步的活力源泉。"一个中心、两个基本点"是相互贯通、相互依存、不可分割的统一整体，必须全面坚持。离开经济建设这个中心，社会主义的一切发展和进步就会失去物质基础；离开四项基本原则和改革开放，经济建设就会迷失方向和丧失动力。

实践证明，党的基本路线是兴国、立国、强国的重大法宝，是实现科学发展的政治保证，是党和国家的生命线、人民群众的幸福线。我们要始终坚持党的基本路线不动摇，做到思想上坚信不疑、行动上坚定不移，绝不走封闭僵化的老路，也不走改旗易帜的邪路，而是坚定不移地走中国特色社会主义道路。

（二）基本纲领

党在社会主义初级阶段的基本纲领，是对党的十一届三中全会以来特别是十四大以来我国改革开放和现代化建设主要经验的科学总结，是社会主义初级阶段基本路线的具体化。1991年，江泽民在纪念中国共产党成立70周年的讲话中对中国特色社会主义经济、政治、文化建设的基本内容，以及所遵循的原则、方针作出了系统论述，奠定了党在社会主义初级阶段基本纲领的雏形。党的十四大之后，伴随着社会主义市场经济目标的确立，中国的改革进入攻坚阶段，新的深层次矛盾出现，干部群众产生了种种困惑。江泽民对我国社会主义现代化建设全局的12个重大关系作了深刻阐述，初步回答了如何建设社会主义初级阶段的经济、政治和文化，为党在社会主义初级阶段基本纲领的制定奠定了基础。党的十五大根据社会主义初级阶段基本路线的要求，正式制定了党在社会主义初级阶段的基本纲领。党的十七大又增添了构建社会主义和谐社会的内容。党的十八大提出加快生态文明建设，并把它与经济建设、政治建设、文化建设、社会建设相并列作为中国特色社会主义事业"五位一体"总布局的重要内容和组成部分，进一步丰富了党的基本纲领。

建设中国特色社会主义经济，就是在社会主义条件下发展市场经济，不断解放和发展生产力。实现国民经济又好又快发展，保证人民共享改革和发

---

① 《江泽民文选》第2卷，人民出版社2006年版，第17页。

展成果。

建设中国特色社会主义政治，就是在中国共产党领导下，在人民当家作主的基础上，依法治国，发展社会主义民主政治。实现社会安定、政府廉洁高效、全国各族人民团结和睦、生动活泼的政治局面。

建设中国特色社会主义文化，就是以马克思主义为指导，以培育有理想、有道德、有文化、有纪律的公民为目标，发展面向现代化、面向世界、面向未来的，民族的、科学的、大众的社会主义文化。建设社会主义核心价值体系，推动社会主义文化大发展大繁荣。

构建社会主义和谐社会，就是要按照民主法治、公平正义、诚信友爱、充满活力、安定有序、人与自然和谐相处的总要求和共同建设、共同享有的原则，以改善民生为重点，解决好人民最关心、最直接、最现实的利益问题，努力形成全体人民各尽所能、各得其所而又和谐相处的局面。

大力推进生态文明建设，就是面对资源约束趋紧、环境污染严重、生态系统退化的严峻形势，必须树立尊重自然、顺应自然、保护自然的生态文明理念。把生态文明建设放在突出地位，融入经济建设、政治建设、文化建设、社会建设各方面和全过程，努力建设美丽中国，实现中华民族永续发展。

实现社会主义初级阶段基本纲领，必须正确认识和处理最高纲领与最低纲领的关系。共产主义是共产党人的理想信念和精神支柱，实现共产主义是无产阶级政党的最高纲领。但共产主义的实现需要通过若干阶段的具体目标，有步骤、分阶段地向前推进。在每个不同的发展阶段，都需要提出符合实际的理论、路线、方针和政策，形成阶段性的行动纲领。最高纲领与最低纲领既有区别又有联系，辩证地统一于为实现共产主义奋斗的全部历史过程中。

在整个社会主义初级阶段，我们必须坚持最低纲领与最高纲领的统一，毫不动摇地贯彻党在社会主义初级阶段的基本路线，致力于实现党在社会主义初级阶段的基本纲领，不断把中国特色社会主义事业推向前进。

四　中国特色社会主义的总任务

实现社会主义现代化与实现中华民族伟大复兴是一个问题的两个方面。实现中华民族伟大复兴，就要实现社会主义现代化，只有实现社会主义现代化，才能实现中华民族伟大复兴。实现社会主义现代化是世界历史进程和发展潮流对中华民族伟大复兴提出的时代要求。

（一）实现社会主义现代化

1. 梦寐以求的理想

实现社会主义现代化是中国共产党人和中国人民梦寐以求的夙愿。早在新中国成立前夕，决定党的工作重心向城市转移的七届二中全会，就提出了把我国由农业国变为工业国、实现国家现代化的构想。

新中国成立后，1953 年毛泽东在修改审定《关于党在过渡时期总路线的学习和宣传提纲》中，初步提出"四个现代化"的思想。1954 年周恩来在一届全国人大一次会议的政府工作报告中，第一次明确提出了建设现代化的工业、农业、交通运输业和国防的要求。1956 年党的八大将这一要求写进了党章。

经过实践，我们党提高了对科学文化在国民经济、实现现代化中的地位和作用的认识。所以，1957 年 2 月毛泽东在《关于正确处理人民内部矛盾的问题》中提出"将我国建设成为一个具有现代工业、现代农业和现代科学文化的社会主义国家"① 的目标，这一提法在 1958 年党的八届二次会议上被采纳。1959 年年底到 1960 年年初，毛泽东在读了苏联的《政治经济学教科书》后，对国防现代化又有了认识，指出："建设社会主义，原来要求是工业现代化、农业现代化、科学文化现代化，现在要加上国防现代化。"② 至此，"四个现代化"的战略目标基本形成。在 1964 年召开的第三届人代会一次会议上，周恩来正式向全国人民公布了实现社会主义现代化的战略目标。

我们党在确立"四个现代化"战略目标的同时，还提出了实现目标的大概时间、战略步骤和具体道路。在实现社会主义现代化的时间上，至少要100 年。毛泽东说："中国的人口多、底子薄、经济落后，要使生产力很大地发展起来，要赶上和超过世界上最先进的资本主义国家，没有一百多年的时间，我看是不行的。"③ 在实现社会主义现代化的步骤上，要分两步走。1964 年周恩来在三届人大一次会议的政府工作报告中第一次宣布："从第三个五年计划开始，我国国民经济的发展，可以按两步来设想：第一步，用十

---

① 《毛泽东文集》第 7 卷，人民出版社 1999 年版，第 207 页。
② 《毛泽东文集》第 8 卷，人民出版社 1999 年版，第 116 页。
③ 同上书，第 302 页。

五年时间，即在一九八○年以前，建成一个独立的比较完整的工业体系和国民经济体系；第二步，在本世纪内，全面实现农业、工业、国防和科学技术的现代化，使我国国民经济走在世界的前列。"①并把它作为在 20 世纪内奋斗的目标。在实现现代化的道路上，要走中国工业化道路。以农、轻、重为序②，坚持"以农业为基础，以工业为主导"的方针。

2."三步走"的战略

党的十一届三中全会以后，以邓小平为核心的党的第二代中央领导集体开始进一步思考如何从中国具体国情出发研究四个现代化的进程问题。在此期间邓小平访问了美国、日本，加深了对现代化的认识。1979 年 3 月，他在党的理论务虚工作会议上强调指出："现在搞建设，也要适合中国情况，走出一条中国式的现代化道路。""中国式的现代化，必须从中国的特点出发。"③"中国式的现代化"的新提法，意味着邓小平已经开始思考 20 世纪末中国的现代化。同年 12 月，他第一次使用"小康"的概念。1980 年 1 月，他把 20 世纪末的 20 年分为两个 10 年，初步提出分"两步走"达到"小康水平"的战略构想。这个战略构想，后来在五届全国人大四次会议和党的十二大报告中得到肯定。党的十二大正式提出分两步走，在 20 世纪末实现工农业总产值翻两番，实现小康社会的经济发展战略。

20 世纪末，人民生活水平总体上达到小康水平以后，再往前发展的战略目标是什么？在党的十三大召开前夕，邓小平指出，到 21 世纪中叶把我们建设成为接近中等发达水平的社会主义国家。1987 年 4 月，他在会见西班牙客人时，明确了分三步走、基本实现现代化的战略。同年 10 月，党的十三大根据邓小平的思想确定了"三步走"的发展战略：第一步，从 1981 年到 1990 年实现国民生产总值比 1980 年翻一番，解决人民的温饱问题；第二步，从 1991 年到 20 世纪末，使国民生产总值再增长一倍，人民生活达到小康水平；第三步，到 21 世纪中叶，人均国民生产总值达到中等发达国家水平，人民生活比较富裕，基本实现现代化。然后，在这个基础上继续前进。

我国在提前实现了"三步走"战略的第一步和第二步战略目标之后，为了把第二步战略和第三步战略很好地衔接起来，根据邓小平关于分阶段、

---

① 《周恩来选集》下卷，人民出版社 1984 年版，第 439 页。
② 参见《毛泽东文集》第 8 卷，人民出版社 1999 年版，第 78 页。
③ 《邓小平文选》第 2 卷，人民出版社 1994 年版，第 163—164 页。

有步骤实现我国现代化的战略思想，党的十五大把"三步走"战略的第三步进一步具体化，提出了三个阶段性目标：21世纪第一个10年实现国民生产总值比2000年翻一番，使人民的小康生活更加富裕，形成比较完善的社会主义市场经济体制；再经过10年的努力，到建党100年时，使国民经济更加发展，各项制度更加完善；到21世纪中叶新中国成立100年时，基本实现现代化，建成富强民主文明的社会主义国家，从而使"三步走"的战略和步骤更加具体明确。

从"两步走"到"三步走"的发展战略的确定，突出地体现了我们党对我国国情认识的深化，体现了中国共产党人一切从实际出发、实事求是、坚持在实践中检验真理和发展真理的品格。我国"三步走"的现代化发展战略，是当代中国共产党人参考了国外现代化发展的历史经验，在总结我国历史经验的基础上提出的，是对中国国情和时代特征的深刻把握，是对现代化客观规律的正确反映，是指导全党和全国人民建设中国特色社会主义的行动纲领。我国经济发展战略目标的实现，将雄辩地向世人证明中国特色社会主义是成功的，社会主义制度是优越的。

3. 全面建设和建成小康社会

全面建设和建成小康社会，是党和国家到2020年的奋斗目标，是全国各族人民的根本利益所在。经过全党和全国各族人民的共同努力，20世纪末，我国人民生活总体上开始达到小康水平，这是中华民族发展史上的一个新的里程碑。党的十六大深刻分析了党和国家面临的新形势和新任务，从我国总体上实现的小康还是低水平、不全面、发展很不平衡的小康的实际出发，提出了大体用20年时间，全面建设一个惠及十几亿人口的更高水平的小康社会的奋斗目标，并围绕这个目标制定了推进各方面工作的方针政策。这是实现现代化第三步战略目标必经的承上启下的发展阶段，是中国特色社会主义发展新阶段的重要战略，为我们指明了新世纪新阶段继续前进的方向。

改革开放的总设计师邓小平在设计我国现代化进程"三步走"的宏伟蓝图时，用我国历史上"小康"的概念，赋予其新的内容，表达基于社会主义初级阶段的基本国情到20世纪末经过努力能够实现的目标。小康社会是长远目标与阶段性任务的辩证统一。党的十三大采纳了邓小平"三步走"的发展战略构想，确定到20世纪末实现小康。党的十五大提出了建党100年和新中国成立100年的奋斗目标，对小康社会作了新的展望。党的十六大明确提出到2020年全面建设小康社会的目标和要求，在20世纪末基本实现小康的基础上，对更加全面、更高水平的小康社会作出了新的描绘和完善。党的十七大延续十六大主题，根据发展的新形势、取得的新成就，对全面建设小康社会目标作了进一步调整。党的十八大继往开来，顺应人民新期盼，更加清晰、更高要求地提出了到 2020 年全面建成小康社会的目标，既令人鼓舞又切合实际。

从全面建设小康社会到全面建成小康社会，一字之差，意义深远。由"建设"到"建成"，是党中央向全国人民作出的庄严承诺。党的十六大以来的 10 年，我国经济建设、政治建设、文化建设、社会建设、生态文明建设全面推进，成功地迈上了三个大的台阶，即社会生产力、经济实力、科技实力迈上一个大台阶；人民生活水平、居民收入水平、社会保障水平迈上一个大台阶；综合国力、国际竞争力、国际影响力迈上一个大台阶，全面建成小康社会的目标已经指日可待，只要我们奋勇攀登，奋力跨越，就一定能够全面建成小康社会进而实现中华民族伟大复兴的"中国梦"。

回顾近几次党的代表大会，对于建设小康社会设定的具体量化目标在不断发展变化。党的十六大提出了全面建设小康社会的目标，对小康社会的量化指标是国内生产总值，即"国内生产总值到 2020 年力争比 2000 年翻两番，综合国力和国际竞争力明显增强"。党的十七大对全面小康的量化指标由"总量"改为"人均"，"实现人均国内生产总值到 2020 年比 2000 年翻两番"。党的十八大报告则首次明确提出城乡居民收入要在十年的时间里实现倍增，"实现国内生产总值和城乡居民人均收入比 2010 年翻一番"。这是一个依次突破的过程，尤其是十八大的"两个翻番"，既有总量目标要求，又有人均收入目标要求，而将"城乡人均收入翻一番"指标写入大会报告则不仅彰显出民生优先、惠民富民的政策取向，也顺应了广大人民群众过上更好幸福生活的新期盼。

新世纪新阶段，围绕全面建设小康社会目标，我们的各项事业取得了巨大成就。国内生产总值从 2002 年 12 亿元到 2011 年 47 万亿元，扣除价格因素，增长 1.5 倍；人均国内生产总值从 2002 年 1135 美元到 2011 年 5432 美元，扣除价格因素按平均汇率折算，增长 1.4 倍；外汇储备从 2002 年 2864 亿美元到 2011 年 31810 亿美元。经过十年奋斗，经济总量和进出口总额均位居世界第二，经济实力和综合国力显著增强，国际地位和国际影响力显著提高。在经济持续高速发展的同时，人民生活水平大幅提高，社会保障体系初步建立，民主法治、精神文明、生态建设等方面都取得了重大进展。可以肯定地说，在新的起点上全面建成小康社会的条件更加充分、基础更加扎实、目标更加接近。但是，当前和今后一个时期，我国经济社会发展中存在的突出矛盾和问题还是不平衡、不协调、不可持续问题，要求我们在全面建设小康社会过程中，要针对这些问题不断地提出新的目标，更加注重推动科学发展，更加注重用改革的办法解决前进中的问题。

过去十年，全面建设小康社会的阶段性任务圆满完成，党的十八大根据发展实际和对新形势的分析判断，对 2020 年全面建成小康社会总体目标作了调整和深化，按照"五位一体"总布局提出了新要求。

（1）经济持续发展

转变发展方式，实现两个"倍增"。坚持以经济建设为中心不动摇，科学发展是解决一切问题的关键，但科学发展的根本出路在于切实转变经济发展方式；在发展平衡性、协调性、可持续性明显增强，发展质量和效益明显提高的前提下，实现国内生产总值和城乡居民人均收入比 2010 年翻一番。更加依靠创新驱动发展，提高科技进步对经济增长的贡献率。工业化、信息化、城镇化、农业现代化同步推进，区域协调发展机制基本形成。优化贸易结构，提高开放水平，增强国际竞争力。

（2）人民民主不断扩大

人民民主是社会主义政治文明的核心价值，是中国特色社会主义政治发展的根本道路，是中国共产党始终高扬的光辉旗帜。广泛的人民民主是全面小康社会的重要内容。政治建设的主要任务是建立和完善民主制度，切实保障广大人民民主权利，使民主意愿真实表达、民主形式丰富有效、民主参与积极有序，人民真正当家作主。在健全法制的前提下，要更加注重法治，遵守宪法和法律，依法治国，依法行政，维护司法权威和公正，尊重和保障人权。

（3）文化软实力显著增强

文化是民族的血脉和人民的精神家园，全面小康社会的目标是物质丰裕和精神丰富的有机结合。通过社会主义核心价值体系教育，培育、倡导和践行社会主义核心价值观，提高公民文明素质和社会文明程度。鼓励文化创新，丰富文化产品，共享文化资源，支持文化产业健康发展。文化实力是综合国力的重要组成部分，文化竞争力是国际竞争力的核心要素。要以高度的自觉和充分的自信创造性阐释中华文化的世界意义，广泛传播、扩大影响。

（4）人民生活水平全面提高

总体实现基本公共服务均等化，共享发展成果，让全体人民都能过上富裕、体面、尊严的生活，是全面建成小康社会的主要目标。基本实现教育现代化，提高全民受教育程度和创新人才培养水平，为人的全面发展提供起点公平、机会公平和过程公平的环境，为国家全面发展提供人才保障和人力资源支持。实现更高质量更加充分的就业和创业，提供良好环境，提倡劳动致富。努力实现社会结构合理化，缩小收入分配差距，壮大中等收入群体，保证社会公平正义，促进社会和谐、人民安居乐业。全面实现和经济社会发展水平相适应的全民社会保障，真正达到老有所养、病有所医、住有所居的保障水平。

（5）资源节约型、环境友好型社会建设取得重大进展

地球是人类共有的家园，国土是人民共存的空间，生态文明意识的高度自觉彰显了中国共产党对人类命运的关切和对中华民族前途的历史责任。优化国土空间开发，基本形成主体功能区布局，生产空间、生活空间、生态空间相得益彰，人与自然和谐相处。提高资源使用效率，节约、高效、循环利用资源；降低能源消耗、减少污染物排放。尊重自然规律，因地制宜实施生态工程，以自然修复为主；增强生态系统稳定性，减少或禁止对生态敏感区的人类活动干扰；提高森林覆盖率，全民动员绿化美化祖国大好河山，建设青山绿水蓝天家园，建设美丽中国。

到2020年全面建成小康社会目标实现之时，中国这个历史悠久的文明古国和发展中的社会主义大国，将成为工业化基本实现、综合国力显著增强、国内市场总体规模位居世界前列的国家，成为人民富裕程度普遍提高、生活质量明显改善、生态环境良好的国家，成为人民享有更加充分民主权利、具有更高文明素质和精神追求的国家，成为各方面制度更加完善、社会更加充满活力而又安定团结的国家，成为对外更加开放、更加具有亲和力、为人类文明做出更大贡献的国家，从而也就为到21世纪中叶基本实现现代化的"中国梦"奠定坚实的基础。笔者坚信，只要我们坚定不移地沿着中国特色社会主义道路奋勇前进，万众一心，众志成城，顽强奋斗，就没有克服不了的困难，"两个百年"目标一定能够如期实现。

（二）实现中华民族的伟大复兴

习近平总书记在与其他中央政治局常委们参观《复兴之路》基本陈列时指出："实现中华民族伟大复兴，就是中华民族近代以来最伟大的梦想。这个梦想，凝聚了几代中国人的夙愿，体现了中华民族和中国人民的整体利益，是每一个中华儿女的共同期盼。"①

----

① 参见《人民日报》2012年11月30日。

1. 实现中华民族伟大复兴的内涵和内容

民族复兴，顾名思义，是相对于历史上的曲折而言的。作为这种复兴的参照系和条件，一方面是历史上曾经有过的辉煌；另一方面是后来曾经陷于的悲惨境地，包括直到现在还在某种程度上存在的落后状态；再一方面是保持自己民族文明发展的历史延续性。

一是相对于中华民族古代文明的繁荣昌盛而言的。中华民族在古代曾经创造了高度繁荣昌盛的文明。从春秋战国时代到"康乾盛世"，在长达两千多年的时间里，中华民族经济发达、科技领先、文化繁荣，走在了人类文明发展的前列。实现中华民族的伟大复兴，指的是中华民族要通过和平发展，再次走在世界前列。世界上只有自身文明曾经繁荣昌盛的国家或民族，才谈得上"复兴"。

二是相对于中华民族近代文明衰落与民族危亡而言的。随着西方资本主义文明的兴起与扩张，古老的中华文明逐步走向衰落。西方资产阶级的思想解放运动与中国封建主义的思想禁锢，西方近代自然科学的黎明与中国传统科学技术的黄昏，西方市场经济机制的确立与中国自然经济机制的延续，西方产业革命的高歌猛进与中国农业、手工业发展的停滞不前……种种差距使中华民族的发展落在了后面。落后就要挨打，文明衰落必然导致民族危亡。鸦片战争后，中国的国门被打开，主权遭践踏，领土被分割，跌到了文明发展的谷底。世界上只有陷于悲惨境地的国家或民族，才需要"复兴"。

三是相对于中华民族文明发展的历史延续性而言的。在繁荣昌盛的世界古代文明中，只有中华文明发展绵延了五千年，其间虽然也经历过战乱、分裂与改朝换代，乃至后来逐渐衰落，但却始终未曾出现因民族湮没而导致文明史或文化史断裂。正因为如此，我们今天才能谈论实现中华民族伟大复兴的问题。世界上只有保持自己文明发展历史延续性的国家或民族，才能够"复兴"。

上述这种历史比较，有利于激发爱国主义热情，树立民族自尊心和自豪感，增强为中华民族伟大复兴、为建设中国特色社会主义事业努力奋斗的使命感和责任感，因此是必要的，也是有益的。但在进行比较时，应坚持历史唯物主义和辩证唯物主义的科学态度。第一，不同历史时期的时代性质和社会制度是不一样的。讲中华民族复兴，不是认为我国历史上的一切都是美好的，皆要"复兴"，更不意味着尊崇和恢复任何封建主义的糟粕。第二，落后与先进是相对于当时的参照系而言的。昔日的辉煌，无论如何，都仅仅是落后生产力基础上的辉煌。当然，今日的落后也只是相对于当今世界发达国家的一些方面而言。从纵向的历史进程来看，中华民族的发展水平早就今胜于昔。所以，讲中华民族复兴，不是颂古非今、厚古薄今。第三，中国是爱好和平的国家和民族。讲中华民族复兴，不是提倡狭隘的民族主义，更不构成对其他任何国家的威胁。中国追求的是自身经济发展和社会进步，中国永远不称霸。那种针对中华民族复兴而散布所谓"中国威胁论"是没有根据的。第四，"中国应当对于人类有较大的贡献"①。讲中华民族复兴，就是要提高对人类文明发展的贡献率。毛泽东在20世纪就说：经过许多年，赶上世界上最强大的资本主义国家。这是一种责任。"如果不是这样，那我们中华民族就对不起全世界各民族，我们对人类的贡献就不大。"②"中国应当对于人类有较大的贡献"，这是实现中华民族伟大复兴的要义。

根据党和国家的一贯主张，基于上述区别和界定，实现中华民族伟大复兴的内容主要包括以下几个方面。

第一，大力发展社会生产力，进一步增强以经济科技文化力量为主的综合国力。加快现代化建设的步伐，健全和完善社会主义市场经济体制，实现经济社会的可持续发展，使我国的经济总量和发展水平有更大的提高，到21世纪中叶，争取达到世界中等发达国家水平，基本实现现代化。实现社会主义现代化，虽不能涵盖中华民族复兴全部内涵，但却是其主要目标和根本标志。

第二，大力推进社会的全面进步，实现社会各个领域的整体协调发展。坚持科教兴国，使我国的科技、教育水平进入世界先进行列。全面提高国民素质，满足人民群众日益增长的精神文化生活需求。加强民主法制建设，实现依法治国、建设社会主义法治国家的目标，提高人民政治生活的民主化水平。巩固和完善我们的各项基本制度。巩固和发展中华民族的大团结。

第三，大力建设和弘扬新时代的中华文明。继承中华民族的优秀文化传统，摒弃糟粕，吸收精华，在新的更高的层次上建设面向现代化、面向世界、面向未来的，民族的、科学的、大众的中华文明。立足中国现实，正确处理与世界其他文明的关系，以海纳百川的胸怀，科学地鉴别和吸收世界优秀的文明成果，使中华文明立于世界，跟上时代，在新的世纪焕发出更加夺目的光彩。

第四，解决台湾问题，实现祖国的完全统一。中华民族是一个统一的大

---

① 《毛泽东文集》第7卷，人民出版社1999年版，第157页。

② 同上书，第89页。

家庭，中华民族的领土和主权不容分割。没有祖国的完全统一，就不会有完全意义上的民族复兴。坚持统一，是炎黄子孙的共同愿望和长期追求的目标。我们期望着，在中华民族海内外同胞包括两岸人民的共同努力下，早日实现祖国统一的目标。

第五，屹立于世界先进民族之林，为世界的和平与发展做出更大贡献。维护和保持国家的主权独立和领土完整以及在国际舞台上的民族尊严。积极发展与世界上所有国家的友好合作关系。高举和平、发展的旗帜，树立中国维护世界和平和致力共同发展的形象，推动建立公正合理的国际政治经济和文明新秩序，与世界人民一道，共同建设一个和平、安宁、繁荣和昌盛的新世界。

实现中华民族的伟大复兴，是一个很长的历史过程，也是一个激励中国人民奋斗的理想。它有可以量化的内容，但并不是都能够用具体指标衡量的。习近平在 2013 年博鳌亚洲论坛年会上指出，"我们的奋斗目标是，到 2020 年国内生产总值和城乡居民人均收入在 2010 年的基础上翻一番，全面建成小康社会；到本世纪中叶建成富强民主文明和谐的社会主义现代化国家，实现中华民族伟大复兴的中国梦"[①]。由此可见，21 世纪中叶，即新中国成立 100 周年时基本实现现代化，是中华民族伟大复兴的重要标志，也是我们党确定的实现中华民族伟大复兴的时间表。这对经济文化十分落后的我国而言，是一个雄心壮志，任务极为艰巨。到 21 世纪中叶，一个占世界总人口 1/6 左右、有近 15 亿人口的中国实现现代化，其规模之大，耗时之短，既是人类发展史上的奇迹，也是旷古未有的伟业。它不但将再次改变中华民族的命运，而且必将改变世界格局，现在，中国的社会主义现代化，中华民族的伟大复兴，已是跃出东方地平线的一轮绚丽红日，这轮红日是注定要高高升起来的，它的美丽霞光正在照耀祖国的大好河山。

2. 中华民族最伟大的梦想

实现中华民族伟大复兴是近代以来中华民族最伟大的梦想。1840 年鸦片战争开始，中国从一个曾经在世界上长期领先的东方大国逐步沦为任人宰割的半殖民地半封建国家，中华民族从一个曾经创造了无比灿烂文明的民族逐步沦为西方人眼中的"劣等民族"。1949 年 10 月 1 日中华人民共和国成立，终于为中华民族的沉沦彻底画上了休止符，并开启了中华民族伟大复兴的历史新纪元。从那时起短短 60 多年里，中国从一个满目疮痍的落后国家

---

① 参见《人民日报》2013 年 4 月 8 日。

快速发展成为在世界上举足轻重的大国，中华民族正以前所未有的自信奋进在实现伟大复兴的道路上。

（1）在危难中奋起

在世界文明发展史上，中华民族曾经创造过灿烂辉煌的文明，对人类社会的发展做出过巨大贡献。英国学者李约瑟在《中国科学技术史》一书中指出：在 15 世纪前，中国在科学技术方面的发明和发现"往往超过同时代的欧洲"。就经济发展水平而言，即使到了 17、18 世纪，就是清朝"康乾盛世"时，中国在世界上也是领先的。但是，这种封建社会的盛世已是落日余晖。几乎与此同时，西方国家先后发生了资产阶级革命和工业革命，科学技术和社会生产力加速发展。而清朝封建统治者无视外部世界的变化，依然闭关自守、故步自封，屡屡错失跟上世界潮流的机遇。中国开始大大落后于西方国家。

落后就要挨打，变局随之而来。从 1840 年英国用坚船利炮打开中国大门后，资本主义列强开始对中国虎视眈眈，都把中国当成可以宰割的对象，纷纷参加到对中国的掠夺中来。两次鸦片战争、中法战争、中日甲午战争、八国联军侵华……通过一次次侵略战争，西方列强强迫中国签订了一系列不平等条约，勒索巨额赔款，鲸吞中国领土，划分势力范围。"长夜难明赤县天。"列强的入侵，使古老中国山河破碎、国将不国，神州故土"失养于祖国，受虐于异类"；使华夏大地农村荒芜、城镇凋敝，社会生产力发展受到沉重打击；使中国人民备受压迫和剥削、蒙受巨大屈辱，被戴上"东亚病夫"、"劣等民族"的帽子。中华民族时刻都有亡国灭种的危险。

昔日的辉煌和现实的屈辱所形成的巨大反差，深深刺痛着中华儿女的心，亡国灭种的危险逼迫着中国人民必须行动起来拯救国家和民族。于是，改变悲惨境遇、实现民族复兴这一艰巨的历史课题，现实地摆在了中国人面前。实现中华民族伟大复兴，必须完成两大历史任务：一是求得民族独立和人民解放；二是实现国家繁荣富强和人民共同富裕。鸦片战争后，一代又一代中国人开始苦苦探索救亡图存的道路，林林总总的政治力量前赴后继，各种各样的救亡方案付诸实施。这些努力能否扭转乾坤、实现民族复兴呢？历史给出了明确答案。

首先，封建主义的道路已是穷途末路。从"数千年未有之变局"中醒悟过来的封建有识之士，提出"中学为体，西学为用"等思想，企图通过推行洋务运动以自救，但终究因为"根本不净"而"百事皆非"，经营数十年却成效甚微。与此同时，不堪忍受悲惨生活的下层民众发动太平天国农民战争，希冀通过改朝换代来改变命运，他们的反抗斗争虽然给清朝封建统治以沉重打击，但最后也以败局告终。可见，只在封建主义道路上原地打转的救亡图存方案，与世界发展潮流相去甚远，是根本行不通的。

其次，走资本主义道路总是四处碰壁。以康有为为首的维新派在光绪帝支持下发动戊戌变法，提出了政治上君主立宪、经济上资本主义化的纲领，但这场维新运动仅推行了103天就迅速失败。此后，孙中山先生领导的辛亥革命推翻了清王朝统治，结束了统治中国几千年的君主专制制度，为中国的进步打开了闸门，但革命胜利果实却落到袁世凯等军阀手中。国民党新军阀掌握全国政权后，许多人曾希望它能发展资本主义而实现民族复兴，但国民党集团不但没有铲除帝国主义和封建主义，还使中国人民头上又多了一座大山——官僚资本主义。

继续走封建主义道路的救亡活动因与世界潮流相悖，自然难以成功。那么，为什么学习西方走资本主义道路的种种探索也举步维艰、不断碰壁呢？这固然有中国社会内在的原因，但主要还是因为帝国主义列强不允许中国成为独立、富强的资本主义国家。帝国主义列强入侵中国，目的是扩大殖民地、半殖民地，获得经济上、政治上的特权和利益，而决不是为了把封建落后的中国变成资本主义的先进中国。这是帝国主义的本性和逻辑。在帝国主义与封建主义夹缝中生存的中国民族资本主义，其发展之艰难、力量之软弱可想而知。毛泽东同志一针见血地指出："帝国主义侵略中国，反对中国独立，反对中国发展资本主义的历史，就是中国的近代史。"①

抗争和探索了近百年，封建主义的旧路已经断掉，资本主义的道路又走不通。中国如何走出这漫漫长夜？中华民族何时才能实现复兴？历经磨难的中国人民开始认识到，中国需要一条全新的道路。

（2）在比较中觉醒

鸦片战争后，为了实现民族复兴，中国人民付出了几代人的光阴和心血，却始终未能获得民族独立和人民解放，更谈不上国家繁荣富强和人民共同富裕了。路在何方？"国家的情况一天一天坏，环境迫使人们活不下去。"② 正当人们深感失望之时，俄国十月革命一声炮响，给中国送来了马克思主义，也向中国人民展示了一条全新的道路。中国的先进分子开始接受马克思主义，汇集到社会主义旗帜下。中国工人阶级的先进政党——中国共

---

① 《毛泽东选集》第2卷，人民出版社1991年版，第679页。
② 《毛泽东选集》第4卷，人民出版社1991年版，第1470页。

产党，就在这样的情势下应运而生，登上了历史舞台。1921 年中国共产党的成立，让已经在黑暗中摸索了 80 多年的中国人民看到了希望。

中国的先进分子接受马克思主义、选择社会主义道路，是经过长期失败后的新觉醒，是反复比较后的新选择。当中国的先进分子提出要走社会主义道路时，许多人还存有疑虑，社会上也颇有争论。但是，越争论，马克思主义的影响越大，社会主义的吸引力越强。社会主义这个理想、这条道路，终于让当时的中国人摆脱迷惘、知所趋赴。许多先进的中国人，怀着对民族复兴的强烈渴望，甘愿冒着付出生命的代价和风险加入中国共产党，走上了为社会主义而奋斗的道路。

社会主义道路点燃了中国人民实现民族复兴的希望，但要走上社会主义道路并真正实现民族复兴，则是一个十分艰辛的过程。首先要摆脱帝国主义的压迫以求得民族独立、推翻封建主义的统治以求得人民解放。历史一再证明，和平改良只是空想，唯一的选择是进行革命。因为帝国主义决不会主动放弃在中国攫取的特权，封建势力也不会自动放弃统治权。孙中山先生在五四运动后不久对如何改造中国社会作过一个生动比喻："像工程师建设伟大房屋一般，须用新的方法去建筑。新方法的建筑，便是上层越高，打地基须越深，所挖出的陈土须远远搬开。""八年以来的中华民国，政治不良到这个地位，实因单破坏地面，没有掘起地底陈土的缘故。" 如何才能掘起地底陈土呢？答案是"只有革命"[1]。可见，在半殖民地半封建的中国，通过革命摆脱帝国主义的压迫、推翻封建主义的统治，求得民族独立和人民解放，进而走上社会主义道路，是大势所趋，是历史的选择、人民的选择。中国革命的目的，正如毛泽东在《将革命进行到底》一文中所指出的：是要"使中华民族来一个大翻身"！以毛泽东为核心的党的第一代中央领导集体，把马克思主义基本原理同中国具体实际相结合，在团结带领人民浴血奋战的过程中，在经历了反复实践和许多挫折之后，终于创造性地走出了一条农村包围城市、最后夺取全国政权的正确道路，并沿着这条道路，经过土地革命、抗日战争和解放战争，取得了新民主主义革命的胜利，建立了人民当家作主的新中国。

新中国的成立，废除了帝国主义在中国的一切特权，结束了中华民族遭受帝国主义压迫的历史，这就解决了民族独立的问题；人民民主制度的建立，结束了中国几千年的剥削阶级统治，从此劳动人民成为新国家和新社会

---

[1] 《孙中山全集》第 5 卷，中华书局出版社 1981 年版，第 125—126 页。

的主人，这就解决了人民解放的问题。至此，实现中华民族伟大复兴的第一个历史任务终于完成了。

3. 中国共产党孜孜以求的目标

实现中华民族伟大复兴是中国共产党孜孜以求的目标。从党的自身定位和党的历史来看，中国共产党一直以实现中华民族伟大复兴为目标。中国共产党正是深深扎根于中华民族之中，从一成立就以实现民族复兴为己任。

正是在中国共产党的领导下，经过全国各族人民前赴后继、艰苦卓绝的斗争，才建立了人民民主的新中国。它从根本上改变了中华民族的命运，不仅结束了中华民族遭受帝国主义侵略压迫的百年屈辱史，而且结束了中华民族在封建主义统治下没落沉沦的百年衰落史，使中华民族迈出了伟大复兴的关键一步。当然，这一步还只是时代赋予中国人民的第一个历史任务。它的完成仅为中华民族复兴提供了一个前提。要使中华民族复兴成为现实，还必须完成第二个历史任务——把100多年里因为帝国主义侵略和封建主义压迫而变得满目疮痍的旧中国建设成富强民主文明和谐的新中国，努力追赶时代发展步伐，实现国家繁荣富强和人民共同富裕。相比革命而言，这第二个历史任务"路程更长，工作更伟大，更艰苦"[①]。之所以如此，是因为在一个经济文化落后的大国通过社会主义道路实现现代化，同样没有现成的模式可借鉴，必须在实践中探索。以毛泽东为核心的党的第一代中央领导集体，领导人民克服各种困难和挑战，建立了社会主义的基本政治制度，奠定了社会主义公有制的经济基础，初步建立起独立的比较完整的工业体系和国民经济体系，挫败了外国侵略势力对我国的孤立、封锁、干涉，并同许多国家发展了友好关系。这一切，彻底改变了旧中国积贫积弱、战乱不已、生灵涂炭的局面，并为中国以后的发展奠定了根本政治前提和制度基础。

在探索社会主义建设道路的过程中，由于我们对"什么是社会主义、怎样建设社会主义"这一问题的认识还不深刻，因而有过重大失误，付出过沉重代价。党的十一届三中全会以后，又是中国共产党领导中国人民，通过吸取和借鉴本国历史经验教训和其他国家社会主义兴衰成败的经验教训，审时度势，改革开放，找到了实现中华民族伟大复兴的正确道路，即中国特色社会主义道路。以邓小平为核心的党的第二代中央领导集体，从我国实际出发，坚持解放思想、实事求是，作出把党和国家工作重心转移到经济建设上来、实行改革开放的历史性决策，确立了党在社会主义初级阶段的基本路

---

① 《毛泽东选集》第4卷，人民出版社1991年版，第1438页。

线，吹响了走自己的路、建设中国特色社会主义的时代号角，开启了改革开放历史新时期。此后，以江泽民为核心的党的第三代中央领导集体和以胡锦涛为总书记的党中央在带领全国人民不断推进中国特色社会主义伟大事业的过程中，进一步深化了对中国特色社会主义道路的认识。"中国特色社会主义道路，就是在中国共产党领导下，立足基本国情，以经济建设为中心，坚持四项基本原则，坚持改革开放，解放和发展社会生产力，建设社会主义市场经济、社会主义民主政治、社会主义先进文化、社会主义和谐社会、社会主义生态文明，促进人的全面发展，逐步实现全体人民共同富裕，建设富强民主文明和谐的社会主义现代化国家。"① 这条道路之所以能够引领中国发展进步，关键在于它既坚持科学社会主义的基本原则，又根据我国实际和时代特征赋予其鲜明的中国特色。

改革开放 30 多年来，中国特色社会主义道路在实践中显示出强大生命力和巨大优越性，极大地推进了中华民族的复兴。我们坚持以经济建设为中心，年均经济增长率是世界同期年均经济增长率的 3 倍多，经济总量已跃居世界第二，社会生产力、经济实力、科技实力得到极大提高，综合国力、国际竞争力、国际影响力迈上一个大台阶，人民生活总体上达到小康水平。事实证明，中国特色社会主义是当代中国发展进步的根本方向，只有中国特色社会主义才能发展中国。中国特色社会主义道路是引领中国发展进步的唯一正确道路，只有这条道路而不是别的什么道路能够指引中华民族实现伟大复兴。

在当代中国，只有中国共产党才有能力带领人民实现民族复兴的历史重任。只要我们党坚定不移地坚持和发展中国特色社会主义，就一定能承担起历史赋予的神圣责任，实现中华民族的伟大复兴。"经过 90 多年艰苦奋斗，我们党团结带领全国各族人民，把贫穷落后的旧中国变成日益走向繁荣富强的新中国，中华民族伟大复兴展现出光明前景。"② 今天，13 亿多中国人民大踏步赶上时代潮流，走上了奔向富裕安康的广阔道路。曾为人类文明进步做出重大贡献的中华民族以前所未有的雄姿巍然屹立在世界东方，正在迎来伟大复兴的光明前景。

---

① 《坚定不移沿着中国特色社会主义道路前进　为全面建成小康社会而奋斗》，《人民日报》2012 年 11 月 18 日第 1 版。

② 同上。

第六章

"五位一体"的中国特色社会主义总布局

中国特色社会主义是一项前无古人的伟大事业。在推进这一伟大事业的进程中，我们党不断探索和实践它所包含的各方面目标任务，不断完善中国特色社会主义的总布局。党的十八大报告指出，建设中国特色社会主义的总布局是"五位一体"，即经济建设、政治建设、文化建设、社会建设和生态文明建设。

"五位一体"的中国特色社会主义总布局是一个相互联系、相互促进的有机整体。经济建设是物质基础，它不仅影响着人们的政治关系、政治意识、政治行为和整个社会的政治制度等，也制约着社会的教育、科学、文化发展水平以及人们的思想道德水平；政治建设是建设中国特色社会主义的重要内容，是实现现代化目标的重要保证；文化建设为经济建设、政治建设、社会建设和生态文明建设提供思想保证、精神动力、文化环境和智力支持；社会建设与广大人民群众的切身利益紧密相连，是重要的社会条件；生态文明建设是环境基础，是贯穿"我国经济、政治、文化、社会建设的各个方面和全过程，坚持节约资源和保护环境的基本国策"①。

一 中国特色社会主义经济建设

中国特色社会主义经济建设，就是立足中国实际，在社会主义条件下发展市场经济，不断推进生产力的解放和发展，保证国民经济能够又好又快发展，使人民共享经济繁荣成果，为坚持和发展中国特色社会主义、实现中华民族伟大复兴奠定坚实的物质基础。

---

① 参见《人民日报》2012 年 7 月 24 日。

（一）经济体制改革任重而道远

社会主义制度建立后，采取何种经济体制建设社会主义，这是我们党执政后面临的一个紧迫而又重大的现实问题。经历了三年国民经济的恢复发展和第一个五年计划的成功实施，我国完成了对生产资料私有制的社会主义改造，高度集中的计划经济体制随之建立。1978 年拉开帷幕的经济体制改革，正确把握了我国处于社会主义初级阶段的基本国情，充分认识了原有体制的弊端，从完善社会主义经济制度出发，抓住旧的经济体制中的症结，从根本上改变了原有体制中不适应生产力发展要求的环节和部分，由一个高度集中的计划经济体制逐步过渡到社会主义市场经济体制，建立起一个充满活力、生机勃勃的新型社会主义市场经济体制。

我国的经济体制改革，在本质上是社会主义制度的自我完善和发展。我国的经济体制改革是在坚持社会主义根本制度的前提下，对生产关系和上层建筑中不适应生产力发展要求的方面和环节加以改革，对不适应生产力发展要求的各项具体制度实行变革。改革的目的是破除束缚生产力发展的体制障碍；党的十四大确立的经济体制改革的目标，是要建立与社会主义基本制度相结合、充满生机活力的社会主义市场经济体制，以进一步促进生产力的解放和发展。经过 30 多年经济体制改革的探索，我国破除了原有计划经济体制，逐步建立起符合国情的社会主义市场经济体制。

第一，以公有制为主体、多种所有制经济共同发展的中国特色的社会主义基本经济制度得以确立，生产资料所有制结构不断完善，澄清了人们对社会主义的认识误区。

第二，社会主义市场经济管理体制逐步形成，作为经济体制改革中心环节的国有企业改革取得重大突破，解决了社会主义经济管理体制和管理方法的问题。

第三，社会主义市场经济体制和经济运行机制基本确立，原有僵化的计划经济体制被打破，统一开放、竞争有序的现代市场体系初步形成，初步解决了社会主义市场经济运行的方式和运行方法问题。

第四，打破封闭半封闭状态，扩大对外开放，解决了经济发展的内外关系问题，使我国在独立自主发展经济的基础上，加强了与世界各国的经济往来与密切合作，参与到世界经济大循环之中。

第五，社会保障体系建设不断完善，城乡养老、医疗和最低生活保障制度建设取得突破性进展，覆盖城乡居民的社会保障体系的框架基本形成。

第六，经济体制的根本性变革，极大地解放和发展了社会生产力，实现了人民生活从温饱不足到总体小康的历史性跨越，人民的物质文化生活水平大幅度提高。从1978年到2010年，我国GDP从3645亿元增长到397983亿元，成为世界第二大经济实体。我国城镇居民人均可支配收入，从1978年的343元提高到2010年的19109元，农村居民人均收入由134元提高到5919元，农村贫困人口从2.5亿减少到2688万（按2010年农村贫困标准1274元测算）。[①]

以"市场取向"为特征、以建立社会主义市场经济体制为目标的经济体制改革，通过调整生产资料所有制结构，改革经济运行方式和管理方法，改善外部条件等，建立起符合中国国情和时代发展要求、充满生机活力的中国特色社会主义市场经济体制，极大地推动了我国经济的发展。社会主义初级阶段的基本经济制度得以不断巩固，社会主义初级阶段分配制度不断完善。但是，我国生产力发展仍然面临着许多问题和体制性障碍，社会主义市场经济体制还有待于进一步完善，经济体制改革任重道远。

一是我国长期以来形成的经济结构间的矛盾和粗放型经济发展方式问题依然比较突出。表现为投资、出口与消费的关系不协调，投资率持续偏高，经济增长过度依赖投资；产业结构调整不到位，工业比重偏高，服务业比重偏低；经济发展的资源环境代价过大；自主创新动力不足、能力不强，经济增长的内生力欠缺；经济发展所需要的外部环境更加严峻。

二是宏观调控体系不够健全。在社会主义市场经济体制初步建立和逐步完善过程中，市场经济自身固有的内在缺陷和矛盾随着经济发展逐渐暴露，表现为失业增加、贫富差距拉大、市场波动、能源资源供需失衡、市场法制约束力不强等。

三是市场机制对资源配置的基础性作用尚未得到充分发挥。表现为城乡体制分割，产权制度不健全；国有经济布局有待于进一步调整，国企改革建立现代企业制度的任务尚未完成，垄断部门的改革滞后；资本市场发育不良，资本要素体系发展滞后；农业基础依然薄弱，农业稳定发展和农民持续增收难度加大，城乡、区域发展差距扩大。

四是市场秩序不够规范。表现为信用缺失现象比较严重，个人信用、企业信用以及商业信用等尚未建立；市场监管和执法还不到位；食品药品安全事件和安全生产重大事故频繁发生，严重危及人民群众的生命财产安全。

---

① 《2010年国民经济和社会发展统计公报》，2011年2月28日。

要解决上述问题，必须从实际出发，进一步深化经济体制改革，大力推进体制机制创新。特别是在改革的关键环节和重点领域实现创新和突破，更大程度地发挥市场在资源配置中的基础性作用，完善社会主义市场经济体制，才能为我国经济社会的发展提供强大动力和体制保障。

（二）"两手"结合完善社会主义市场经济体制

中国特色社会主义经济建设，最重要的特色就在于坚持社会主义基本制度与市场经济的有机结合，这是我国经济建设的伟大创举和鲜明特色所在。党的十八大报告指出：我国"经济体制改革的核心问题是处理好政府和市场的关系"[①]。市场经济体制核心的问题就是政府和市场的关系。如何处理政府和市场的关系，是我国完善社会主义市场经济体制面临的一项重大课题。

把社会主义的制度特征同市场经济的一般特征结合起来，是我国社会主义市场经济的鲜明特色。发展社会主义市场经济，是我国经济体制改革的战略性选择和伟大创新。它既可以充分发挥社会主义制度的优越性，又可以充分利用市场机制的灵活性，更好地繁荣经济促进生产力的发展。改革开放以来，我国经济建设取得的巨大成就证明，社会主义市场经济是适合我国经济体制的。但市场经济不可避免地有其自身的弱点和消极方面，面对当前出现的政府职能转变、所有制结构调整、收入差距扩大等一系列新情况新问题，我们应当坚持社会主义市场经济的改革方向，加强国家对经济的宏观调控，逐步完善社会主义市场经济体制。

处理好政府和市场的关系，是当前我国深入进行经济体制改革的必然要求。要处理好政府和市场的关系，关键在于推进以行政体制改革为主线的政府转型。政府转型需要在理念上实现四大转变——从经济增长向经济发展理念的转变；从国富优先向民富优先的转变；从做大蛋糕向分好蛋糕的转变；国有资本从盈利型向公益型的转变。我国正处在由投资主导向消费主导的历史转折期，实现由投资主导向消费主导的经济转型，客观上要求必须加快政府职能转变。我国要实现可持续发展，必须在扩大内需上下功夫。能否理顺政府与市场关系，使政府的经济职能转向提供良好的经济性公共服务、创造良好的市场环境上来，有效地发挥市场在资源配置中的基础性作用，对消费主导的经济转型具有决定性意义。

---

① 《十八大报告辅导读本》，人民出版社2012年版，第21页。

政府和市场有机结合、相辅相成，是推进国民经济持续健康发展的根本保障。处理好政府和市场的关系应把握好以下几个原则。

第一，坚持一切从实际出发，与时俱进，求真务实，这是处理好政府和市场关系的重要指导思想。政府和市场关系，要与生产力发展水平相适应。

第二，着力培育市场主体、市场体系、行业组织和社会机构，提高社会自我发展、自我约束能力。政府不能包揽过多。

第三，在全国统一的大市场体系内促进商品自由流动，这是经济持续稳定发展的前提条件。在维护统一市场的同时，应赋予各级地方政府适当的管理权限。应进一步破除地区市场壁垒，鼓励各地优势互补，互相促进，共同发展。

第四，要树立全球战略眼光，在发展开放型经济中寻求全球资源的优化配置。要优化进出口结构，更好地利用国内和国外两个市场，合理利用国内和国外两种资源。处理好政府和市场的关系，一方面，必须尊重市场规律，更好地发挥政府的主导作用。只有合理定位并履行好政府职能，才能维护宏观经济的稳定发展。另一方面，又要充分发挥市场调节的作用，才能使经济发展充满生机与活力。

处理好政府和市场的关系，做到"两手"有机结合，优势互补，对完善社会主义市场经济体制具有极其重要的意义和深远的历史影响。

第一，完善社会主义市场经济体制，关键是寻求政府行为和市场功能的最佳结合点，做到"两手"有机结合。政府和市场是现代市场经济体系既相互关联又不可替代的两个重要组成部分，要使政府行为在调节经济、弥补市场功能失灵的同时，避免和克服自身的缺位、越位以及错位。这是我国社会主义市场经济体制建立和完善过程中，必须解决好的重大理论和实践课题。

第二，完善社会主义市场经济体制，既要高度重视政府的作用，也要高度重视市场的作用。要正确认识市场经济条件下政府和市场作用各自的优点与局限性。政府宏观调控和管理的主要任务，是促进重大结构优化，保持经济总量平衡，抑制通货膨胀，维护社会公平正义，为转变经济发展方式、保持经济持续健康发展创造良好环境和条件。同时，积极完善和规范市场准入制度，建立统一规范、竞争有序的现代市场体系，维护市场秩序，保障市场在资源配置中发挥基础性作用。但是，如果政府管理和调控的范围、力度超过了弥补"市场失灵"、维持市场机制正常运行的合理需要，或者干预的方向、形式选择失当，其结果非但不能纠正"市场失灵"，反而会抑制市场机制的正常运作。

第三，要深入贯彻落实党的十八大精神，要以正确处理政府和市场关系问题为核心，进一步深化经济体制改革。目前，我国经济体制既存在政府干预过度问题，也存在"市场失灵"问题。要通过深化改革，正确发挥政府的宏观引导作用，尤其要在一些重要领域和关键环节实现改革的新突破，要不断完善社会主义基本经济制度，健全现代市场体系，加强宏观调控目标和政策手段机制化建设，深化金融体制和财税体制改革，完善金融监管，使市场这只"看不见的手"和政府这只"看得见的手"能够扬长避短，相得益彰，有机结合，促进社会主义市场经济体制不断完善。

（三）转变发展方式与中国特色新"四化"

经济发展是中国特色社会主义不断巩固和前进的基础。胡锦涛同志在党的十八大报告中明确指出，"以科学发展为主题，以加快转变经济发展方式为主线，是关系我国发展全局的战略抉择"[1]。实现未来经济发展目标，关键要在加快转变经济发展方式、完善社会主义市场经济体制方面取得重大进展。

1. 深化改革是转变发展方式的关键

转变经济发展方式，除了涵盖转变经济增长方式的全部内容外，还包括发展理念的变革、路径的创新、模式的转型，是一种综合性、系统性、战略性转变。

转变经济发展方式是从当前我国经济发展的实际出发提出的重大战略，是适应实现全面建设小康社会奋斗目标新要求、满足人民群众过上更好生活新期待的必然要求。著名投资家、索罗斯基金管理公司创始人乔治·索罗斯在参加 2013 年博鳌亚洲论坛年会前，接受新华社记者专访时表示，中国在过去几年为世界经济做出了很大贡献，目前中国经济发展面临的最大挑战是转变经济发展模式[2]。

经济结构不合理是我国经济发展方式问题的主要症结之所在。调整经济结构，是我国转变经济发展方式的战略重点，是提升国民经济素质、在激烈的国际经济竞争中赢得主动权的根本途径。调整经济结构，关键在于实现"三个转变"。

---

[1] 《十八大报告辅导读本》，人民出版社 2012 年版，第 20 页。
[2] 2013 年 4 月 7 日，新华网。

第一，实现经济增长由主要依靠投资、出口拉动向依靠消费、投资、出口协调拉动转变。扩消费、增投资、惠民生是转变经济发展方式、调整经济结构的首要任务。完成这一转变，不仅关系到社会总需求结构的变化，还涉及经济政策的调整。要把扩大居民消费放在突出位置，调整收入分配结构，提高居民收入在国民收入分配中的比重，同时加快推进城镇化进程，对于提高投资需求和增加消费需求具有直接的促进作用。

第二，实现经济增长由主要依靠第二产业带动向依靠第一、第二、第三产业协同带动转变。实现这一转变是基于我国产业之间比例不合理的现状提出来的，我国工业大而不强、农业基础薄弱、第三产业发展滞后，尤其是技术、金融、咨询、物流等为生产服务的新兴服务业落后。产业结构调整是发展方式转变的重要内容，产业结构的合理化，有利于缓解就业压力，从整体上提高经济效益，推进经济全面协调平稳较快发展。

第三，实现促进经济增长由主要依靠增加物质资源消耗向主要依靠科技进步、劳动者素质提高、管理创新转变。实现这一转变，关键是提高自主创新能力、劳动者素质和管理创新能力，走中国特色自主创新之路。

深化改革是加快转变经济发展方式的关键。胡锦涛强调，转变经济发展方式，关键是要在"加快"上下功夫、见实效。加快经济发展方式转变，既是一场攻坚战，也是一场持久战，必须通过坚定不移深化改革来推动。要处理好转变与发展的关系，在发展中促转变，在转变中谋发展，要把经济结构的战略性调整作为主攻方向，把科技进步和创新作为重要支撑，把保障和改善民生作为根本出发点和落脚点。把建设资源节约型社会、环境友好型社会作为重要着力点，把改革开放作为强大动力，使经济增长真正建立在结构优化、质量提高、效益改善的基础之上。

加快转变经济发展方式，推进产业结构优化升级，这是关系我国国民经济全局的紧迫而重大的战略任务。实现经济发展方式的转变，根本保证是深入贯彻落实科学发展观，要坚持社会主义市场经济的改革方向，提高改革决策的科学性、增强改革措施的协调性，深化经济体制、政治体制、文化体制、社会体制以及其他各方面体制改革，努力在重要领域和关键环节实现改革的新突破，着力构建充满活力、富有效率、更加开放、有利于科学发展的体制机制，形成有利于加快经济发展方式转变的体制机制，努力促进经济社会又好又快发展。

2. 中国特色新"四化"

党的十八大提出，"坚持走中国特色新型工业化、信息化、城镇化、农业现代化道路，推动信息化和工业化深度融合，工业化和城镇化良性互动、城镇化和农业现代化相互协调，促进工业化、信息化、城镇化、农业现代化同步发展"①。

新"四化"是我国实现社会主义现代化的基本途径。新"四化"的要义是：在工业化中，注重在资源优化配置的基础上形成竞争优势，注重质量效益，注重资源节约、环境友好；在信息化中，注重与工业化相互推动，为结构调整和产业升级提供动力；在城镇化中，注重以人为本，增加发展机会，提高生活质量；在农业现代化中，注重农业生产经营方式和农民生活方式的现代化。所以，提出新"四化"，要解决的是经济社会发展中的深层次矛盾和问题。同步推进新"四化"建设，是当前我国在经济社会发展上的战略部署与核心要求，反映了我们党建设社会主义现代化强国、实现中华民族伟大复兴的不懈追求。

总之，在科学发展观的指导下实现新"四化"同步发展，要着眼于"四化"之间的相互支撑、相互促进，实现信息化和工业化深度融合，推动工业转型升级；实现城镇化与工业化良性互动、城镇化和农业现代化相互协调，使进城务工的农民能够安居乐业；实现农业现代化与工业化平衡发展。

二　中国特色社会主义政治建设

建设社会主义政治文明，发展社会主义民主，是中国特色社会主义事业的重要组成部分。建党 90 多年来，中国共产党从中国国情出发，坚持把马克思主义的基本原理和中国政治文明建设的实践相结合，深刻总结社会主义民主政治建设的经验教训，积极借鉴人类政治文明的有益成果，不断探索、创新，走出了一条中国特色的社会主义政治发展道路。

（一）坚定不移地走中国特色的政治发展道路

中国特色社会主义政治发展道路，是中国特色社会主义政治建设实践的主要成果，是中国特色社会主义道路的重要组成部分。

中国特色社会主义政治发展道路，是中国共产党领导人民在长期实践中走出的一条符合我国国情、顺应时代潮流，能够实现党的领导、人民当家作主、依法治国有机统一，坚持和完善人民代表大会制度、中国共产党领导的

---

① 《十八大报告辅导读本》，人民出版社 2012 年版，第 20 页。

多党合作和政治协商制度、民族区域自治制度以及基层群众自治制度，不断推进社会主义政治制度自我完善和发展，能够为国家富强、民族振兴、人民幸福、社会和谐提供根本政治保障的政治发展道路。

1. 高扬人民民主的旗帜

实现和发展人民民主是中国特色社会主义政治发展的根本目标。党的十八大报告提出，"人民民主是我们党始终高扬的光辉旗帜"①。发展社会主义民主政治的关键，就是不断扩大人民民主，保障人民权益，最大限度地发挥人民的积极性、主动性、创造性。

没有民主，就没有社会主义。这是我们党90多年来的历史经验总结和科学论断。党领导人民进行革命、建设和改革的目的是要实现大多数人的民主。改革开放以来，我们党总结发展社会主义民主正反两方面经验，强调人民民主是社会主义的生命，坚持国家一切权力属于人民，不断推进政治体制改革，使社会主义民主政治建设取得重大进展，成功开辟和坚持了中国特色社会主义政治发展道路，为实现最广泛的人民民主确立了正确方向。

第一，人民民主是最广泛的民主。人民当家作主是我国社会主义民主的本质。我国的民主是社会主义民主，是人民民主，是全体人民共同享有的民主，是历史上最具有广泛性的民主，是最高类型的民主。

第二，人民民主是民主和专政相统一的民主。人民民主专政，一方面要求在人民内部实行最广泛的民主，尊重和保障人权，保证国家权力掌握在人民手中，为人民服务；另一方面要求对破坏社会主义制度、危害国家安全和公共安全、侵犯公民人身权利和民主权利、贪污贿赂和渎职等各种犯罪行为，依法使用专政手段予以制裁，以保障最广大人民的根本利益，保证人民民主的有效实现。

第三，人民民主是以民主集中制为根本组织原则和活动方式的民主。实行民主集中制，要求充分发扬民主，集体议事，使人民的意愿和要求能充分表达和反映，在此基础上集中正确意见、进行集体决策，使人民的意愿和要求得以落实和满足。

第四，人民民主是全面民主。人民民主不仅要求实现政治上的民主权利，而且要求实现人民在经济、文化和社会生活方面的民主权利。在中国共产党领导下，中国政治生活、经济管理和社会生活中的民主化逐步得到落实，人民依法享有各种政治权利和基本自由，人民对国家事务的民主参与、

---

① 《十八大报告辅导读本》，人民出版社2012年版，第26页。

民主决策、民主管理和民主监督更加广泛，人民享有的各项社会权利得到越来越有效的保障，从而使人民民主权利逐步落实到经济、政治、文化和社会生活等各个领域。

人民民主与社会主义现代化也是密不可分的。政治的民主化本身就是社会主义现代化的重要内容，人民民主是社会主义现代化的一个重要目标。邓小平强调："要继续发展社会主义民主，健全社会主义法制。这是三中全会以来中央坚定不移的基本方针。"① 人民民主也是实现社会主义现代化建设的基础和重要条件。只有发扬社会主义民主，才能切实调动并充分发挥人民群众建设社会主义现代化强国的主动性、积极性和创造性。正是在这个意义上，邓小平说："为了实现四个现代化，必须发扬社会主义民主。"②

2. 坚持党的领导、人民当家作主和依法治国的有机统一

党的十八大报告强调指出：坚持走中国特色社会主义政治发展道路和推进政治体制改革，"必须坚持党的领导、人民当家作主、依法治国有机统一，以保证人民当家作主为根本，以增强党和国家活力、调动人民积极性为目标，扩大社会主义民主，加快建设社会主义法治国家，发展社会主义政治文明"③。

中国特色社会主义政治发展道路规定了政治发展遵循"三位一体"的目标指向，从领导力量、民主主体和法治路径等方面体现出社会主义民主政治本质的先进性。党的领导是人民当家作主和依法治国的根本保证，人民当家作主是社会主义民主政治的本质要求，依法治国是党领导人民治理国家的基本方略。坚持中国特色社会主义政治发展道路，关键是要把这三者有机地统一起来。

首先，中国共产党的领导是实现社会主义民主的根本保证。中国共产党成为中国革命和建设的领导核心，是中国人民在长期实践中作出的正确选择。历史和现实反复证明，没有中国共产党的领导，就没有中国的社会主义。邓小平指出："搞社会主义现代化建设，必须保证党的领导。我们之所以能经得起风浪，党的领导是最根本的一条保证。"④ 江泽民强调："建设有中国特色的社会主义，关键是加强和改善共产党的领导。"⑤ 在中国这样一

---

① 《邓小平文选》第 2 卷，人民出版社 1994 年版，第 359 页。
② 同上书，第 187 页。
③ 《十八大报告辅导读本》，人民出版社 2012 年版，第 25—26 页。
④ 《邓小平年谱》上，中央文献出版社 2004 年版，第 588 页。
⑤ 《十三大以来重要文献选编》下，人民出版社 1993 年版，第 1651 页。

个人口众多、经济文化比较落后且发展很不平衡的大国，人民利益具有广泛性和多样性，实现人民利益具有空前的复杂性、艰巨性，这就要求有一个能够代表广大人民利益、集中反映和有效体现人民意愿的政治领导核心。中国是一个统一的多民族共同发展的大国，要把 13 亿多人民群众的力量紧紧地团结、牢牢地凝聚起来，朝着实现社会主义现代化的宏伟目标迈进，必须有党的坚强领导。否则，"必然会陷于混乱的深渊。这是总结近代以来中国发展的历程得出的结论，也是分析许多国家发展的经验教训得出的结论"①。所以，中国特色社会主义政治建设必须坚持党的领导。只有坚持党的领导，才能坚持中国民主发展的社会主义方向，使民主与集中相统一、民主与科学相统一，使社会发展既满足人民的愿望和要求，又合乎客观规律，人民当家作主和依法治国才能有可靠的保证。始终坚持党的领导，始终坚持人民代表大会制度，始终坚持发展社会主义民主与法制，始终坚持依法治国方略，体现了社会主义国家政权的性质和人民民主的性质，是坚持中国特色社会主义政治发展道路的根本要求。

其次，人民当家作主是社会主义民主政治的本质和核心。在社会主义条件下实现人民当家作主，是人类政治文明史上的一次质的飞跃。人民当家作主保证了国家各项事业发展符合人民的利益和意愿，体现了中国特色社会主义政治文明建设的社会本质，也体现了中国特色社会主义制度的根本特质和内在属性。建立在以生产资料公有制为主体的经济基础之上的社会主义，是以工人阶级为领导的、以工农联盟为基础的、人民民主专政的新型的国家制度和国家形态，人民当家作主是社会主义国家性质和方向的集中体现和鲜明特征。离开人民当家作主，不受人民监督，党的领导和依法治国就会脱离正确发展方向，就会变质。中国共产党只有领导人民创造各种有效的当家作主的民主形式，坚持依法治国，才能充分实现人民当家作主的权利，才能巩固党的执政地位。

中国特色社会主义政治建设的最根本的内容是人民当家作主。人民当家作主是中国特色社会主义民主政治建设的出发点和归宿，也是推动中国特色社会主义政治建设不断发展的根本动力。

再次，依法治国是社会主义民主的有效途径和可靠保障。社会主义民主离不开社会主义法治。党的十五大以邓小平理论为指导，在认真总结多年来民主法制建设经验的基础上，明确提出了依法治国、建设社会主义法治国家

---

① 《十三大以来重要文献选编》下，人民出版社 1993 年版，第 1651 页。

的任务，把依法治国确立为党领导人民治理国家的基本方略。

依法治国，"就是广大人民群众在党的领导下，依照宪法和法律规定，通过各种途径和形式管理国家事务，管理经济文化事业，管理社会事务，保证国家各项工作都依法进行，逐步实现社会主义民主的制度化、法律化"①。党的十八大再次强调："法治是治国理政的基本方式。要推进科学立法、严格执法、公正司法、全民守法，坚持法律面前人人平等，保证有法必依、执法必严、违法必究。"② 因此，实行和坚持依法治国，是建设中国特色社会主义民主政治的重要任务，是党领导人民治理国家的制度保证和基本方略。依法治国是现代国家的基本治理形式，也是现代政治文明的主要内容。人民当家作主的民主权利如果不上升为制度和法律，并使这种制度和法律具有稳定性、持续性和权威性，人民的民主权利就没有保障。只有实现依法治国，严格按照宪法和法律规范国家权力的运行，才能保证全体人民更好地行使国家权力和真正地享有广泛的公民权利，实现建设中国特色社会主义民主政治的目标。

最后，坚持党的领导、人民当家作主和依法治国的有机统一。党的领导是人民当家作主和依法治国的根本保证，人民当家作主是社会主义民主政治的本质要求，依法治国是党领导人民治理国家的基本方略。共产党执政就是领导和支持人民当家作主，最广泛地动员和组织人民群众依法管理国家和社会事务，管理经济文化事业，维护和实现人民群众的根本利益。党的领导、人民当家作主和依法治国是有机联系、相辅相成的，三者统一于建设中国特色社会主义民主政治的伟大实践之中。

3. 发展社会主义民主

发展社会主义民主，必须从我国国情出发，充分考虑我国的基本社会历史背景、经济发展状况、文化发展水平等重要因素，在发展中国特色社会主义的总进程中不断推进民主化进程。

一是健全民主制度。加强民主制度建设是发展社会主义民主的重要路径。要推进社会主义民主政治制度化、规范化、程序化，进一步发挥社会主义政治制度的优越性，为党和国家兴旺发达、长治久安提供政治和法律保障。二是丰富民主形式。要探索多种实现人民民主的形式和扩大公民有序参与政治的方式，从各个层次、各个领域扩大公民有序政治参与，保证人民依

---

① 《江泽民文选》第 2 卷，人民出版社 2006 年版，第 28—29 页。
② 《十八大报告辅导读本》，人民出版社 2012 年版，第 28 页。

法实行民主选举、民主决策、民主管理、民主监督。三是拓宽民主渠道。通过民主选举、信息公开、听证制度、协商对话、舆论监督等途径保障人民的民主权利，使广大人民依照法律和宪法规定，积极参与管理国家事务。四是保障人民的知情权、参与权、表达权和监督权。尊重人民的基本权利，保障人民的民主权利，是人民民主在社会政治生活中的具体体现，是确保人民赋予政府的权力始终用来为人民谋利益的前提。五是以党内民主带动人民民主。党内民主是增强党的创新活力、巩固党内团结统一的重要保证。党内民主不仅关系到党的领导水平与执政能力，而且关系到人民民主的实践和发展。要通过加强党内民主制度建设，使党内民主意识普遍提高、党内民主制度不断健全、党内民主活力充分发挥，进而推动和发展人民民主。

4. 完善社会主义法治

完善社会主义法治，对于推动经济持续快速健康发展和社会全面进步，保障国家的长治久安，具有十分重要的意义。坚持依法治国，完善社会主义法治，就是使国家各项工作逐步走上法制化的轨道，实现国家政治生活、经济生活和社会生活的法制化和规范化，逐步实现社会主义民主的制度化和法律化。

完善社会主义法治，必须加强社会主义法制建设。社会主义法制是维护国家统一、民族团结、社会稳定和建立统一的现代化市场体系的基础。加强社会主义法制建设，必须维护宪法作为国家根本大法的权威地位，建立和完善中国特色社会主义法律体系，加强重点领域立法，拓展人民有序参与立法途径。既要加强立法工作，不断健全和完善法制，又要加强普法教育，弘扬社会主义法治理念，不断提高人们遵纪守法、依法办事的素养和自觉性。第一，加强立法。坚持科学立法、民主立法，完善中国特色社会主义法律体系，做到有法可依，这是依法治国的根本前提。第二，依法行事。依法执政、依法行政、依法办事、公正司法，是依法治国的关键。第三，加强普法教育。提高全社会的公民意识，弘扬法治精神，这是依法治国的基础性工程。要充分加强公民意识和法治精神的培育，切实提高全社会的公民意识和法治观念，全面推进依法治国、建设社会主义法治国家的历史进程。

（二）发展中国特色社会主义协商民主

坚持和完善中国特色社会主义政治制度与协商民主，是走中国特色社会主义政治发展道路，发展社会主义民主政治的基本途径。

党的十八大报告首次提出"社会主义协商民主是我国人民民主的重要

形式"，要求"健全社会主义协商民主制度"①，并将其作为坚持走中国特色社会主义政治发展道路和推进政治体制改革的重要组成部分。社会主义协商民主是人民民主的重要形式，其实质是实现和推进公民有序的政治参与。把协商民主正式写进党代会报告，是十八大的重要历史贡献，具有里程碑意义，彰显了我们党顺应民心、坚定不移地发展社会主义民主政治的决心和信心；集中体现了中国共产党对社会主义民主政治的实践创新、理论创新和制度创新；集中体现了中国共产党人在中国民主制度选择上的道路自信、理论自信和制度自信；集中体现了我们党对中国特色社会主义民主的深刻认识和把握。

1. 协商民主的政治优势

民主作为一种国家制度和上层建筑，总是受该国的政治经济状况和历史文化传统等因素的共同作用，反映各自的社会价值取向和政治发展道路，表现出不同的实现形式。西方国家普遍采取选举民主的形式，体现在总统选举、议会选举和表决等社会政治生活的各个方面。选举民主是世界政治文明发展的一大进步，也是现代民主政治的一个重要标志，但西方的选举民主往往不能最广泛地代表普通民众的利益，而是成为少数有钱人的政治游戏以及少数利益集团维护其利益的工具。我国是人民当家作主的社会主义国家，中国共产党在领导中国人民进行革命、建设和改革的长期实践中，吸收和借鉴人类民主政治发展有益成果，形成了具有中国特色的社会主义民主形式，主要有两种：一种是人民通过选举、投票行使权利的选举民主；另一种是人民内部各方面在重大决策之前进行充分协商，尽可能就共同性问题取得一致意见的协商民主。特别是中国特色的协商民主的创立和实现，是我国社会主义民主政治的一大创造，为人类政治文明提供了一种新型的民主形式。

协商民主与选举民主相结合，是中国特色社会主义民主的特色和优势之所在。协商民主是中国共产党对马克思主义民主理论丰富和发展的结晶，是中国共产党对中国传统文化"和合"思想创造性继承的产物，是中国共产党从中国具体国情出发、确保人民当家作主的重要形式。协商民主深深植根于中国的土壤之中，符合社会主义民主政治的本质要求，反映了社会主义政治制度和政党制度的特点和优势，体现了全国各族人民的根本利益，显示出巨大的优越性和强大的生命力。

---

① 《十八大报告辅导读本》，人民出版社 2012 年版，第 27 页。

协商民主有利于实现最广泛的政治参与。协商民主充分体现了社会主义民主的广泛性，其主体涵盖了各党派、各民族、各团体、各阶层等社会各界、各方面人士，能够广开言路、广求良策、广谋善举，使社会各群体中的个别分散的意见、愿望和要求，通过协商渠道得到系统综合的反映，确保最广大人民群众的民主权利得到最大限度的实现。协商民主的内容十分广泛，从事关国计民生的重大问题，到影响群众具体利益的各项决策，协商民主有利于充分体现社会主义民主的真实性。协商民主无论是在内容还是在形式上，都是为了更好地实现人民当家作主。特别是中国共产党始终高度重视和充分发挥协商民主的作用，使得这一民主形式更加真实、有效。

2. 完善协商民主制度

随着改革开放的深入和社会主义市场经济的发展，社会生活多样、多元、多变的特征更加凸显，各种思想观念相互交织、相互影响、相互激荡，人们政治参与意识不断提高，表达自身利益诉求的愿望日益增强，更加需要我们坚持和完善协商民主制度，进一步扩大有序的政治参与，发展社会主义民主政治，建设社会主义政治文明，使我国社会更加和谐有序、充满活力。

第一，坚持和完善协商民主制度，要进一步加强中国共产党的领导。我国的民主是中国共产党领导的人民民主，无论是选举民主还是协商民主，都只有把坚持党的领导、人民当家作主和依法治国有机统一起来，才能始终保持正确的方向、鲜明的特色和蓬勃的生机。坚持和完善我国的协商民主制度，必须坚持中国共产党对政治原则、政治方向和重大方针政策的领导。同时，要尊重民主党派的法律地位和政治地位，充分发扬社会主义民主，善于通过广泛深入的协商和讨论，使党的主张和意愿成为各民主党派、无党派人士等社会各界的共识。要学习和借鉴人类政治文明的有益成果，始终坚定不移地走中国特色社会主义政治发展道路。

第二，坚持和完善协商民主制度，要保持宽松稳定、团结和谐的政治环境。协商民主最大的特点在于中国共产党和社会各方面的民主协商、平等议事、同谋共识。只有在民主、和谐、宽松、活跃的良好氛围中，协商民主才能充分发挥独特的优势和作用，真正成为反映民情、吸纳民意、集中民智的重要途径。坚持和完善我国的协商民主制度，必须大力发扬民主作风，营造宽松的环境，倡导务实的态度，使各党派团体和各族各界人士讲实话、说真话、道心里话，特别是敢于提出不同意见，真正做到知无不言、言无不尽，造成既有集中又有民主，既有纪律又有自由，既有统一意志又有个人心情舒畅、生动活泼的政治局面。

第三，坚持和完善协商民主制度，要充分发挥其他民主形式的作用。在我国，选举民主、协商民主和其他民主形式共同保障了人民民主。只有把各种民主形式有机结合起来，相辅相成，才能充分发挥我国社会主义民主的特点和优势。坚持和完善协商民主，必须进一步坚持和完善选举民主等其他民主形式，不断巩固和发展人民代表大会制度、民族区域自治制度等，使之统一于发展社会主义民主政治、建设社会主义政治文明的过程中，确保人民的意愿得到最充分的反映和表达，社会各方面的正当要求得到最大限度的落实和满足。

第四，坚持和完善我国的协商民主，要不断推进共产党领导的多党合作和政治协商的制度化、规范化和程序化建设。与选举民主本身往往有一套较为完善的制度规则和运作程序相比，协商民主相对缺乏"刚性"的规范和要求，"柔性"的特征比较明显。结合形势的发展不断建立和健全行之有效的相关制度和机制，努力使协商民主更加有制可依、有规可守、有序可循，从而更好地服务于发展人民民主，服务于实现和维护最广大人民的根本利益。

（三）积极稳妥推进政治体制改革

党的十八大报告指出："改革开放以来，我们总结发展社会主义民主正反两方面经验，强调人民民主是社会主义的生命，坚持国家一切权力属于人民，不断推进政治体制改革，社会主义民主政治建设取得重大进展。"①

政治体制改革是我国全面改革的重要组成部分。政治体制改革，是指在社会主义政治总格局和权力结构形式不变的前提下，对政治组织、政权组织的相互关系及其运行机制进行调整和完善。推进政治体制改革，既是适应经济体制改革的必要之举，也是革除政治体制自身弊端、发展社会主义民主政治的必然要求。改革开放 30 多年来我们的政治体制改革取得了重大进展：一是民主政治制度化水平大大提高。选举制度、政治协商、民主监督、参政议政等制度逐步发展和完善；基层民主制度逐步发展，党内监督、人民直接监督和人民代表大会监督以及舆论监督等制度和机制更加健全。二是社会主义法治更加完善。形成了中国特色社会主义法律体系，我们党自觉在宪法和法律范围内活动，支持人大、政府、政协、司法机关等依照法律和各自章程

---

① 《十八大报告辅导读本》，人民出版社 2012 年版，第 25 页。

独立负责、协调一致开展工作。三是行政管理体制和机构改革成效显著。政府职能转变迈出重要步伐，社会管理和公共服务得到加强，初步形成了中国特色的行政管理体制。四是干部人事制度改革成果丰硕。废除了领导干部职务终身制，建立了国家公务员制度，形成了比较完备的干部选拔任用和监督管理机制，确保了国家政权机关和领导人员的有序更替。

我国的政治体制改革实际上是社会主义制度的自我完善和发展。随着我国经济体制改革的深入展开，相对落后的政治制度已经难以适应新的经济形势，阻碍了市场机制的有效运行；同时社会积弊的威胁与公民意识的觉醒也迫切要求加快推进政治体制改革。深化和推进政治体制改革，有利于规范党和国家权力的运作，改革管理方式，提高政府治理能力和决策水平，发挥社会主义制度优越性；充分保障人民的民主权利，调动群众的积极性和创造性；有利于保持社会稳定、维护国家统一和民族团结，促进经济发展和社会全面进步。

我国政治体制改革的总体要求是：坚持正确的政治方向，以保证人民当家作主为根本，以增强党和国家活力、调动人民积极性为目标，扩大社会主义民主，建设社会主义法治国家，发展社会主义政治文明。我国政治体制改革的基本立场，是从中国国情出发，坚持党的领导，坚持社会主义制度。我国政治体制改革的根本目的是大力发扬人民民主，保证和实现人民当家作主的权利。其基本取向，就是通过深化政治体制改革，充分调动人民的积极性和创造性，使人民的基本权利得到更好的实现和发展；完善党和国家制度，增强党和国家的活力，建设规范化、制度化、程序化的社会主义民主政治，为实现中国社会的全面发展提供保障。

推进政治体制改革，必须坚持的原则：一是对党和国家的领导制度进行改革，必须坚持党总揽全局、协调各方的领导核心作用，提高党科学执政、民主执政、依法执政水平，保证党领导人民有效治理国家。二是积极稳妥推进政治体制改革，必须坚持国家的一切权力属于人民，从国情出发、循序渐进，不断创新、增强民族自信。三是改革成功的关键是国家、政局的稳定，实现广大人民生活水平的不断提高以及生产力的可持续发展。四是深化政治体制改革的关键，是进一步解放思想，破除在政治体制改革问题上的僵化思想束缚，积极、稳妥、有序地推进政治体制改革。五是政治体制改革是一个复杂的系统工程，必须有领导、分步骤、有秩序地进行，政治体制改革要与经济体制改革相适应，必须随着经济社会发展而不断深化。

三　中国特色社会主义文化强国建设

文化是中华民族的血脉，是人民的精神家园。文化建设是中国特色社会主义事业总布局的重要组成部分，与经济建设、政治建设、社会建设和生态文明建设相互联系、相互促进，其目的是更好地发挥文化引领风尚、教育人民、服务社会、推动发展的重要作用。

（一）文化强国的核心要义

建设社会主义文化强国，推进社会主义文化大发展大繁荣，关系到我国实现全面建成小康社会的奋斗目标，关系到实现中华民族伟大复兴的中国梦，关系到坚持和发展中国特色社会主义。中国共产党既是中华优秀文化的忠实传承者和弘扬者，又是中国先进文化的积极倡导者和发展者，始终高度重视文化建设的作用，不断推动社会主义文化的繁荣和发展。

我们党历来高度重视运用文化引领前进方向、凝聚奋斗力量，团结带领全国各族人民不断以思想文化新觉醒、理论创造新成果、文化建设新成就推动党和人民事业向前发展。我们党对文化强国的认识，是随着中国特色社会主义伟大实践的不断探索和创新而逐步深化的。改革开放以来，党的文化建设战略思想不断与时俱进，从社会主义精神文明到中国特色社会主义文化，再到社会主义先进文化，再到社会主义文化强国，无不体现了党对文化重要战略地位认识的不断深化。

文化强国有其丰富的内涵：就作用而言，文化对综合国力的提升越来越重要，文化可以强国；就主体而言，建设文化强国的主体是人民；就目的而言，旨在把我国建设成为文化强国；就途径而言，文化强国建设是一个不断深化的实践过程，需要从观念层面转向实践层面。党的十八大明确指出，社会主义文化强国，就是社会主义核心价值体系建设深入人心，公民道德素质全面提高，人民精神文化生活健康丰富，我国文化整体实力和竞争力增强。这一概念除了具有上述关于文化强国基本概念要义的特点之外，还对文化强国的社会主义属性和本质特性进行了清晰的界定，进一步明确了社会主义文化强国建设"该走什么路"、"朝着什么目标迈进"的问题。可见，要正确认识和把握社会主义文化强国的深刻内涵和核心要义，要充分把握社会主义文化强国自身特色，即把握住"社会主义"这一前提。

长久以来，我们党是从推进社会主义精神文明建设破题推动文化建设，并逐步深化对中国特色社会主义文化的认识，直至 2011 年 10 月党的十七届六中全会提出建设社会主义文化强国理念，首次确立建设社会主义文化强国的宏伟目标，充分体现了我们党对文化建设的高度自觉，成为建设社会主义文化强国的强大思想武器。2012 年 11 月，党的十八大从中国特色社会主义"五位一体"总布局的高度，提出"扎实推进社会主义文化强国建设"，推动社会主义文化大发展大繁荣。总之，我们党高度重视文化建设，在推进中国特色社会主义文化建设实践中，努力探索，从国情到世情，从时代主题到国际战略，从综合国力到总布局，不断开阔新视野、新境界，深化了对中国特色社会主义文化强国理念的认识。

（二）提升国家文化软实力

文化是一个国家经济社会发展的重要支撑。历史和经验证明，一个国家的繁荣昌盛不仅要靠经济等"硬实力"支撑，也要注重文化"软实力"的提升，只有同时兼顾"硬实力"与"软实力"，国家整体实力才能在相互促进中得到有效增强。当前，随着我国经济的飞速发展，文化发展显得滞后，无形中成为阻碍中国特色社会主义伟大事业全面发展的重要因素，扎实推进社会主义文化建设、提升国家文化软实力显得更加重要和紧迫。

1. 文化软实力是综合国力的重要组成部分

当今世界，综合国力竞争越来越表现为经济实力、国防实力和民族凝聚力的竞争，民族凝聚力和创造力的重要源泉就是文化。文化软实力的作用渗透到各个方面，成为综合国力的重要组成部分，成为国家核心竞争力的重要因素。国际竞争越来越表现为文化竞争，文化在综合国力竞争中的地位和作用更加凸显，比其他力量的影响更具有渗透性、持久性、广泛性。从一定意义上说，只有拥有强大的文化软实力，才能占据文化制高点，在激烈的国际竞争中赢得主动。

文化实力和竞争力是国家富强、民族振兴的重要标志。一个国家的文化软实力取决于国民的精神状态、意志品质和内心向心力、凝聚力、创造力。改革开放以来，随着中国文化的改革发展，全民族思想道德素质和科学文化素质显著提高，文化走出去的步伐加快，多层次、宽领域对外开放交流格局逐步形成，中华文化影响力不断扩大，国家文化软实力显著增强。但也要看到，我国是有着悠久历史和灿烂文明的文化大国，丰富的文化资源还没有转化为较强的文化软实力。中国文化国际影响力与经济、政治国际影响力还不相称，文化产品输出国角色与物质产品输出国地位还不匹配，维护国家文化安全的任务更加艰巨。在这样的形势下，必须切实提高国家文化软实力。

2. 提升国家文化软实力的根本途径

（1）加强社会主义核心价值体系建设

社会主义核心价值体系是我国社会主义制度的内在精神和生命之魂，是国家文化软实力的核心内容，是全党全国各族人民团结奋斗的共同思想基础，是实现科学发展、社会和谐的推动力量。它决定着社会主义的发展模式、制度体制和目标任务，在所有社会主义价值目标中处于统摄和支配地位。

社会主义核心价值体系是兴国之魂，是社会主义先进文化的精髓，建设社会主义核心价值体系是推动社会主义文化大发展大繁荣的根本任务。党的十八大指出，"要用社会主义核心价值体系引领社会思潮、凝聚社会共识"①。在新形势下建设社会主义核心价值体系，是凝聚中国力量实现中国梦的必然要求。社会主义核心价值体系建设，是中国特色社会主义文化建设的根本任务，必须贯穿于整个中国特色社会主义文化建设的全过程。

加强社会主义核心价值体系建设，必须注重党员干部队伍建设，着力打造思想过硬、作风端正的干部队伍。严格按照社会主义核心价值体系的基本要求，进行党的思想建设、组织建设、作风建设、制度建设和反腐倡廉建设，使党员干部坚定理想信念，增强宗旨意识，树立正确的世界观、人生观、价值观，成为社会主义核心价值体系的倡导者、实践者和推动者。加强社会主义核心价值体系建设，不仅要靠教育，更要靠政策和法律法规的支撑。要在多元中立主导，牢牢把握正确的思想舆论导向，提高引导能力，壮大主流思想舆论。必须以正确的舆论引导人，积极宣传党的主张，反映人民心声，通达社情民意，疏导公众情绪，努力营造顾全大局、珍视团结、维护稳定的良好氛围。把价值追求和利益调节统一起来，结合实际需要，逐步建立和完善有利于弘扬社会主义核心价值的评价机制、考核机制、激励机制与制约机制，形成完善的机制体系，为推进社会主义核心价值体系建设提供有力支撑。

（2）努力培育和践行社会主义核心价值观

胡锦涛在党的十八大报告中首次提出社会主义核心价值观，即"倡导富强、民主、文明、和谐，倡导自由、平等、公正、法治，倡导爱国、敬

---

① 《十八大报告辅导读本》，人民出版社 2012 年版，第 32 页。

业、诚信、友善，积极培育社会主义核心价值观"①。将社会主义核心价值体系精简为 24 个字，12 个观念，这是在已有的核心价值体系的基础上对社会主义核心价值观的最新凝炼与高度概括，体现了我们党关于社会主义核心价值体系的理论创新。

社会主义核心价值观，涵盖了国家、社会、个人三个层面。从国家层面看，富强、民主、文明、和谐是我国在社会主义初级阶段的奋斗目标，体现了社会主义核心价值观在发展目标上的规定，要坚持以经济建设为中心，努力实现国家富强这个核心的价值追求，在此基础上全面推进民主建设、促进社会和谐。从社会层面看，自由、平等、公正、法治体现了社会主义核心价值观在价值导向上的规定，反映了社会主义社会的基本属性。要尊重人民首创精神，努力实现公平正义，要健全对保障社会公平正义具有重大作用的制度机制，逐步建立以权利公平、机会公平、规则公平为主要内容的社会公平保障体系，努力营造公平法制的社会环境，保证人民平等参与、平等发展权利。从公民个人层面看，爱国、敬业、诚信、友善体现了社会主义核心价值观在道德准则上的规定，体现了社会主义价值追求和公民道德行为的本质属性。要正确处理国家、集体、个人三者利益关系，深入开展道德领域突出问题专项教育和治理，加强政务诚信、商务诚信、社会诚信和司法公信建设等。

（3）继承中华优秀传统文化，推进文化创新

优秀传统文化凝聚着中华民族自强不息的精神追求和历久弥新的精神财富，是发展中国特色社会主义文化的深厚基础，是建设中华民族共有精神家园的重要支撑。要建设优秀传统文化传承体系，加强对优秀传统文化思想价值的挖掘和阐发，加强文化遗产的保护，发挥国民教育在文化传承创新中的基础性作用和各类文化载体的重要作用，使优秀传统文化成为鼓舞人民前进的精神力量；把创新精神贯穿于文化创作生产全过程。要适应时代和实践发展要求，积极运用高新科技成果，大力推进文化内容形式、体制机制、方法手段的创新，大力发展新闻出版、广播影视、文学艺术等事业，推动文化事业全面繁荣、文化产业快速发展，努力创作更多思想性艺术性观赏性相统一、经得起历史和人民检验的优秀文化产品；要大力发展和繁荣哲学社会科学，巩固马克思主义理论学科，实施哲学社会科学创新工程，建设具有中国特色、中国气派、中国风格的哲学社会科学，使之更好地发挥认识世界、传

---

① 《十八大报告辅导读本》，人民出版社 2012 年版，第 32 页。

承文明、创新理论、咨政育人和服务社会的功能。

（4）实施中华文化"走出去"战略

创新文化"走出去"模式，推动中华文化走向世界，是提升国家文化软实力和国际竞争力的重要途径。要拓宽文化对外交流渠道和领域，广泛参与世界文明对话，积极吸收和借鉴国外优秀文化成果，在博采众长中赋予中华文化以强大的生机，增强中华文化在世界上的感召力和影响力，形成与我国国际地位相称的文化软实力，切实维护国家文化安全。

（三）"双轮驱动"推进文化大繁荣

文化事业和文化产业"双轮驱动"是当前我国深化文化体制改革、实施文化强国战略的新思路，是社会主义文化建设的重大理论和实践创新。党的十八大报告提出，建设社会主义文化强国，必须深化文化体制改革，解放和发展文化生产力，增强文化整体实力和竞争力，让一切文化创造源泉充分涌流，增强全民族文化创造活力。这充分体现了我们党高度的文化自觉、文化自信和对文化发展规律的科学把握，为中国特色社会主义文化建设指明了方向。可见，深化文化体制改革，是时代的呼唤、人民的期盼、历史的抉择。

文化引领时代风气之先，是最需要创新的领域。文化体制改革的过程就是不断创新的过程。文化体制的改革是一场艰巨的攻坚战，深化文化体制改革实质是通过体制机制创新，繁荣文化事业、发展文化产业，提高文化生产力和文化竞争力，满足人民群众对丰富的精神文化生活的需要。"要坚持把社会效益放在首位、社会效益和经济效益相统一，推动文化事业全面繁荣、文化产业快速发展。"① 在新的历史起点上，深化文化体制改革，关键是创新体制机制。深化文化体制改革，必须坚持科学发展这条主线，坚持改革创新，坚持社会效益优先，努力破解文化发展难题，着力转变文化发展方式，努力实现公益性文化事业和经营性文化产业"双轮驱动"、"两翼齐飞"，推动社会主义文化大发展大繁荣。

一是加快构建有利于文化繁荣发展的新体制机制。转变政府职能是文化管理体制改革的核心任务，要牢牢把握文化发展的社会主义方向，建立健全党委领导、政府管理、行业自律、社会监督、企事业单位依法运营的文化管理体制，是文化体制改革的首要目标。

二是加快构建覆盖城乡的公共文化服务体系，保障人民基本文化权益。

---

① 《十八大报告辅导读本》，人民出版社 2012 年版，第 33 页。

发展公益性文化事业是社会主义制度下保障人民基本文化权益的基本途径，是实现文化发展成果由人民共建共享的制度保障。要以保障和实现公民基本文化权益为出发点和落脚点，真正使文化发展成果为人民群众共享。

三是加快发展文化产业，提高文化产业整体实力和竞争力。发展经营性文化产业是社会主义市场经济条件下满足人民多样化精神文化需求的重要途径，是充分发挥市场在文化资源配置中的积极作用、激发全社会文化创造活力的必然要求。要坚持以市场为导向，充分发挥市场配置资源的积极作用，贯彻"创新体制、转换机制、面向市场、壮大活力"的要求，着力培养一批有实力、有竞争力的骨干文化企业，提高我国文化产业整体实力和竞争力，形成以公有制为主体、多种所有制共同发展的文化产业格局。

四是完善文化生产经营机制，推动文化产业成为国民经济支柱产业。建立充满活力、富有效率的文化微观运行机制，是文化体制改革的关键所在。坚持公益性文化事业和经营性文化产业两手抓、两加强，根据党的十八大关于文化改革发展新要求，必须坚持把社会效益放在首位，坚持社会效益和经济效益有机统一，进一步深化公益性文化单位内部制度改革，加快经营性文化单位转企改制，创新文化生产经营机制，推动文化事业全面繁荣、文化产业快速发展。

总之，建设社会主义文化强国，要深化文化体制改革，坚持"双轮驱动"的发展思路，要正确处理社会效益和经济效益的关系，推动文化事业全面繁荣、文化产业快速发展。无论发展公益性文化事业还是发展文化产业，都要坚持社会主义先进文化前进方向，突出以文化人的功能，以传播社会主义先进文化为己任。发展公益性文化事业，要追求社会效益的最大化；发展经营性文化产业，要在社会效益放在首位的前提下，努力实现社会效益与经济效益的有机统一。

四 中国特色社会主义社会建设

社会建设与人民幸福安康息息相关，是中国特色社会主义事业总布局的重要组成部分，必须从维护最广大人民根本利益和实现国家长治久安的战略高度抓好社会建设，努力构建社会主义和谐社会。

（一）加快推进以改善民生为重点的社会建设

中国特色社会主义社会建设，就是以保障和改善民生为重点，通过发展社会事业、完善社会政策、改进社会管理、增强社会创造力、促进社会公平正义、维护社会秩序等来推动社会的发展和进步。

保障和改善民生是中国特色社会主义社会建设的重点内容。党的十八大明确指出，"加强社会建设，必须以保障和改善民生为重点"①。

1. 保障和改善民生是社会建设的价值追求

扎实推进以改善民生为重点的社会建设，实现好发展好维护好最广大人民的根本利益，是坚持和发展中国特色社会主义的重要内容。

民生主要是指人民的基本生存和生活状态以及人民的基本发展机会、基本发展能力和基本权益保护的状况等，具体涉及劳动就业、社会福利、义务教育、基本住房、最低生活保障、社会救助等方面的内容。民生涵盖了与经济增长相对应的两个基本问题：一是人民群众的生活水平；二是人民群众的生活质量。现阶段所讲的民生，主要是指在经济增长的基础上，促进经济社会协调发展，促进人民群众共享发展成果，不断改善人民的基本生活，不断解决人民最关心、最直接、最现实的利益问题，提高生活质量。

保障和改善民生是社会建设的根本目标。党的十八大提出，要在改善民生和创新社会管理中加强社会建设，"要多谋民生之利，多解民生之忧，解决好人民最关心最直接最现实的利益问题，在学有所教、劳有所得、病有所医、老有所养、住有所居上持续取得新进展，努力让人民过上更好生活"②。在经济发展的基础上，优先发展教育事业，促进就业和公平分配，改善医疗条件，完善社会保障，维护社会稳定等，都是紧紧围绕改善民生进行的，充分体现了社会主义的价值追求。

2. 保障和改善民生是社会建设的紧迫任务

当前我国处在历史发展的重要战略机遇期，又处于社会矛盾凸显期。一方面，社会生产力快速发展，人民生活明显改善；另一方面，社会建设与经济政治文化等发展不协调问题依然严峻，在民生问题上主要表现为：社会保障水平总体不高，还没有实现城乡完全统筹；教育发展不均衡，教育资源分配不合理；就业的结构性矛盾突出，社会就业压力仍然较大；收入分配差距拉大，利益矛盾加剧；等等。这些问题产生的原因是多方面的：一是二元经济结构造成的城乡差距，特别是城乡教育、医疗卫生、就业、社会保障等差距，是当前民生问题的重要因素。二是在经济建设与社会发展的关系上，往

---

① 《十八大报告辅导读本》，人民出版社2012年版，第34页。

② 同上书，第35页。

往往注重经济建设忽视社会建设，使社会建设相对滞后。三是社会建设的政策机制与社会主义市场经济的要求不相符合，难以适应经济社会发展的需要。四是社会管理过于行政化，社会管理主体单一，难以适应民生需求多样发展的要求。要解决这些问题，必须以科学发展观为指导，加快推进以改善民生为重点的社会建设，必须创新社会管理体制，完善社会治理体系，切实维护人民根本利益，在解决社会矛盾和问题中促进社会更加和谐。

3. 维护公平与正义是社会建设的价值取向

维护公平正义，是社会主义的本质要求，是和谐社会建设的关键环节和根本保障，也是我们党立党为公执政为民的重要体现。构建和谐社会，要更加注重社会公平，更加强调利益协调，更加关注弱势群体，更加重视共同富裕。

公平正义，就是社会各方面的利益关系得到妥善协调，人民内部矛盾和其他社会矛盾得到正确处理，社会公平和正义得到切实维护与实现。社会主义制度的建立为我国实现真正意义上的公平正义创造了根本条件。维护社会公平正义，必须逐步建立以权利公平、机会公平、规则公平为主要内容的社会公平保障体系，从法律、制度、政策上努力营造公平的社会环境，从收入分配、利益调节、公民权利、社会保障、政府施政、执法司法等方面采取切实有效措施，推动社会向公平正义的方向发展。

在改革的攻坚期，发展的关键期，社会的转型期，维护社会公平正义，必须统筹协调各方面的利益关系，努力化解各种社会矛盾，保持社会和谐稳定，这是摆在我们面前的紧迫课题，也是促进社会和谐发展的当务之急。

4. 改善民生是社会建设的着力点

提高人民的物质文化生活水平，是改革开放和社会主义现代化建设的根本目的，也是社会建设的根本着力点。以保障和改善民生为重点的社会建设，是一项复杂的系统工程，其内涵丰富、涉及面广，要着重抓好以下几个主要方面。

第一，优先发展教育，建设人力资源强国。百年大计，教育为本；教育之计，人才为本。教育是民族振兴的基石。因此，发展教育，大力提高全民族的思想道德和科学文化素质，加快培养社会主义现代化建设人才，要把教育放在优先发展的战略地位，办好人民满意的教育，把我国由人口资源大国发展成为人才资源大国，是中国特色社会主义建设的力量源泉和根本保障。

第二，实施扩大就业发展战略，促进以创业带动就业。就业是民生之本。充分就业是保障和改善人民生活的重要条件。要解决好就业这一民生之本问题，一是要实施就业优先战略和更加积极的就业政策，贯彻劳动者自主就业、市场调节就业、政府促进就业和鼓励创业的方针。二是要完善支持自主创业、自谋职业政策，促进以创业带动就业，积极培育创业主体，使更多劳动者成为创业者，推动创业型社会建设。三是要加强就业观念教育，转变劳动者的就业观念，鼓励多渠道多形式的就业促进创业带动就业。四是要稳步推进就业体制的改革创新，健全面向全体劳动者的职业教育培训制度，培育和完善统一、规范、竞争、有序的人力资源市场，健全覆盖城乡的就业服务体系。五是健全劳动标准体系和劳动关系协调机制，加强劳动保障监察和争议调解等。

第三，深化收入分配制度改革，千方百计增加居民收入。合理的收入分配制度是社会公平的重要体现。深化收入分配制度改革，一是要坚持和完善以按劳分配为主体、多种分配方式并存的分配制度，完善劳动、资本、技术、管理等生产要素按贡献参与初次分配的机制，加快健全以税收、社会保障、转移支付为主要手段的再分配调节机制；二是要逐步提高城乡居民收入在国民收入分配中的比重，提高劳动报酬在初次分配中的比重，这是党的十七大、十八大反复强调的关于深化收入分配制度改革的一项重要举措，是对国民收入分配格局的重要调整；三是深化企业和机关事业单位工资改革制度，推行企业工资集体协商制度，保护劳动所得；四是多渠道增加居民财产性收入，规范收入分配秩序，保护合法收入，切实提高低收入者收入，有效调节过高收入，坚决取缔非法收入。

第四，统筹推进城乡社会保障体系建设，保障人民基本生活。要坚持全覆盖、保基本、多层次、可持续方针，以增强公平性、适应流动性、保证可持续性为重点，全面建成覆盖城乡居民的社会保障体系。在新的形势下，必须改革和完善企业和机关事业单位社会保险制度，整合城乡居民基本养老保险和基本医疗保险制度，实现基础养老金全国统筹，扩大社会保障基金筹资渠道，建立社会保险基金投资运营制度。完善社会救助体系，健全社会福利制度，支持和发展慈善事业，做好优抚安置工作；建立市场配置和政府保障相结合的住房制度，满足困难家庭基本需要；大力发展老龄服务事业和产业，健全残疾人社会保障和服务体系。

第五，建立基本医疗卫生制度，提高全民健康水平。健康是人全面发展的基础。建立基本医疗卫生制度，提高全民健康水平，关系千家万户的幸福。我国是社会主义国家，实现人人享有最基本的医疗卫生服务，提高全民健康水平，确保经济社会可持续发展和社会稳定是我国卫生事业的根本目标。我们要坚持为人民健康服务的方向，坚持预防为主、以农村为重点、中西医并重，按照保基本、强基层、建机制要求，重点推进医疗保障、医疗服务、公共卫生、药品供应、监管体制综合改革，完善国民健康政策，为群众提供安全有效、方便廉价的公共卫生和基本医疗服务。健全全民医保体系，建立重大疾病保障和救助机制，完善突发卫生事件和重大疾病保障防控机制。健全农村三级卫生服务网络和城市社区卫生服务体系建设，鼓励社会办医，深化公立医院改革，提高医疗服务能力，强化食品药品安全监督体制机制，为群众提供安全有效方便价廉的医疗卫生服务。

第六，加强和创新社会管理，维护社会稳定团结。要完善和创新社会管理，健全党委领导、政府负责、社会协同、公众参与的社会管理格局，健全基层社会管理体制。必须加强社会管理法律、体制机制、能力、人才队伍和信息化建设；改进政府提供公共服务方式，加强基层社会管理和服务体系建设，增强城乡社区服务功能，强化企事业单位、人民团体在社会管理和服务中的职责，引导社会组织健康有序发展，充分发挥群众参与社会管理的基础作用；完善和创新流动人口和特殊人群管理服务，正确处理人民内部矛盾，建立健全党和政府主导的维护群众权益机制，完善信访制度，完善人民调解、行政调解、司法调解联动的工作体系，畅通和规范群众诉求表达、利益协调、权益保障渠道；建立健全重大决策社会稳定风险评估机制；强化公共安全体系和企业安全生产基础建设，遏制重特大安全事故。加强和改进党对政法工作的领导，加强政法队伍建设，使其切实肩负起中国特色社会主义事业建设者、捍卫者的职责使命；深化平安建设，完善立体化社会治安防控体系，强化司法基本保障，依法防范和惩治违法犯罪活动，保障人民生命财产安全；完善国家安全战略和工作机制，高度警惕和坚决防范敌对势力的分裂、渗透、颠覆活动，确保国家安全。

总之，以保障和改善民生为重点的社会建设是一项复杂而长期的系统工程，是关系到人民群众切身利益的民心工程，也是关系到我国社会主义性质和党的宗旨的伟大工程，要在不断完善社会体制机制中改善民生。

（二）提高社会管理科学化水平

加强和推进社会管理创新，对于构建中国特色社会主义社会管理体系，发挥我们的政治优势和制度优势，提高社会管理科学化水平，具有非常重要的意义。对处于战略机遇期和矛盾凸显期的当今中国来说，只有社会管理切实得到加强和改善，社会才会有序、和谐，人民才能安居乐业。推进社会管理创新，已经成为我们党不断提高执政能力的新课题。

一要加快形成党委领导、政府负责、社会协同、公众参与、法治保障的社会管理体制。社会管理体制是社会体制的重要组成部分。第一，要充分发挥各级党委的领导核心作用。各级党委要加强领导，建立社会管理综合治理领导协调机制，发挥总览全局、协调各方的作用，确保社会管理的正确方向。第二，充分发挥各级政府的主导作用。社会管理是政府的基本职能，要按照转变职能、理顺关系、优化结构、提高效能、依法行政的要求，健全政府职责体系，加快建设服务型政府。第三，充分发挥社会各方的协同作用。要强化人民团体、企事业单位社会管理服务职责，不断完善党委和政府与社会力量互联、互补、互动的社会管理服务网络。第四，充分发挥公众参与的基础作用。要创造公众参与条件，拓宽公众参与渠道，健全公众参与机制，保障群众知情权、参与权、表达权、监督权，努力形成社会和谐人人参与、和谐社会人人共享的良好局面。第五，充分发挥法治的保障作用。要全面落实依法治国基本方略，要加强社会管理领域立法、执法工作，努力把各项社会管理活动纳入法制轨道。

二要加快形成政府主导、覆盖城乡、可持续的基本公共服务体系。保障和改善民生，在学有所教、劳有所得、病有所医、老有所养、住有所居上持续取得新进展，是社会管理创新的出发点和落脚点，必须完善基本公共服务体系。第一，切实转变政府提供公共服务方式。关键是要强化政府公共服务职能，集中力量组织和提供基本民生服务、公共事业服务、公共安全服务和公益基础服务，满足群众基本需求。构建多层次、多样化的公共服务供给体系。第二，努力实现基本公共服务全覆盖。缩小城乡差距，实现共同富裕，最紧迫的是构建覆盖城乡、公平合理、普惠标准不断提高的基本公共服务体系，推进基本公共服务均等化。第三，持续提高基本公共服务水平。要加大财政投入力度，确保民生改善有制度、机制保障。要围绕劳动就业、教育医疗、住房保障、食品药品安全、环境保护等重大民生问题，明确责任，建立健全安全生产监管体制，完善社会防控体系，完善应急管理体制。

三要加快形成政社分开、权责明确、依法自治的现代社会组织体制。现代社会组织体制是社会体制改革的重要平台。第一，要健全政府职责体系，办好由政府承担的社会管理和公共服务。同时推动政府部门向社会组织转移职能，向社会组织开放更多的公共资源和领域，不断完善群团组织社会服务管理职能。要切实加强群团组织自身创新，完善其组织群众、引导群众、服务群众、维护群众合法权益的职能，为社会组织生长发展提供良好平台。第二，积极稳妥地推进事业单位改革，对于从事公益服务的，要强化公益属性，理顺体制、完善机制、健全制度，不断提高公益服务水平和效率。第三，努力促进社会组织健康有序发展。社会组织是党委政府进行社会服务管理的重要补充，要规范和加快培育经济类、慈善类、公益类、服务类社会组织，提高社会资源利用效率和公共服务质量。要制定和完善对社会组织服务管理的法规政策，确保其既发展得好又管理得好。第四，充分发挥城乡社区服务功能。要进一步强化城乡居民自治组织的自治功能，健全社区自治相关制度，规范决策办事程序，形成既有活力又有秩序的新型社区管理和服务组织体系。要通过多种渠道拓宽社区经费来源，结合城区改造、征地拆迁、股权改革等增加社区服务实力，使之切实承担起服务"社会人"的责任。

四要加快形成源头治理、动态管理、应急处置相结合的社会管理机制。社会管理机制是社会体制改革的重要支撑。源头管理要注重民生为先，服务为先。既着力解决影响社会和谐稳定的突出问题，又着力从源头上、根本上预防和减少突出问题的产生，提高社会管理科学化水平。第一，加强对流动人口的服务管理。服务管理好流动人口，已成为加强和创新社会管理必须面对的重大历史课题。要推进城市社会管理体制改革，对流动人口做出近中长期规划。第二，加强对特殊人群的服务管理。维护公共安全的一项治本措施，是必须对特殊人群（刑释解教人员、肇事肇祸精神病人、吸毒人员、有不良行为青少年等）采取特殊的服务管理措施，让他们各得其所。第三，要建立健全党和政府主导的维护群众权益机制，包括完善信访制度，畅通和规范群众诉求表达、利益协调、权益保障渠道，健全大调解工作体系，建立社会稳定风险评估机制，有效预防、化解社会矛盾。要坚持劳资两利，建立员工工资集体协商、支付保障机制等，协调好劳动关系。探索建立党政主导、部门负责、第三方调解组织积极参与的专业性调解机制，提高社会矛盾调解专业化、社会化水平。第四，加强对突发事件的应急处置。要高举维护群众合法权益、维护社会稳定、维护法律权威的旗帜，严格把握法律政策界限，坚持依法办事，坚持理性平和文明规范执法。要建立健全突发事件预警和应急处置机制，提高对突发事件的应急处置能力和水平。要重点加强市、县层面枢纽型特别是应急联动型综合服务管理平台建设。第五，加强治安防控体系建设。公共安全是基本民生。要建设点线面结合、人防物防技防结合、打防管控结合、网上网下结合的立体化社会治安防控体系，提高对动态环境下社会治安的防控能力和水平。第六，加强社会诚信体系建设。关键是在加强道德教化的同时，建立起有效制约利益法则负面影响的体制机制。加强社会诚信文化建设，开展诚实守信教育。积极构建企业和个人信息平台，加快建立人口管理信息系统。健全守信受益、失信受损的激励惩戒机制，形成全社会重信誉、守信用、讲信义的良好氛围。

五　中国特色社会主义生态文明建设

"建设生态文明，是关系人民福祉、关乎民族未来的长远大计。"① 中国特色社会主义生态文明建设，就是要走新型工业化道路，发展循环经济，建设资源节约型、环境友好型社会，实现人与自然的和谐发展，为中国特色社会主义建设事业提供良好的生态条件。党的十八大把"生态文明建设"纳入中国特色社会主义事业的总布局，提出建设"美丽中国"的概念，体现了中国共产党对生态文明建设的高度自觉和治国方略的与时俱进。

（一）生态文明建设的当代意义

生态文明建设关系到我国全面建成小康社会、实现社会主义现代化和中华民族伟大复兴的宏伟目标。党的十八大把推进生态文明建设放在突出地位，纳入中国特色社会主义事业总体布局，是我们党又一次重大理论创新和实践深化，我们必须加深对生态文明建设重要意义与紧迫性的认识。

1. 生态文明的内涵

生态文明是对传统文明形态特别是工业文明进行深刻反思形成的认识成果，也是发展物质文明过程中保护和改善生态环境的实践成果。生态文明以人与自然协调发展作为行为准则，建立健康有序的生态机制，实现经济、社会、自然环境的可持续发展。这种文明形态表现在物质、精神、政治、科技等各个领域，涵盖了全部人与人的社会关系和人与自然的关系，涵盖了社会和谐和人与自然和谐的全部内容。

生态文明的核心问题是正确处理人与自然的关系，实现人与自然和谐相处。生态文明着重强调人类在处理与自然关系时所达到的文明程度，重点在于协调人与自然的关系。人与自然的关系是人类社会最基本的关系。一方面，人类依赖于自然而存在和发展，自然界是人类社会产生、存在和发展的基础和前提，因此人类绝不是可以任意支配自然的"主宰"；另一方面，人

---

① 《十八大报告辅导读本》，人民出版社 2012 年版，第 39 页。

类通过社会实践活动有目的地利用自然、改造自然，不断改进人类的生存和发展方式，并创造着人类自身的文明，因此人类也绝不是只能被动适应自然的"奴仆"。人口数量的增长和生活质量的提高不可阻挡，相应地人类对自然界的影响也不断扩大。生态文明所要强调的就是要处理好人与自然的关系，既要获取又要有限度，既要利用又要保护，促进经济发展、人口、资源、环境动态平衡，不断提升人与自然和谐相处的文明程度。

建设生态文明，实质上就是要建设以资源环境承载力为基础、以可持续发展为目标、以自然规律为准则的资源节约型、环境友好型社会。建设生态文明的目的就是使经济建设与资源、环境相协调，实现经济的良性循环发展，走生产发展、生活富裕、生态良好的文明发展道路，保证一代接一代永续发展下去。生态文明是建设和谐社会的支撑点，关系到人类生存发展的根本问题，关系到人民的切身利益，关系到党执政的社会基础和历史任务，关系到全面建设小康社会的全局，关系到国家的长治久安，具有非凡的意义。

2. 建设生态文明的意义

党的十八大报告强调"必须树立尊重自然、顺应自然、保护自然的生态文明理念，把生态文明建设放在突出地位，融入经济建设、政治建设、文化建设、社会建设各方面和全过程，努力建设美丽中国，实现中华民族永续发展"[①]。把生态文明建设纳入中国特色社会主义"五位一体"的总布局，强调生态文明建设的地位和作用，彰显了我们党与时俱进、为万世开太平的宏图大略和政治远见，昭示了我们党加强生态文明建设的意志和决心，具有重大现实意义和深远历史意义。

（1）建设生态文明是时代发展的必然要求

生态文明建设是世界性课题。加快生态文明建设是人类对传统的农业文明尤其是工业文明建设进程进行自觉反思的必然结果。一方面科学技术迅猛发展，使物质财富空前增加，极大地推动了人类社会的进步；另一方面大规模的工业化生产带来了对全球资源的掠夺性开发，造成大量不可再生自然资源的短缺和枯竭，引发了一系列全球性生态环境问题，导致深刻的生态危机，严重威胁着人类的生存与发展。因此，追求人与人、自然与社会全面协调可持续发展的生态文明是时代的呼唤和历史的必然。

生态文明建设是我国的时代性选择。大力推进生态文明建设是缓解资源环境压力，保持我国经济社会持续健康发展的现实需要。当前我国生态环境

---

① 《十八大报告辅导读本》，人民出版社 2012 年版，第 39 页。

有两个重要特点：一方面，环境容量有限，生态环境十分脆弱。我国人均资源不足，人均耕地、淡水、森林都不及世界平均水平，石油、天然气、铁矿石等资源的人均拥有量明显低于世界平均水平；另一方面，长期以来粗放型经济增长方式主要依赖投资和增加物质投入，造成能源和其他资源的消耗增长、生态环境恶化问题日益突出。资源短缺、环境污染的严峻形势，已经成为中国未来经济发展的桎梏。面对资源约束趋紧、环境污染严重、生态系统退化的严峻形势，只有大力推进生态文明建设，努力走绿色循环低碳发展道路，才能从根本上缓解资源环境瓶颈制约，为我国经济社会持续健康发展奠定坚实基础。因此，生态文明建设就成为促进国民经济又好又快发展，建设和谐社会，实现全面建成小康社会宏伟目标，走可持续发展道路的时代要求。

（2）建设生态文明是中国特色社会主义的战略选择

中国特色社会主义生态文明是在可持续发展理论与实践基础上发展起来的文明形态。当前，我国正处于全面建成小康社会的发展阶段，对资源的需求呈现较高态势。同时，我国多种重要资源面临短缺，人均资源量远低于世界平均水平，我国未来发展面临比较严峻的资源供需形势。因此，党的十六大把推动整个社会走生产发展、生活富裕、生态良好的文明发展道路确定为全面建设小康社会的目标之一；党的十六届三中全会提出了包括人与自然相协调在内的全面、协调、可持续发展的科学发展观；党的十六届五中全会提出了建设资源节约型和环境友好型社会的战略目标；党的十七大则明确提出要建设生态文明和生态环境良好的国家，并提出了生态文明建设的任务；党的十八大最终把生态文明建设纳入中国特色社会主义事业总布局，将其提升到前所未有的战略高度。中国特色社会主义，既是经济发达、政治民主、文化先进、社会和谐的社会，也应该是生态环境良好的社会。经济建设、政治建设、文化建设、社会建设以及生态文明建设都搞好，是贯彻落实科学发展观，实现经济社会全面、协调、可持续发展的必然要求。可见，生态文明建设是中国特色社会主义事业的战略选择。

（3）建设生态文明是维护最广大人民群众根本利益的集中体现

推进生态文明建设是我们党执政理念的与时俱进，是党坚持以人为本、执政为民，维护最广大人民群众根本利益特别是环境权益的集中体现，是中国特色社会主义的应有之义。改革开放以来，我国城乡居民的生活水平有了很大提高，老百姓物质文化生活需求的具体内容也在不断升级变化，不仅要满足对农产品、工业品和服务的需求，对生态产品的需求也越来越迫切。满足人民群众日益增长的生态产品需求日益成为人民生活水平和质量的一个重要标志。在城市，人民群众期盼的"舌尖上的安全"、清洁空气、洁净饮水、优美环境等优质生态产品和健康需求还不能得到有效满足。在农村，生存条件简陋、环境脏乱差的问题还比较突出，相当一部分人喝不上干净水。可以说，生态问题已经成为制约我国民生建设的"短板"，成为影响人民群众幸福感的重要因素。大力推进生态文明建设，让老百姓喝上干净的水、呼吸新鲜的空气、享用绿色的植被、吃上放心的食物、生活在宜居的环境中，满足城乡广大人民群众的生态产品需求，是全面建成小康社会的应有之义。推进生态文明建设，为人民群众创造良好生产生活环境，不仅是改善民生的需要，而且拓展了我国现代化建设的领域和范围。这既是我们党以人为本、执政为民理念的具体体现，也是对人民群众生态产品需求日益增长的积极响应，还是提高人民福祉，建设美丽中国、幸福中国的出发点和落脚点。

（4）建设生态文明是实现中华民族永续发展的必然选择

生态文明建设是关系中华民族生存和发展的根本大计。大力推进生态文明建设是维护代际公平，实现中华民族世世代代永续发展的必然要求。大自然是整个人类的生命支持系统，不仅在久远的过去哺育了我们的祖先，在遥远的未来还要养育我们的子孙后代。在历史长河中，我们每一代人都是宇宙的匆匆过客，是资源、环境的临时托管人。《联合国环境方案》曾提出这样一句寓意深刻的话来警告世人：我们不只是继承了父辈的地球，而且是借用了儿孙的地球。考虑生态的代际公平，既要注重当代人的福祉，也要顾及后代人的利益，不能"吃祖宗的饭，断子孙的路"。我们没有权利为满足我们这一代的需要，就剥夺子孙后代满足他们需要的权利，不能让子孙后代承担我们过度使用资源和破坏环境的恶果。只有大力推进生态文明建设，才能维护资源环境对人类的长远供养能力，使后代具有生存和发展的公平机会，实现中华民族的永续发展和中华文明的代代相传。

（5）建设生态文明是提高全民族生态道德文化素质的需要

我国生态环境问题与人们的生态道德文化薄弱有直接的关系。近些年来，我国城乡人民的生态意识、环保观念日益增强，参与生态治理、环境保护的积极性明显提高。但是，生态道德文化尚未普遍根植于人民大众。相当多的人生态道德文化素质低下，处于"文盲、半文盲"状态。据《中国青年报》报道：某省环保局公布的一项问卷调查显示，在接受调查的人群中，93.31%的群众认为，环境保护应与经济建设同步发展，然而却有高达91.95%的市长（厅局长）认为加大环保力度会影响经济增长。生态道德文化薄弱还表现在消费领域追求奢华、过度消费甚至挥霍浪费等方面。[①] 事实证明，在广大人民群众尤其是在公职人员中间，强化生态道德文化教育，极为迫切、重要。

（二）中国目前面临的主要环境和资源问题

随着改革开放和社会主义现代化建设的顺利进行，我国在政治、经济、文化以及社会建设的各个方面都取得了显著的成就，正在逐步演变为世界强国、世界大国。然而，伴随我国经济发展而来的是挥之不去的环境和资源问题。

目前我国处于资源环境问题较为严重的时期，大力推进生态文明建设是缓解资源环境压力，保持我国经济社会持续健康发展的现实需要。世界性的生态安全难题，如能源危机、淡水危机、气候异常、物种灭绝等，在我国也有反映，加之由于高投入、高消耗、高污染的传统发展方式没有根本改变，我国在经济快速增长的同时，也付出了很高的资源环境代价，造成人口、资源、环境的矛盾日益突出，严重制约着我国经济社会的和谐发展。

一是资源约束趋紧。我国人口众多，资源相对不足，很多重要资源人均占有量低于世界平均水平，比如，淡水、耕地、森林、煤炭、石油、铁矿石、铝土矿等。改革开放以来，随着我国工业化、城镇化快速发展，以及发展方式粗放，能源、资源消耗大、浪费多，能源、资源供求矛盾变得十分突出。2010 年，我国 GDP 占世界的比重不足 10%，但能源消费总量占近 20%，粗钢占 45%，水泥占 56%。随着我国工业化、城镇化的发展，未来一段时期内，各类能源、资源的人均消费量还要增加，能源、资源对于经济社会发展的瓶颈约束将更加明显，粮食安全、能源安全、淡水安全面临严重挑战。

二是环境污染严重。我国传统的发展方式导致主要污染物排放量过大，有的超过了环境容量，水、土壤、空气污染加重的趋势尚未得到根本遏制。据调查，目前我国近 1/3 的国土被酸雨污染，主要水系的 2/5 成为劣五类，大气污染最严重的世界 10 大城市中，中国占 3 座城市，一亿多城市居民呼吸不到清洁的空气，1500 万人因此患上支气管疾病和呼吸道癌症。饮用水安全受到威胁，近 3 亿农村人口喝不上安全饮用水，近 6000 万城镇人口饮

---

① 参见《中国青年报》2006 年 11 月 13 日。

用水源水质不合格。大气污染影响范围广泛、对人类危害巨大，京津冀、长三角、珠三角地区及部分大中城市大气污染问题突出，大气污染造成雾霾、酸雨、臭氧层空洞、光化学污染等环境问题。土壤污染面积扩大，重金属、持久性有机物污染加重。环境污染给人民群众身心健康带来严重危害，环境群体性事件频发。

三是生态系统退化。森林生态系统质量不高，草原退化、水土流失、土地沙化、地质灾害频发、湿地湖泊萎缩、地面沉降、海洋自然岸线减少等问题十分严峻。全国近80%以上草原出现不同程度的退化，水土流失面积占国土总面积的37%，沙化土地面积占国土总面积的18%，石漠化面积占国土总面积的11%，海洋自然岸线不足42%。资源开采和地下水超采造成土地沉陷和破坏。生物多样性锐减，濒危动物达258种，濒危植物达354种，濒危或接近濒危状态的高等植物有4000—5000种，生态系统缓解各种自然灾害的能力减弱。

四是气候变化问题突出。近几年我国温室气体排放总量大、增速快，恶劣气候增多，如前所述沙尘暴、雾霾、北方暴雨、南方大雪等恶劣的天气条件给我们日常生活造成了极大的不便，同时也带来了巨大的经济损失，甚至可能危及人类的生命安全。[①]

上述情况表明，我国的资源、环境和生态系统已难以承载传统的发展方式，只有大力推进生态文明建设，努力走绿色循环低碳发展道路，才能从根本上缓解资源环境瓶颈制约，为我国经济社会持续健康发展奠定坚实基础。

（三）建设资源节约型和环境友好型社会

建设资源节约型、环境友好型社会是我国解决生态环境问题、实现文明发展的必然选择。党的十六届五中全会明确提出了"建设资源节约型、环境友好型社会"，并把建设资源节约型和环境友好型社会确定为一项长期的基本国策，作为国民经济与社会发展战略任务。

1. 资源节约型社会

资源节约型社会是指以能源资源高效率利用的方式进行生产、以节约的方式进行消费为特征的社会体系。它不仅体现了经济增长方式的转变，更是一种全新的发展模式。它要求在社会生产、流通、消费的各个领域，在经济

---

① 马凯：《大力推进生态文明建设》，2013年5月10日，中国经济网（http://views.ce.cn/view/ent/201305/10/t201305/0_ 24370142. shtml）。

社会发展的各个方面，以节约使用能源资源和提高能源资源利用效率为核心，以节能、节水、节材、节地、资源综合利用为重点，以尽可能少的资源消耗获得最大的经济和社会收益，保障经济社会可持续发展的社会发展模式。

建设资源节约型社会，要求我们必须牢固树立和认真落实科学发展观，按照走新型工业化道路的要求，在企业层次通过技术创新和提高管理水平减少单位产出的资源消耗；在区域层次通过调整产业结构，提高生产系统的资源利用效率和降低国民经济发展对资源的依赖程度；在国家社会层次，通过强化资源节约意识，改变消费模式，在全社会范围内建立资源节约型的生产和生活方式。

2. 环境友好型社会

环境友好型社会是指社会的生产与生活以对生态环境无害的方式进行。环境友好型社会，是人与自然和谐发展的社会，通过人与自然的和谐来促进人与人、人与社会的和谐。具体来说，它是一种以人与自然和谐相处为目标，以环境承载能力为基础，以遵循自然规律为核心，以绿色科技为动力，倡导生态文明，追求经济、社会、环境协调发展的社会体系。

环境友好型社会的核心是保护生态，从源头预防污染产生。一切污染都是消耗资源和排放废弃物造成的。从源头预防污染产生的最有效途径是减少资源消耗和不排放废弃物。因此，环境友好型社会，首先，要最大限度地减少资源消耗；其次，要对消耗资源产生的废弃物进行再利用和循环利用；最后，对目前技术水平和经济条件下没有再利用价值的废弃物进行环境无害化处理。

建设环境友好型社会在企业层次上，要求首先实施产品和设施的生态设计，在最大限度地提高资源利用效率的基础上实施清洁生产，循环利用资源和废弃物，不排放污染物。在区域层次上，要求构建循环经济网络，实现生产和生活废弃物的综合全面回收、分类循环利用和环境无害化处理。在国家社会层次上，要求全体社会成员建立一种环境道德和文化体系，自觉保护生态环境。

总之，面对日益严峻的环境资源问题，不仅要对人们进行长期的引导、教育，并制定必要的道德标准、法律制度加以规范，使人们从内心深处树立起崇尚自然、热爱生活的道德情操，唤起善待生命、爱护环境和节约资源的道德良知；而且要善于利用科学技术发展的最新成果来提高人类活动的预见性，鼓励环境保护的公益活动。建设资源节约型、环境友好型社会，推进中国特色的社会主义生态文明建设需要政府与每一个公民的共同努力。

热点问题评述

解读中国梦

2012 年 11 月 29 日，习近平总书记在参观中国国家博物馆《复兴之路》展览时指出，"实现伟大复兴就是中华民族近代以来最伟大的梦想"，而且满怀信心地表示这个梦想"一定能实现"①。"中国梦"，深刻道出了鸦片战争以来中国历史发展的主题主线，深情描绘了近代以来中华民族生生不息、不断求索、不懈奋斗的历史，彰显了中华民族的伟大精神！

（1）中国梦的时代特征

实现中华民族伟大复兴，是中华民族近代以来最伟大的梦想。中国梦，是中国人民的梦，是每个中国人的梦。在第十二届全国人民代表大会第一次会议闭幕会讲话中，习近平阐释中国梦：人民共享人生出彩机会。中国梦是中国人民的梦，它包括两个层次的深刻内涵：从整体上，中国梦是民族复兴、国家强盛之梦；从个体上，中国梦是生活幸福、人生出彩之梦。国家梦与人民梦紧密相连，相辅相成，统一于建设中国特色社会主义的伟大实践。

"中国梦"的本质内涵是实现国家富强、民族复兴、人民幸福、社会和谐。当代中国所处的发展阶段，决定了全面建成小康社会是"中国梦"的必然要求，相应地，"中国梦"在这个阶段也呈现出诸多重要的时代特征。

第一，综合国力进一步跃升的"实力特征"。

"中国梦"的第一要义，就是实现综合国力进一步跃升。虽然我国经济总量已跃居世界第二位，但人口多、底子薄、发展很不平衡的状况并未根本改变。党的十八大描绘了到 2020 年的宏伟目标：经济持续健康发展，国内生产总值和城乡居民人均收入比 2010 年翻一番，科技进步对经济增长的贡献率大幅上升，进入创新型国家行列，人民民主不断扩大，文化软实力显著增强。这一指标体系，构成了现阶段"中国梦"的基本蓝图。

第二，社会和谐进一步提升的"幸福特征"。

党领导全国各族人民共圆"中国梦"的根本目标，就是要实现好、维护好、发展好最广大人民的根本利益，进而提升全社会的幸福指数。党的十八大着眼于提升人民的幸福指数，将"坚持维护社会公平正义"、"坚持走共同富裕道路"、"坚持促进社会和谐"纳入夺取中国特色社会主义新胜利

---

① 参见《人民日报》2012 年 11 月 30 日。

的基本要求，将"保障和改善民生"作为社会建设的重点，等等。这些和谐因素的充实，对"中国梦"的阶段性特征做了更为清晰的描绘，也为"中国梦"增添了更加美丽的幸福光环。

第三，中华文明在复兴中进一步演进的"文明特征"。

中华文明是世界上唯一几千年不断延续、传承至今的文明，但要体现现代文明色彩，就必须超越数千年来创造的农耕文明形态。党的十八大规划了"五位一体"的中国特色社会主义总布局，标志着中华文明格局开启了向物质文明、政治文明、精神文明、社会文明和生态文明全面发展的更高阶段演进的新里程。坚定不移地推进"中国梦"的实现，中华文明必将放射出更加灿烂的光芒。

第四，促进人的全面发展的"价值特征"。

"中国梦"有多个维度，而其价值维度就是要实现人的全面发展。党的十八大明确把"促进人的全面发展"纳入中国特色社会主义道路的内涵之中，并且强调："不断在实现发展成果由人民共享、促进人的全面发展上取得新成效。"这标志着中国特色社会主义把实现人的自由全面发展作为终极价值追求，必将极大地提升"中国梦"的吸引力、凝聚力和感召力。

（2）中国梦的实现路径

实现中国梦必须走中国道路，这就是中国特色社会主义道路。全国各族人民一定要增强对中国特色社会主义的理论自信、道路自信、制度自信，在党的领导下坚定不移地沿着正确的道路奋勇前进。

实现中国梦必须弘扬中国精神。这就是以爱国主义为核心的民族精神，以改革创新为核心的时代精神。这种精神是凝心聚力的兴国之魂、强国之魄。爱国主义始终是把中华民族坚强团结在一起的精神力量，改革创新始终是鞭策我们在改革开放中与时俱进的精神力量。

实现中国梦必须凝聚中国力量，这就是中国各族人民大团结的力量。中国梦是民族的梦，也是每个中国人的梦。中国梦凝聚了几代人的夙愿、无数人的期盼，是中华儿女共同情感和心愿的表达，也是普通人愿望和追求的表达。只要我们紧密团结，万众一心，为实现共同梦想而奋斗，实现梦想的力量就无比强大，只要全国各族人民心往一处想，劲往一处使，用 13 亿人的智慧和力量就会汇集起不可战胜的实现中国梦的磅礴力量。

中国梦归根到底是人民的梦，必须紧紧依靠人民来实现，必须不断为人民造福。只有当每个人坚定不移地弘扬中国精神，热爱我们美丽的祖国，奋发有为、开拓创新，才能实现每个人的中国梦；只有当每个中国人秉承中国精神，努力为中国梦而奋斗，我们国家与民族的中国梦才能更好的实现！

收入分配制度改革的博弈

自从党的十四大确立社会主义市场经济体制改革方向以来，我国逐步确立了以按劳分配为主体、多种分配方式并存的分配制度。在社会主义初级阶段，既存在按劳分配，也存在按生产要素分配，这一制度在一定时期适应了我国现阶段生产力发展的水平，也有利于促进生产力更好发展。邓小平提出：让一部分地区、一部分人可以先富起来，带动和帮助其他地区、其他的人，逐步达到共同富裕。经历了 30 多年的改革开放，一部分人已经先富起来，根据 2012 年数据显示，我国收入最高的 10% 群体和收入最低的 10% 群体的收入差距，已经从 1988 年的 7.3 倍上升到目前的 23 倍。贫富差距的不断扩大也开始产生巨大的负面社会影响与不稳定因素，收入分配制度的改革迫在眉睫。

从 2004 年以来，收入分配改革在争议中走走停停。收入分配向来都是一个敏感话题，关系到每一个人的钱包，在这场艰难的改革中，存在多方的博弈。那么到底是谁搅动了民众的蛋糕？原因是多方面的，比如政府本身开支过大，用于民生比例过低；劳动者的收入比重降低；不同行业收入差距过大，垄断行业收入畸高；高收入税种缺失，富人阻碍改革等。在这背后，存在诸多既得利益集团阻挠改革推进的步伐，加上改革部门之间的利益博弈，改革方案的出台极其困难。

自党的十八大以来，收入分配制度改革又频频涌入公众视线。胡锦涛同志在十八大报告中提出，实现发展成果由人民共享，必须深化收入分配制度改革。努力实现居民收入增长和经济发展同步、劳动报酬增长和劳动生产率提高同步。要坚持社会主义基本经济制度和分配制度，调整国民收入分配格局，加大再分配调节力度，着力解决收入分配差距较大问题，使发展成果更多更公平惠及全体人民，朝着共同富裕方向稳步前进。国务院于 2013 年 2 月批转了发改委、财政部、人力资源和社会保障部《关于深化收入分配制度改革的若干意见》，其中提出了以下七点意见：一是充分认识深化收入分配制度改革的重要性和艰巨性；二是准确把握深化收入分配制度改革的总体要求和主要目标；三是继续完善初次分配机制；四是加快健全再分配调节机制；五是建立健全促进农民收入较快增长的长效机制；六是推动形成公开透明、公正合理的收入分配秩序；七是加强深化收入分配制度改革的组织领导。

至 2013 年 3 月，人社部和全国总工会已经展开实际行动，与外界期待的全面推进改革不同的是，收入分配改革的推进方式是"先易后难、逐步推进"，比如，在收入差距拉大的现实下，改革将优先着手基层员工，而对于饱受诟病的央企高管收入则暂时搁置。收入分配改革是系统性调整，涉及范围广大。围绕收入分配改革，有"阻力"之说。切实克服"阻力"，表面看需要利益格局中拥有更强的博弈能力者的"让步"，但更深入看，需要的是优化"阻力"所形成的环境。复杂性决定了收入分配改革的节奏不能是激进式的，而不得不采取较为稳妥的推进方略。人社部将针对《意见》中的提高基层员工收入，着手展开工作。

劳有所得，是极为重要的民生问题，深化收入分配制度改革，直接关系亿万群众切身利益，我们既要不断完善市场机制，也要更好发挥政府作用；既要多方并举、多管齐下，又要统筹协调、扎实推进，努力使发展成果更多更公平惠及全体人民，朝着共同富裕方向稳步前进。

袁隆平如是说——"浪费不但可耻，更是犯罪"

（1）问题概述

2013 年 1 月 23 日《共同关注》节目播出"袁隆平：浪费不但可耻，更是犯罪"，在谈到浪费问题时，水稻专家袁隆平先生说道："我们国家人口这么多，耕地又这么少，人均耕地这么少，好不容易国家投入很大，每年都增加科技投入，我们辛辛苦苦地钻研来提高（产量），我们的水稻产量，每亩提高 10 斤、5 斤都是很难的，提高了单产之后呢，又浪费了，谁知盘中餐，粒粒皆辛苦。现在我建议政府要出台（法规政策），把浪费当成可耻的行为，当成犯罪的行为来限制它。"袁隆平先生的这段谈话，在社会上引起很大反响。"舌尖上的浪费"成为坊间热议、媒体关注的焦点。有人认为，浪费应属于道德层面上的约束，要靠大家的自觉。但是，也有人认为，只靠道德已无法解决我国严重的浪费现象，必须提升到法律层面上。

（2）问题评析

据联合国粮食组织估测，全球目前有 8.7 亿饥饿人口，仅亚洲地区就有 5.6 亿人吃不饱肚子，我国还有一亿多农村扶贫对象、几千万城市贫困人口以及其他为数众多的困难群众。而与此形成鲜明对比的则是我们每年在餐桌上浪费的大量粮食高达 2000 亿元，被倒掉的食物相当于两亿多人一年的口粮。如此庞大的食物浪费行为不仅相当于间接地剥夺另外一些穷人的生存权利，同时也是对粮食生产者的不尊重，对此，作为中国杂交水稻的第一人，将一生都致力于解决世界人口的饥饿问题的袁隆平先生的感触肯定比一般人更深。

粮食是人类赖以生存的首要资源，粮食安全是人类生存的基本保障。虽说我国 GDP 全球排名第二，但我国人口多、耕地少、资源相对不足，环境承载能力已近极限。据统计，我国人均耕地仅为世界平均水平的 1/6，人均粮食占有量长期处于 300 公斤左右的低水平。在农村，还有 4 亿劳动力以种粮为生，有 2600 万贫困人口还未解决温饱。国家对农业的各项投入逐年增加，并且以袁隆平为代表的杰出科学工作者一直致力于研究更先进的技术以求尽最大可能提高每亩地的粮食单产量，但这一切努力对于我国长期以来的粮食浪费局面，可谓杯水车薪。俗语说：开源节流。粮食上的"开源"很难，而"节流"却长期被忽视。如此艰难、如此大投入换来的微小的增产，对于长期以来我国饭桌上的巨大浪费，其中的差额委实难以弥补。也难怪这样的现象让为粮食增产付出巨大努力的袁隆平院士痛心不已！作为院士的袁隆平高瞻远瞩，他为少数人的挥霍浪费不齿，更为千千万万贫困线以下连温饱亦成问题的民众感到委屈和不平，希望拒绝浪费，希望早日实现全国人民共同富裕，建成小康。通过媒体报道可知，浪费食物的行为在我国已是司空见惯，尤其是饭店、食堂，满桌杯盘狼藉、满眼剩饭剩菜，被称为严重的"中国式浪费"。所以，袁隆平先生建议，希望政府尽快出台相关的法规和政策，以使全社会都来惩治和遏制浪费陋习。

提倡厉行节约，反对挥霍浪费，已是我们建设新型的文明社会刻不容缓的。浪费现象如此严重，映射出我们当今社会正在逐步丢失非常宝贵的勤俭节约的精神。对此，袁隆平专家建议将浪费当成犯罪行为来限制是合乎情理的，是有前瞻性的。其意义不仅仅在于呼吁节约，反对浪费，而在于提倡在全社会树立节约光荣，浪费可耻的理念，并通过法规来保证这一理念的牢固树立，从而为建立一个既讲节约又促进文明，文明与进步并重的和谐社会打牢基础。

目前严重的浪费行为与公款吃喝风气有关，也与中国人普遍的爱面子心理有关。当爱面子超过一定限度，就成为脱离客观实际的虚荣心的表现，甚至成为弄虚作假的社会心理基础，各种各样的"面子情结"成了"体面之道"下的比阔绰，造成如今浪费风气的盛行。以习近平为总书记的党中央，出台了一系列行之有效、惠益民生的政策，得到群众的欢迎和赞叹。中央的

"八项规定"，促进了作风改变，有效遏制了公款吃喝等现象，带动了社会风气的好转。但"中国式浪费"深受社会心理和历史文化影响，彻底摒弃浪费陋习，还需要从观念和文化上保持理性的清醒认识。

我们要牢记"今日有不代表明日也有"，真正树立节约光荣，浪费可耻的荣辱观念，"不忘过去苦，更惜今日甜"，将节约视为社会文明进步的重要指标，人人守而为之才是。"中国式浪费"不是国人传统，勤俭节约才是中华美德。管住公款吃喝"大舌头"，抑制面子消费"小冲动"，以"打包"为荣，以浪费为耻，争做"光盘族"，向"中国式浪费"说不，才能让"舌尖上的中国"滋味更长久。相信只要我们万众一心，上行下效，从各级政府做起，我们的民众争相响应，制定一定措施、政策惩治浪费，并且人人树立"以浪费为耻"的理念，便能众志成城，快步达到全面建成小康社会的伟大目标，让全体中国人都能安居乐业！

第三篇

建设什么样的党、怎样建设党

建设什么样的党、怎样建设党，是中国共产党自从成立以来始终面临的一个至关重要的问题，是坚持和发展中国特色社会主义、推进党的建设的伟大工程的重大问题。改革开放以来，中国共产党紧紧围绕提高领导水平和执政能力与增强拒腐防变、抵御风险能力两大历史性课题，围绕保持党的先进性和纯洁性、提高党的建设的科学化水平等重大课题，提出建设马克思主义学习型政党，形成了加强党的建设的独创性理论观点，丰富发展了马克思主义建党理论，进一步深化了对共产党执政规律的认识。

第七章

马克思主义的党建理论

马克思、恩格斯是无产阶级政党的创始人和党建学说的奠基者。列宁从理论和实践的结合上全面继承和发展了马克思主义党建学说，并推进到了一个新的阶段。中国共产党经过毛泽东、邓小平、江泽民、胡锦涛等几代中央领导集体，把马克思主义党建理论与中国革命、建设、改革的实践相结合，与中国共产党自身建设的实践相结合，形成了具有鲜明中国特色的党建理论。

一 马克思、恩格斯创立了无产阶级政党的党建学说

马克思、恩格斯在改造正义者同盟的基础上，于 1847 年 6 月创立了世界上第一个以科学社会主义理论为指导的国际性无产阶级政党——共产主义者同盟。马克思、恩格斯亲自为共产主义者同盟制定了《章程》，并接受委托起草新的党纲。1848 年 2 月，马克思、恩格斯撰写的《共产党宣言》公开发表，标志着无产阶级政党的党建学说的创立，同时也标志着马克思主义的正式诞生。

随着工人运动的发展，特别是在同蒲鲁东主义、巴枯宁主义、拉萨尔主义以及其他各种流派的长期斗争中，马克思、恩格斯总结建党实践经验写下了大量论著，主要有《国际工人协会成立宣言》、《国际工人协会共同章程》、《法兰西内战》、《哥达纲领批判》、《社会主义从空想到科学的发展》等，全面论述了关于无产阶级政党建设的思想，丰富和发展了《共产党宣言》中的党建学说。概其要，有以下几方面。

（一）无产阶级必须建立自己的独立政党
马克思、恩格斯亲自参加了工人运动，并从理论上阐述了建立无产阶级

独立革命政党的必要性，认为无产阶级政党的出现是现代社会阶级斗争发展的必然结果，是无产阶级获得彻底解放的首要条件。首先，无产阶级的解放是经济上、政治上和思想上的全面解放，并且只有全人类都得到解放，才能使自己最后获得解放。要完成这个伟大任务，必须建立无产阶级的革命政党。其次，无产阶级只有组织成为政党，建立无产阶级专政，才能彻底摆脱资产阶级的剥削和压迫。

马克思、恩格斯还阐述了建党的可能性和两个基本条件，即阶级条件和理论条件，并且使两者结合起来，才能使无产阶级政党的建立变为现实。现代无产阶级的出现以及这个阶级在斗争中的不断成熟，为无产阶级政党的产生奠定了阶级基础。要组织成为这样的政党，还必须具备思想理论条件，这就是马克思、恩格斯创立的科学共产主义理论。科学社会主义是"无产阶级解放的条件的理论概括"①，它与工人运动相结合的最高成果就是无产阶级政党的诞生。正如列宁所说："马克思和恩格斯的主要功绩，就是引导社会主义同工人运动结合起来。他们创立的革命理论，阐明了这种结合的必要性，指出了社会主义者的任务就是组织无产阶级的阶级斗争。"②

（二）无产阶级政党必须是无产阶级先锋队

马克思、恩格斯在论述党的性质时，首先强调党的阶级性。马克思、恩格斯总结 1848—1850 年欧洲革命经验教训时强调共产党是无产阶级的政党，是无产阶级利益的政治代表。

马克思、恩格斯不仅论述了党的阶级性，而且论述了党的先进性，认为"在实践方面，共产党人是各国工人政党中最坚决的、始终起推动作用的部分；在理论方面，他们胜过其余无产阶级群众的地方在于他们了解无产阶级运动的条件、进程和一般结果"③。而共产党员是无产阶级队伍中具有共产主义觉悟的"最不知疲倦的、无所畏惧的和可靠的先进战士"④。

（三）无产阶级政党必须以科学的理论作为行动指南

马克思、恩格斯在创立第一个无产阶级政党时，就给它起了一个响亮的

---

①《马克思恩格斯选集》第 1 卷，人民出版社 1995 年版，第 211 页。

②《列宁全集》第 4 卷，人民出版社 1984 年版，第 213 页。

③《马克思恩格斯选集》第 1 卷，人民出版社 1995 年版，第 285 页。

④《马克思恩格斯全集》第 7 卷，人民出版社 1959 年版，第 219 页。

名字——共产党。列宁说："共产党这个名称是唯一科学的。"① 之所以是唯一科学的，就在于它有科学的世界观作为理论基础。恩格斯说："我们党有个很大的优点，就是有一个新的科学的世界观作为理论的基础。"② 这个科学的世界观，就是马克思主义的辩证唯物论和历史唯物论。它为无产阶级政党认识和掌握社会发展的规律、领导无产阶级和革命人民取得革命胜利，以及为党员改造世界观提供了锐利的思想武器，从思想理论上保证了党的无产阶级先进性。

无产阶级政党有了科学世界观作为理论基础之后，还必须坚持理论和实际相结合的原则。"正确的理论必须结合具体情况并根据现存条件加以阐明和发挥。"③ 马克思、恩格斯不仅为无产阶级政党创立了科学的理论，而且为如何运用这一理论指明了方向。

（四）无产阶级政党必须按照民主集中制原则实行严格的组织和制度

民主集中制是无产阶级政党的根本组织制度。尽管马克思、恩格斯没有就此作专门的论述，也没有用过"民主集中制"这样的概念，但在他们制定的《共产主义者同盟章程》和《国际工人协会临时章程》中却贯穿着民主集中制思想。一方面强调民主选举，要求党的各级委员会和各级领导人要由选举产生并且"随时可以罢免"，党员有选举权和被选举权，党内只有职务不同而无高低之分，所有成员一律平等，都必须行使权利和履行义务，"对有关原则问题的一切决议，均须举行所有问题记名投票"④；另一方面又指出党内必须有统一的纲领和章程、统一的组织系统，实行集中统一领导和严格的纪律，对于任何违反党的纪律的成员，要给以纪律处分，直到把他开除出党。这些观点体现了民主集中制的基本思想。因此列宁把民主集中制思想的确立归功于马克思和恩格斯，认为他们"从无产阶级和无产阶级革命的观点出发坚持民主集中制"⑤。

马克思、恩格斯奠定了无产阶级政党的组织体制，他们确立的党的组织机构主要有三部分，即中央组织、地方组织和基层组织。党的最高权力机关是党的代表大会。为了使党的组织卓有成效地工作，第一国际根据党章制定

① 《列宁选集》第 3 卷，人民出版社 1995 年版，第 476 页。
② 《马克思恩格斯选集》第 2 卷，人民出版社 1995 年版，第 38 页。
③ 《马克思恩格斯全集》第 27 卷，人民出版社 1963 年版，第 48 页。
④ 《共产主义运动国际章程汇编》，中国人民大学出版社 1985 年版，第 38 页。
⑤ 《列宁选集》第 3 卷，人民出版社 1995 年版，第 175 页。

了"组织条例",确立了定期召开代表大会等一系列制度,为以后各国共产党建立完整的制度奠定了基础。

(五) 无产阶级政党必须坚持革命的纲领和党的团结统一

马克思、恩格斯指出了党的纲领的重要性,认为共产党要领导无产阶级取得革命的胜利,必须有自己鲜明的革命纲领。马克思和恩格斯在无产阶级政党的第一个纲领《共产党宣言》中,不仅深刻论证了"两个必然"(资本主义必然灭亡和社会主义必然胜利)的客观规律,而且全面阐述了党的纲领的内容,规定了党的最近目标是"使无产阶级形成为阶级,推翻资产阶级的统治,由无产阶级夺取政权"①;党的最终目标是"不在于改变私有制,而只在于消灭私有制,不在于掩盖阶级对立,而在于消灭阶级,不在于改良现存社会,而在于建立新社会"②。这个新社会就是共产主义。

团结统一是党的事业取得胜利的基本保证。马克思、恩格斯在创建无产阶级政党时,就号召"全世界无产者,联合起来"③,并把它明确写在《共产党宣言》里。第一国际成立时,就明确地把团结定为党的一个基本原则。无产阶级政党能够团结,是由于全体共产主义者有共同的信念、共同的政治目标、共同的阶级利益。无产阶级政党的团结是有原则的,即党的理论基础、党的政治纲领、党的组织原则。为了维护在正确原则基础上的团结,就要进行必要的党内斗争,通过开展正确的党内斗争来解决党内的矛盾。

(六) 无产阶级政党必须具有实事求是和自我批评的精神

实事求是,是马克思、恩格斯一贯坚持的思想路线。他们认为自己创立的科学共产主义理论,"是从世界本身的原理中为世界阐发新原理"④,是"从历史事实和发展过程中得出的确切结论;脱离这些事实和过程,就没有任何理论价值和实际价值"⑤。要做到实事求是,就必须参加工人运动,深入实际斗争。要做到实事求是,还必须坚持讲真话,反对唱高调说空话,这样才能取得工人的信任。恩格斯说:"如果说我得到工人的信任,那是因为

---

① 《马克思恩格斯选集》第 1 卷,人民出版社 1995 年版,第 285 页。
② 同上书,第 368 页。
③ 同上书,第 307 页。
④ 《马克思恩格斯全集》第 1 卷,人民出版社 1963 年版,第 418 页。
⑤ 《马克思恩格斯全集》第 36 卷,人民出版社 1979 年版,第 420 页。

我在任何情况下都向他们讲真话，而且只讲真话。"①

实行正确的批评和自我批评是提高党的战斗力的有力武器。恩格斯认为，"批评是工人运动生命的要素"②，勇于批评和自我批评是无产阶级政党的重要特征。批评和自我批评，"对于党来说，一定要比任何无批判的恭维更有益处"③。因此，"建立党内真正和谐的关键就在这里，而不在于否认和隐瞒党内一切真正有争论的问题"④。实践证明，党就是在批评和自我批评中随着时代发展而不断前进的。

总之，立足于时代的发展要求，适应无产阶级解放斗争的需要，马克思、恩格斯作为无产阶级革命导师，毅然决然承载了历史赋予的重任，不仅帮助无产阶级建立了真正现代意义上的无产阶级政党，为无产阶级实现全人类解放提供了现实的基础，而且立足理论与实践的结合，创造性地提出了建立、建设无产阶级政党的一系列基本原则，构建了全新的马克思主义政党理论及其党建学说，从而完成了对传统资产阶级政党理论的颠覆，使党的建设转向关注党的阶级本质和党的终极理想。而这一转向本身就凸显了马克思、恩格斯政党理论及党建学说的历史地位及其价值。

二　列宁把马克思主义党建理论推进到新阶段

邓小平指出，党的学说"列宁有个完整的建党的学说。正是因为列宁建立了那么一个好的党，才取得十月革命的胜利，建立了第一个社会主义国家"⑤。列宁从理论和实践的结合上全面继承和发展了马克思、恩格斯关于无产阶级政党建设的基本观点，使马克思主义党建理论发展到了一个新的阶段。列宁的党建学说，是列宁积极参加革命实践的产物。19世纪末20世纪初的俄国，正处在本国工人阶级革命的前夜。列宁积极参加革命实践，并把马克思、恩格斯的党建学说与俄国的实践相结合，在批判俄国的民粹派、经济派和孟什维克等机会主义错误观点的基础上，写下了《俄国资本主义的发展》、《怎么办》、《进一步，退两步》、《社会民主党在民主革命中的两种策略》、《唯物主义和经验批判主义》等著作，从理论和实践的结合上回答

---

① 《马克思恩格斯全集》第37卷，人民出版社1979年版，第340页。
② 《马克思恩格斯选集》第4卷，人民出版社1995年版，第687页。
③ 《马克思恩格斯全集》第34卷，人民出版社1972年版，第399页。
④ 《马克思恩格斯选集》第4卷，人民出版社1995年版，第740页。
⑤ 《邓小平文选》第2卷，人民出版社1994年版，第44页。

了无产阶级政党的建设问题，为建立新型工人阶级政党奠定了思想基础、组织基础、政治基础和理论基础，从而极大地丰富和发展了马克思主义党建理论，为各国无产阶级政党的建设提供了强大的思想武器。列宁的党建理论形成于十月革命前，发展、完善于十月革命后。由此，其内容可以分为"革命党"的建设和"执政党"的建设两个部分。

（一）关于"革命党"的建设思想

十月革命前，列宁根据俄国革命斗争的要求，围绕"革命党"建设这个中心问题，提出了一系列党建原则和思想观点。主要体现在：

1. 党必须有自己的纲领和章程

工人阶级要推翻反动阶级的统治，建设新社会，必须有一个建立在马克思主义基础上的统一的纲领和章程。党的纲领和章程作为党的根本法规，包括最低纲领和最高纲领、党的组织原则和机构、党员的权利和义务以及党的纪律等具体内容。这些内容，随着党的理论水平提高而提高，随着党的实践经验丰富而丰富。党的纲领和章程是区别于"学会"及空想革命团体的重要标志。1903 年，俄国社会民主工党召开第二次代表大会，制定了统一的纲领和章程，建立了俄国工人阶级政党（列宁有时称该党为"俄国社会民主工党"、"俄国社会民主党"或"俄国社会党"）。党的纲领和章程是党的行动指南，对于政党团结一致、始终一贯的活动有重大意义。

2. 党是工人阶级的先进部队

党的阶级基础是最先进最革命的工人阶级。工人阶级内部存在着觉悟程度的差别，党只能包括工人阶级的少数优秀分子。因此，既要坚持党的阶级性，又要强调党的先进性。而决定党的先进性的重要因素，就是用革命的先进理论来武装。"没有革命理论，就不会有坚强的社会党。""只有以先进理论为指南的党，才能实现先进战士的作用。"[①] 对工人阶级政党来说，革命的先进理论就是马克思主义理论。只有按照这种理论建立起来的工人阶级政党，才能领导工人阶级和劳苦大众推翻剥削阶级的统治，建设新社会，实现人类最美好的共产主义社会，使劳动人民获得最终解放。列宁十分重视马克思主义理论对工人阶级政党的极端重要性，他强调，先进的社会主义思想"只能从外面灌输进去"[②]，这是无产阶级政党的历史任务，是无产阶级先锋

---

① 《列宁选集》第 1 卷，人民出版社 1984 年版，第 274、312 页。
② 《列宁专题文集·论无产阶级政党》，人民出版社 2009 年版，第 76 页。

队的天职。列宁指出："我们决不把马克思的理论看作某种一成不变的和神圣不可侵犯的东西……而这些原理的应用具体地说，在英国不同于法国，在法国不同于德国，在德国又不同于俄国。"① 列宁的这一思想，成为世界各国工人阶级政党学习和运用马克思主义理论所必须遵循的基本原则。

3. 党是工人阶级有组织的整体

有组织才有力量。在列宁看来，无产阶级在争取政权的斗争中，除了组织，没有别的武器。"党应当是组织的总和（并且不是什么简单的算术式的总和，而是一个整体）"②，也就是说，工人阶级政党是一个统一的整体。这个整体是有严密的组织、铁一般的纪律和由中央组织、地方组织以及全体党员组成的。党只有结成统一思想、统一行动、统一纪律的有组织整体时，才能团结和领导工人阶级和广大劳动群众进行革命斗争，战胜强大的资产阶级，实现其伟大的历史使命。

有组织的整体是按照民主集中制原则建立起来的。1906 年，俄国社会民主工党召开第四次代表大会，把民主集中制这一概念正式写进大会通过的党章中，明确规定："党的一切组织是按民主集中制原则建立起来的。"③ "为了保证党内团结，为了保证党的工作集中化，还需要有组织上的统一，……如果没有正式规定的党章，没有少数服从多数，没有部分服从整体，那是不可想象的。"④ 提出民主集中制并把它作为一条原则写进党章，这在马克思主义党建理论史上是第一次，是对马克思主义党建理论的重大发展。

4. 党是工人阶级组织的最高形式

党是工人阶级的组织，但党组织和工会等组织的性质是根本不同的。工会是工人阶级联合的初级形式，是一般的群众性组织。党是工人阶级联合的最高形式，是工人阶级的先锋队组织，是无产阶级事业的战斗司令部；对非党组织的领导是"政治领导"，为非党组织确定路线和方向。因此，列宁指出："要成为社会民主党，就必须得到本阶级的支持。"⑤ 作为先锋队的党，其任务不是反映群众的一般情绪，而是引导群众前进，党要实现正确领导，必须教育、组织群众，提高群众的觉悟，密切联系、依靠群众，得到群众的

---

① 《列宁全集》第 4 卷，人民出版社 1984 年版，第 161 页。
② 《列宁专题文集·论无产阶级政党》，人民出版社 2009 年版，第 102 页。
③ 《苏共决议汇编》第 1 分册，人民出版社 1964 年版，第 119 页。
④ 《列宁全集》第 8 卷，人民出版社 1986 年版，第 387 页。
⑤ 《列宁全集》第 8 卷，人民出版社 1986 年版，第 258 页。

支持和信任。

5. 党必须保持团结统一和正确开展党内斗争

列宁认为，党的团结统一是党的生命，是工人阶级团结统一的保证，是实现党的纲领的重要条件。党的团结统一首先要实现思想统一，即在马克思主义原则基础上统一认识。同时还要有组织统一，即全党执行党章，共同遵守组织制度和组织原则。思想统一和组织统一相辅相成。思想统一是组织统一的基础，组织统一是思想统一的保证。为保持党的团结统一，必须正确进行党内斗争。在长期的革命实践中，列宁为正确开展党内斗争进行了不懈努力。1905—1907 年俄国革命失败后，列宁第一次把党内的错误政治思潮分为"左"右两种倾向，并把反对这两种错误倾向的斗争明确概括为"两条战线的斗争"，提出了两条战线斗争的理论，在反对两种错误倾向的斗争中成长、壮大和经受锻炼是无产阶级政党内部斗争发展的规律。

（二）关于"执政党"的建设思想

十月革命胜利后，1918 年 3 月俄国社会民主工党召开第七次代表大会，根据列宁的提议，俄国社会民主工党更名为俄国共产党（布）。从 1917 年夺取政权到 1924 年列宁去世的 6 年多时间里，列宁立足俄国社会主义建设的实际，围绕"执政党"建设这个课题进行了大胆探索，在实践中提出了一系列基本原则和重要思想，把马克思主义党建理论推向了一个新的阶段，极大地丰富和发展了马克思主义的党建理论宝库。

1. 执政党要把经济建设放在首位

列宁始终把党的建设同党所面临的首要任务紧密地结合，并通过首要任务的确立和实现，使党在思想上得到提高，组织上得到巩固，作风上得到锻炼。他说，革命胜利后"必然要把创造高于资本主义的社会结构的根本任务提到首要地位，这个根本任务就是：提高劳动生产率"①。革命胜利后，挣脱了资本主义锁链的俄国人民得到了长期的和平环境。在这种情况下，经济任务"作为最主要的、基本的任务和战线提到我们面前来了"，必须"把全部注意力转移到这一经济建设上去"②。由此，俄共（布）的首要任务在列宁时期就转移到经济建设上来了。

俄共（布）首要任务的"转移"，集中反映了列宁的重要思想：工人阶

---

① 《列宁全集》第 34 卷，人民出版社 1985 年版，第 168 页。
② 《列宁选集》第 4 卷，人民出版社 1995 年版，第 346 页。

级在夺取政权后，要不失时机地把党的首要任务转移到经济建设上来，创造高于资本主义的劳动生产率，以满足人民群众的物质生活方面的需要。只有这样，十月革命以来的胜利成果才能巩固，社会主义才能彻底巩固。

2. 执政党必须坚持党的领导

"党是直接执政的无产阶级先锋队，是领导者"①，坚持党的领导是一条不可动摇的原则。这是由工人阶级的历史使命和党的性质决定的，也是俄国革命斗争经验的总结。列宁明确指出："国家政权的一切政治经济工作都由工人阶级觉悟的先锋队共产党领导。"② 这里说的"一切政治经济工作"包括：对苏维埃政权的领导；对经济建设的领导；对思想战线的领导；对军队的领导；对工会和其他群众组织的领导等。

列宁在论述坚持党的领导的同时，明确提出了正确处理党政关系的思想。党既要领导苏维埃，又不能代替苏维埃。党的任务"是对所有国家机关的工作进行总的领导"③。"总的领导"，主要是指党在政治上、思想上和组织上的领导。而在执政手段上，要正确处理党政关系，明确党的领导的主要职能，实行党政分工，党才能领导好国家的全部政治经济工作，一步步取得社会主义事业的胜利。

3. 执政党必须提高党员素质

革命胜利后，党的地位和任务都发生了根本的变化，这就要求每个共产党员必须提高素质，努力学习马克思主义理论和业务管理知识。列宁十分重视办好党的各级各类党校，到 1922 年，全国（除乌克兰外）从中央到地方，共建有各级各类党校 242 所，在校学员 22000 人。通过党校教育培训，使党员不仅学到马克思主义理论，而且学到业务管理知识，提高了党员素质。

鉴于当时经济建设任务紧迫而繁重的情况，列宁还要求共产党员向资产阶级专家学习。列宁强调："要管理就要懂行，就要精通生产的全部情况，就要懂得现代水平的生产技术，就要受过一定的科学教育。"④ 这里提出的四个"就要"，是经济建设时期每个共产党员必须具备的基本条件。

4. 执政党要善于纯洁自己的队伍

列宁认为，党的先进性和战斗力与党员成分有密切关系，但主要取决于

① 《列宁选集》第 4 卷，人民出版社 1995 年版，第 423 页。
② 《列宁全集》第 42 卷，人民出版社 1986 年版，第 370 页。
③ 《列宁全集》第 43 卷，人民出版社 1987 年版，第 64 页。
④ 《列宁全集》第 38 卷，人民出版社 1986 年版，第 240 页。

党员的质量。他指出：党内从下到上的一切机关都要"实行普遍选举制、报告制和监督制"①，"以健康的强有力的先进阶级作为依靠的执政党，要善于清洗自己的队伍"②，"我们的任务是要维护我们党的坚定性、彻底性和纯洁性"③。

革命成功后，"执政党的引诱力"使一些非无产者加入了党的队伍。这样，党员人数快速增加，党的社会成分变得复杂起来。1921年初，俄共（布）党员人数增加到70多万（1919年初党员人数只有30多万），其中工人不到半数，农民约占1/4，余下的则是其他社会成分的人，党内明显地暴露出一种工团主义和无政府主义倾向。鉴于这种情况，在列宁的正确领导下，1919年和1921年开展了两次清党工作。通过清党，党员数量明显地减少，"意味着党的力量和作用的大大增加"④。列宁领导开展的清党工作，是工人阶级执政党建设的伟大创举，在马克思主义党建史上具有重要的意义。它不仅纯洁了党的队伍，而且还为世界各国工人阶级政党整顿党的组织，积累了宝贵的经验。

5. 执政党要努力培育良好的作风

列宁认为，革命胜利后，党处于执政地位，掌握着一定的权力，在思想作风上一个普遍性的问题就是要防止骄傲自大，避免胜利冲昏头脑。他指出："我希望我们决不要使我们的党落到骄傲自大的地步。"⑤列宁把共产党人的"骄傲自大"同文盲和贪污一起看作党的"三大敌人"，号召人们必须自觉地同骄傲自大行为作斗争。在思想作风上另一个普遍性的问题是要克服官僚主义。列宁极力主张通过对国家机关进行改革，来克服官僚主义。1922年12月至1923年3月，列宁向党中央明确提出了精简机构，选拔人才，建立个人工作责任制，实行检查和监督，改进工作作风等行之有效的具体措施。

党的作风还集中表现在党同人民群众的密切关系上。列宁认为，革命胜利后，由于执政党地位的确立，脱离群众成为党内"最严重最可怕的危险之一"⑥。因此，党要"更深入群众"、"更密切地联系群众"⑦。他指出："我

---

① 《苏联共产党决议汇编》第2分册，人民出版社1957年版，第54页。
② 《列宁全集》第37卷，人民出版社1986年版，第24页。
③ 《列宁全集》第7卷，人民出版社1986年版，第272页。
④ 《列宁全集》第37卷，人民出版社1986年版，第24页。
⑤ 《列宁全集》第38卷，人民出版社1986年版，第355页。
⑥ 《列宁选集》第4卷，人民出版社1995年版，第626页。
⑦ 同上书，第242页。

们需要的是能够经常同群众保持真正的联系的党，善于领导这些群众的党。"① 为防止"人民公仆"蜕变为"人民的主人"，列宁亲自制定了国家机关的立法制度，把国家机关的负责人定期向代表大会汇报工作、领导干部亲自处理群众来信来访作为全党的生活准则，要求领导干部下基层和群众打成一片。

党还有一个独特的作风，就是自觉地运用批评与自我批评这一武器。列宁把能否开展批评与自我批评作为衡量党是否对人民负责的一个最重要最可靠的尺度。他指出："一个政党对自己的错误所抱的态度，是衡量这个党是否郑重，是否真正履行它对本阶级和劳动群众所负义务的一个最重要最可靠的尺度。"② 正确开展批评与自我批评是党的生命力之所在。

总之，产生于 19 世纪末 20 世纪初的列宁党建理论，适应捍卫和发展马克思主义的需要，以及俄国无产阶级进行革命、创建新型的马克思主义政党的需要，加上它从理论和实践的结合上回答了无产阶级政党在革命和建设中面临的一系列问题，特别是执政党建设的问题，因而更具有针对性、科学性和时代价值。它作为马克思主义党建理论宝库中的宝贵财富——列宁主义的重要组成部分，对当今世界各国无产阶级政党建设起着重大指导作用。

三 中国共产党关于党建理论的探索与实践

中国共产党是在经济文化较落后的东方国家建立起来的，其产生的社会历史条件、发展的道路、自身建设的模式，都与西方无产阶级政党有许多不同之处，在此基础上形成的党建理论也有许多独到之处。90 多年来，中国共产党人把马克思主义党建理论与中国革命、建设和改革的实践相结合，与中国共产党自身建设的实践相结合，形成了具有鲜明中国特色的党建理论。

（一）毛泽东开拓了马克思主义党建理论新境界

在长期的中国革命和建设实践中，毛泽东思考较多的一个重要问题就是，在经济文化落后的半殖民地半封建的中国如何建设一个坚强、巩固的无产阶级政党问题。这是马克思、恩格斯当年没有遇到过的，列宁只是破了题而没有完全解决的重大问题。围绕这个重大问题，毛泽东在理论上进行了不懈探

---

① 《列宁全集》第 39 卷，人民出版社 1986 年版，第 225 页。
② 同上书，第 37 页。

索，在实践中进行了艰辛开拓，不仅成功地解决了在无产阶级人数很少而战斗力很强、农民和其他小资产阶级占人口大多数的国家建设一个具有广泛群众性的、马克思主义的无产阶级政党的特殊难题，而且先后提出了一系列无产阶级政党建设的独创理论、制度政策和实际举措，形成了具有中国特色的毛泽东党建思想，为马克思主义党建理论增添了新内容。体现毛泽东党建思想的代表作有：《关于纠正党内的错误思想》、《〈共产党人〉发刊词》、《反对自由主义》、《改造我们的学习》、《整顿党的作风》、《反对党八股》等。毛泽东党建思想是毛泽东思想科学体系的重要组成部分，是中国共产党建设实践经验的科学总结和理论概括，是中国共产党集体智慧的结晶。邓小平指出："把列宁党建学说发展得最完备的是毛泽东同志。""毛泽东同志对于建立一个什么样的党，党的指导思想是什么，党的作风是什么，都有完整的一套。"①

1. 党的建设必须密切联系党的政治路线

党的一切工作都要服从于党的政治路线，任何具体工作和具体政策都不能脱离政治路线。毛泽东在《〈共产党人〉发刊词》中对这一原理作了完整表述。党的政治路线决定着党的行动的总方向，决定着党的自身建设。只有在正确地贯彻执行党的政治路线中建设党，党才能得到巩固和发展，才能发挥领导作用。为此，必须保证党的政治路线的正确。同时，党的政治路线的制定和实现，有赖于党的建设的加强，即要依靠党思想上的成熟、组织上的巩固和党风的端正，依靠党有成效的思想政治工作和组织工作，依靠党的各级组织、党的干部和全体党员不屈不挠的斗争。毛泽东指出，党的组织坚强有力，"更加布尔什维克化，党就能、党也才能更正确地处理党的政治路线，更正确地处理关于统一战线问题和武装斗争问题"②。毛泽东不仅概括了中国共产党建设的重要经验，也揭示了无产阶级政党建设的一个普遍规律，是我们党加强自身建设必须始终坚持的指导原则。

2. 丰富和发展了民主集中制理论

民主集中制是马克思主义政党的根本组织原则。中国共产党是按照民主集中制的原则建立起来的。毛泽东创造性地把民主集中制原则运用于党的建设，不断总结新鲜经验，赋予民主集中制以新的、更深刻的内容。他认为，我们的民主集中制，是高度民主和高度集中的辩证统一。"在人民内部，不可以没有自由，也不可以没有纪律；不可以没有民主，也不可以没有集中。

---

① 《邓小平文选》第 2 卷，人民出版社 1994 年版，第 44 页。
② 《毛泽东选集》第 2 卷，人民出版社 1991 年版，第 605 页。

这种民主和集中的统一，自由和纪律的统一，就是我们的民主集中制。"①
毛泽东创造性地把党的群众路线运用于党内生活，与民主集中制联系起来。
他认为，"先民主，后集中，从群众中来，到群众中去，领导同群众相结
合"②，既是民主集中制的方法，又是群众路线的方法。民主和集中的过程，
也就是从群众中来到群众中去的过程。毛泽东还把民主集中制运用于国家政
治生活中，提出要在党和国家造成一个生动活泼的政治局面。

3. 把党风建设提到党的建设的重要位置

毛泽东在《整顿党的作风》一文中指出，我们要完成打倒敌人的任务，
必须把党的作风整顿好，并针对当时党内的状况，提出了反对主观主义以整
顿学风，反对宗派主义以整顿党风，反对党八股以整顿文风。后来在党的七
大上，毛泽东把党的优良作风概括为理论和实践相结合、和人民群众紧密地
联系在一起以及自我批评，并认为这是中国共产党区别于其他任何政党的显
著标志之一。在新中国成立前后，毛泽东又提出要继续保持谦虚谨慎、戒骄
戒躁、艰苦奋斗的作风，反对脱离群众的官僚主义作风。在党内第一次提出
党风概念，并系统地论述了党风的重要性及党风建设问题，是毛泽东总结中
国共产党建设经验，对马克思主义党建理论的独创性贡献。

4. 丰富了党的团结和党内斗争的理论

毛泽东对于党的团结的意义、坚持团结的原则基础、党的团结和党内斗
争的关系、党内斗争的根源和实质以及正确开展两条路线斗争等问题，都有
深刻的论述。他对党的团结和党内斗争理论的突出贡献，是提出了正确开展
党内斗争的基本方针。党内斗争从本质上说是一种思想斗争，是解决无产阶
级思想同非无产阶级思想的矛盾，解决正确与错误、是与非的矛盾，所以要
达到既弄清思想又团结同志的目的。针对历史上党内斗争存在"残酷斗争、
无情打击"的"左"倾错误，毛泽东提出了"惩前毖后，治病救人"的正
确方针，后来他把这一方针具体化为"团结—批评—团结"的公式，即从
团结的愿望出发，经过批评和斗争，在新的基础上达到新的团结的目的。这
个方针科学地总结了我党历史上党内斗争的经验教训，对维护党的团结和统
一起到了至关重要的作用。

5. 开创了马克思主义思想教育的好形式——整风运动

通过批评与自我批评的整风运动进行马克思主义思想教育，这种形式为

---

① 《毛泽东著作选读》下册，人民出版社 1986 年版，第 762 页。
② 同上书，第 816 页。

我们党所独创，是由我国无产阶级人数很少而战斗力很强、农民和其他小资产阶级占人口大多数这个根本特点所决定的。开展马克思主义思想教育，通过批评与自我批评加强思想建设，是把农民、小资产阶级革命分子改造成为坚强的无产阶级先锋战士的根本措施。党内的矛盾主要是同志间的是与非、正确与错误、先进与落后的矛盾。加强马克思主义的思想教育，开展批评与自我批评，不断改造党员的非无产阶级思想，是解决这种矛盾的根本方法。延安整风运动，是一次广泛、生动的马克思主义思想教育运动，取得了良好效果。

从总体上看，毛泽东党建思想中最具独创性的当为以下三点。

第一，明确提出着重从思想上建党，凸显了党的全部建设的基础和党的建设的总策略及其突破口。在经济文化落后、政治经济发展极不平衡的半殖民地半封建社会里，在长期战斗在农村环境下，在农民和小资产阶级汪洋大海般的包围中，党如何保持自己的先进性并始终发挥领导核心作用，一直是毛泽东思考和探索的重大问题。大革命失败后，毛泽东在探索"农村包围城市、武装夺取政权"革命新道路的过程中，逐步认识到着重从思想上建党对中国共产党生存和发展的重大意义。他先是提出"思想领导"问题，后又提出"纠正党内错误思想"问题，再到《古田会议决议》"着重从思想上建党"正式形成。把思想建设放在首位，着重从思想上建党，是毛泽东建党思想的最突出的贡献。其实质，就是要解决在经济文化落后的国家，如何保持党的先进性问题。其根本目的，就是用马克思主义理论武装全党，用无产阶级思想克服党内各种非无产阶级思想，从而帮助党员不仅要在组织上入党，更要在思想上入党。这一建党原则，不仅回答和解决了处于特殊社会历史环境里中国共产党建设的方向和重点，而且对马克思主义党建理论是一个重大的创新和发展。从加强党的先进性建设的角度看，有效地解决了因大量吸收农民和小资产阶级分子进入党内之后而产生的无产阶级思想与非无产阶级思想的矛盾，使党的先锋队理论得到了重大发展。在这个意义上，这一思想对中国共产党加强先进性建设将具有长期的指导价值。

第二，明确提出"两个先锋队"思想，把列宁的"党是阶级的先锋队"思想向前推进了一大步。科学规定党的性质，对保持党的先进性、实现党的建设目标至关重要。最早提出"党是阶级的先锋队"的是列宁，最早提出党"是无产阶级的先锋队，同时又是最彻底的民族解放的先锋队"的则是毛泽东。在领导中国革命的过程中，围绕如何保持党的先进性问题，毛泽东进行了艰辛探索，到抗日战争时期他得出明确的结论："我们共产党是无产阶级的先锋队，同时又是最彻底的民族解放的先锋队。"① 就是说，中国共产党不但是工人阶级利益的代表者，也是中国最广大人民利益的代表者，是全民族利益的代表者。所以毛泽东特别强调，"我们的政府不但是代表工农的，而且是代表民族的"②，"我们的党是无产阶级政党，是无产阶级的先进部队，是用马克思列宁主义武装起来的战斗部队"③。由此可见，毛泽东的"两个先锋队"思想，不仅继承和发展了列宁先锋队理论，科学规定了党的性质，体现了与时俱进的理论品质，而且对保持中国共产党的先锋队本色，维护党的领导地位和执政地位，发挥了决定性作用。

第三，明确提出党的建设是"革命法宝"和"伟大工程"，既看到党的建设重要性又指出党的建设艰巨性。1939 年 10 月，毛泽东在《〈共产党人〉发刊词》中指出："统一战线，武装斗争，党的建设，是中国共产党在中国革命中战胜敌人的三个法宝，三个主要的法宝。"其中，"统一战线和武装斗争，是战胜敌人的两个基本武器。……而党的组织，则是掌握……这两个武器以实行对敌冲锋陷阵的英勇战士"④。实践证明，"领导中国民主主义革命和社会主义革命这样两个伟大的革命到达彻底的完成，除了中国共产党之外，是没有任何一个别的政党（不论是资产阶级的政党或小资产阶级的政党）能够担负的"。"没有一个全国范围的、广大群众性的、思想上政治上组织上完全巩固的布尔什维克化的中国共产党，这样的任务是不能完成的。"⑤ 在中国这样有着特殊国情的东方大国完成这样"一个光荣而又严重的任务"⑥，毛泽东称其为"伟大的工程"⑦。把党的建设定位为"革命法宝"和"伟大工程"，在马克思主义经典作家的著述中是前所未有的，具有里程碑意义。它标志着毛泽东和我党对党的自身建设的认识达到了一个新的高度。

以毛泽东为核心的党的第一代中央领导集体，把马克思列宁主义党建理论与中国的实际相结合，独创性地解决了中国共产党建设的特殊矛盾和复杂问题，形成了毛泽东党建思想，在党的思想建设、政治建设、组织建设、作风建设等方面极大地丰富和发展了马克思、恩格斯和列宁党建学说。但是，

---

① 《毛泽东文选》第 2 卷，人民出版社 1993 年版，第 42 页。
② 《毛泽东选集》第 1 卷，人民出版社 1991 年版，第 158 页。
③ 《毛泽东文选》第 8 卷，人民出版社 1999 年版，第 307 页。
④ 《毛泽东选集》第 2 卷，人民出版社 1991 年版，第 606、613 页。
⑤ 同上书，第 652 页。
⑥ 同上。
⑦ 同上书，第 602 页。

由于中国共产党执政的时间还不长，对共产党执政的规律还缺乏深刻的认识，毛泽东执政党建设思想的提出仅仅是初步的，还不够全面和完善。

（二）邓小平实现了马克思主义党建理论新发展

党的十一届三中全会以后，邓小平在领导全党开辟中国特色社会主义道路的实践中，科学分析当今世界的时代特征和国际形势新变化，立足于实现中国社会主义现代化的伟大历史任务，围绕在改革开放和现代化建设条件下建设一个什么样的党、怎样建设党的问题，提出了一系列新思想、新观点、新论断，形成了新时期党的建设理论。这一理论丰富和发展了马列主义、毛泽东思想的党建学说，是指导全党在社会主义初级阶段坚持和改善党的领导、加强和改进党的建设的强大武器。邓小平党的建设理论是比较完整、内容丰富的科学体系，涵盖新时期党的建设各个方面。

1. 制定了党在新时期的政治路线

政治路线决定党的建设任务和方向，政治路线正确与否，直接关系到党的事业和党的建设成败。邓小平党的建设理论首先着重解决了党的政治路线问题，即领导全党确立了建设中国特色社会主义的基本路线，并提出了保证这条基本路线贯彻执行的一系列方针政策。正确的政治路线，源于对社会基本状况的科学认识和对社会主义本质特征的深刻把握。社会主义制度建立以后，我国处于什么发展阶段？我们党对此有着较长时期的认识过程。十一届三中全会以后，邓小平以马克思主义视野洞察中国实际，提出了我国还处于社会主义初级阶段的科学论断，一方面我国已经建立了社会主义制度；另一方面，社会主义还不成熟，社会主义制度尚不完善。由此决定了我国社会的主要矛盾不再是无产阶级和资产阶级、社会主义道路和资本主义道路的矛盾，而是人民日益增长的物质文化需要同落后的社会生产之间的矛盾。因此，坚定不移地发展生产力，始终不渝地扭住经济建设不放，是党在新时期的首要任务。邓小平还对社会主义的本质作了新的科学概括，突出强调了"解放生产力，发展生产力"，纠正了过去长期忽视生产力发展的错误观点；突出强调了"消灭剥削，消除两极分化，最终达到共同富裕"，为坚持社会主义发展目标明确了方向。正是基于对当代中国国情和社会主义本质的正确把握，邓小平理论初步系统地回答了在中国这样一个经济文化比较落后的国家如何建设、巩固和发展社会主义的一系列基本问题，形成了"一个中心、两个基本点"的中国特色社会主义基本路线。这条基本路线，反映了中国社会主义发展的基本规律，成为党在新时期所要坚持和实行的政治路线。这是我们党执政以来正反两方面经验的总结，是马克思主义与中国社会主义建设实际相结合的结晶，凝结着全党和全国人民的智慧，体现了邓小平对新时期党的政治路线的巨大贡献。

2. 深化发展了党的解放思想、实事求是的思想路线

党的思想路线是制定正确的政治路线的前提和基础，是贯彻执行政治路线的保证。我们党一贯坚持实事求是的思想路线，但在"左"的指导思想盛行时，曾一度陷于教条主义和个人崇拜的僵化思想之中。粉碎"四人帮"以后，邓小平不仅重新恢复和确立了实事求是的思想路线，而且突出强调解放思想的重要性，把解放思想与实事求是有机统一起来。他指出："解放思想，是指在马克思主义指导下打破习惯势力和主观偏见的束缚，研究新情况，解决新问题。""就是使思想和实际相符合，使主观和客观相符合，就是实事求是。"① 因此，解放思想和实事求是是一致的。只有解放思想，才能做到实事求是；只有实事求是，才能真正地解放思想；二者统一于中国特色社会主义事业的伟大实践。在实践中检验真理、坚持和发展真理，是党的思想路线的基本点。邓小平以此为指导，提出以"三个有利于"作为评判改革开放成败和一切工作是非得失的标准，从而进一步完整地表述和丰富发展了党的思想路线。

3. 提出了坚持和改善党的领导的新课题

把党建设成为领导社会主义现代化事业的坚强核心，关键是要提高党的执政水平和领导水平。邓小平在总结历史教训和思考现实情况的基础上，提出了坚持和改善党的领导的科学论断，从而为实现党的正确、有效领导指明了方向。他指出："中国的社会主义现代化建设事业由共产党领导，这个原则是不能动摇的。"② 他提出的四项基本原则的核心就是坚持党的领导。只有不断改进和完善党的领导，党才能适应现代化建设和改革开放这一全新事业的需要。邓小平在强调坚持党的领导的同时，提出了改善党的领导的重要任务。改善党的领导包括改善党的组织状况、作风状况、领导工作状况等。但就党的领导本身而言，需要改革和完善党的领导内容、领导方式和领导体制，同时，必须正确处理党政关系。坚持和改善党的领导，是党的领导问题的两个方面，二者辩证统一。坚持党的领导，是改善党的领导的前提和归宿；而只有改善党的领导，才能真正实现党的领导。

① 《邓小平文选》第2卷，人民出版社1994年版，第279、364页。
② 同上书，第267页。

4. 明确了新时期干部队伍建设的方针原则

干部队伍建设是组织路线的核心内容，是实现党的政治路线和思想路线的关键。邓小平反复强调，解决组织路线问题，最大、最难、最迫切的问题是选好接班人。邓小平根据社会主义现代化建设的需要和干部队伍的现状，首先提出了新时期干部队伍建设的"四化"方针，即"革命化、年轻化、知识化和专业化"。这一方针内在地包含了对干部"德才兼备"的原则要求，并且根据时代需要，赋予了"德"与"才"新的内容。其次大力倡导解放思想，破除论资排辈、求全责备、迁就照顾等陈腐落后观念，特别是要重用那些人民群众公认的、坚持改革开放并政绩突出的人。最后强调贯彻执行干部队伍建设"四化"方针必须改革不合时宜的干部人事制度，为优秀人才脱颖而出创造条件。邓小平指出，干部队伍建设的核心是领导班子建设，要形成结构合理、优势互补的领导集体；要打破干部领导职务的终身制，实行集体领导；要通过改革和完善干部制度来解决干部能上能下的问题，逐步形成科学合理的选人用人机制。

5. 坚持和健全民主集中制

民主集中制是无产阶级政党的根本组织原则和领导制度，是党制定和执行正确路线的组织保证，是保持党的先进性和纯洁性的重要条件。邓小平总结"文革"民主集中制被破坏的教训，着重强调民主集中制是我们党和国家最根本的制度，也是最合理、最便利、最科学的制度，是在任何时候都不能丢掉的法宝。在改革开放、发展社会主义市场经济的条件下，邓小平不仅论述了坚持民主集中制对于防止"文革"悲剧重演、开拓新的历史局面的重要性，而且根据形势的需要，进一步发展和丰富了民主集中制的基本原则。他强调，必须发扬党内民主，活跃党内生活，实现决策民主化和科学化，切实保障党员的民主权利；必须坚持"四个服从"（少数服从多数、个人服从组织、下级服从上级、全党服从中央），其中最主要的是全党服从中央，坚决拥护中央权威；必须实行集体领导和个人分工负责相结合的制度，重大问题集体讨论，严格按少数服从多数的原则办事；必须坚持党要管党、从严治党；禁止任何形式的个人崇拜，保证党的领导人的活动处于党和人民的监督之下。

6. 明确制度建设是党的建设的一项重要内容

邓小平深刻总结历史经验特别是"文革"的教训，提出了制度问题对于党的建设更具根本性、全局性、稳定性和长期性的崭新思路。他指出："我们过去发生的各种错误，固然与某些领导人的思想、作风有关，但是组织制度、工作制度方面的问题更重要。"① 因此，防止党内个人专断现象出现，不应仅仅从领导人的思想作风去找，而应从党和国家的领导制度、组织制度、干部制度中去找。制度问题不解决，党内的官僚主义、不正之风等一切问题就难以从根本上解决。所以要建立健全以民主集中制为基础的各项制度，完善党规党纪，使党内生活民主化、制度化、科学化。只有把党的思想建设、组织建设、作风建设与党的制度建设结合起来，走出一条不靠政治运动而靠改革和制度建设的新路子，才能实现党的自身建设与改革开放条件相适应。邓小平关于加强党的制度建设思想，是对马克思主义党建理论的独创性贡献。

7. 开创了改革开放条件下党风廉政建设的新路子

在改革开放、发展社会主义市场经济的条件下，邓小平明确指出了党风廉政建设的紧迫性、长期性和艰巨性。改革开放以来，随着经济发展速度加快、人民生活水平不断提高，党内出现了许多严重的消极腐败现象。对此，邓小平明确指出，加强党风廉政建设，惩治腐败，将是一项贯穿于改革开放整个过程的长期任务。邓小平总结了新中国成立以来反腐败斗争的经验教训，提出了标本兼治、综合治理的新路子。他强调执政党的党风是关系党生死存亡的问题，要发扬党的优良传统作风，反对官僚主义、形式主义和主观主义，在整个改革开放的过程中都要反对腐败，绝不能手软，要一手抓改革开放，一手抓廉政建设，把惩贪倡廉作为密切党群关系的重要内容。

邓小平党的建设理论是对马克思主义党建理论和毛泽东建党思想的继承、丰富和发展，是探索社会主义执政党建设规律的新成果。它在许多方面，尤其是在一些具有支配全局作用的方面，发展了毛泽东建党思想，具有继承性、创造性和时代性的特点。邓小平党建理论把党的建设融入改革开放和社会主义现代化建设整个大的系统工程里面去，使党的建设获得了生机和活力，开创了党的建设"新的伟大工程"，使领导中国的改革开放和社会主义现代化建设事业取得了巨大的成就。

（三）江泽民提升了马克思主义党建理论的新品质

党的十四届三中全会以后，"受命于重大历史关头"的以江泽民为核心的党的第三代中央领导集体，从"关键在党"这样一个关系全局的视角出发，聚精会神地抓党的建设，在建设中国特色社会主义的伟大实践中积累了

① 《邓小平文选》第 2 卷，人民出版社 1994 年版，第 333 页。

新的宝贵经验，创立了"三个代表"重要思想，在邓小平理论的基础上进一步回答了什么是社会主义、怎样建设社会主义的问题，创造性地回答了建设什么样的党、怎样建设党的问题。"三个代表"重要思想是一个系统的科学理论体系，在改革发展稳定、内政外交国防、治党治国治军各个方面，提出了一系列紧密联系、相互贯通的新思想、新观点、新论断。其中关于执政党建设的一系列重要论述，赋予了党的性质、党的建设目标、党的建设实践以鲜明的时代内涵，提升了马克思主义党建理论新品质。这种提升，主要体现在以下方面。

1. 从革命党到执政党

加强党的建设，根本价值在于保持党的先进性，实现党的最终奋斗目标。而要达此目的，就必须始终做到"三个代表"。而要认真践行"三个代表"重要思想，并将其贯穿到党的建设全过程和各个方面，就必须首先解决一个问题——准确分析和判断党所处的历史方位（历史方位是历史定位、现实定位和未来定位的总和——历史定位，是对党从何而来的历史追溯；现实定位，是对现实条件下世情、国情、党情的深刻认识和把握；未来定位，是对党及其领导下的国家将要发展到哪里去的展望）。这是江泽民思考、探究新的历史条件下党建问题的基本逻辑。他最早提到"党的历史方位"问题，是 2000 年 12 月在中纪委第五次会议上的讲话。他说："我们党已经历了近八十年的历史……这八十年历程，包括两个大的历史时期。前二十八年，是为夺取全国政权、建立新中国而奋斗的时期。……后五十年，是我们党掌握全国政权、履行执政职能的时期。""在这两个不同的历史时期里，我们党的地位发生了重大变化，从一个为夺取政权而奋斗的党成为一个掌握着全国政权的执政党，成为一个连续执政五十多年的党。"[①] 他完整论述"党的历史方位"问题，是 2002 年 11 月在党的十六大上所作的报告。他指出："我们党历经革命、建设和改革，已经从领导人民为夺取全国政权而奋斗的党，成为领导人民掌握全国政权并长期执政的党；已经从受外部封锁和实行计划经济条件下领导国家建设的党，成为在对外开放和发展社会主义市场经济条件下领导国家建设的党。"[②] 这些论述表明，江泽民对"党的历史方位"的科学概括由革命党转变为执政党。这一概括，集中反映了党的地位、任务和环境发生的重大变化，也反映了新的历史条件下党的建设有利条

---

① 《江泽民文选》第 3 卷，人民出版社 2006 年版，第 178—179 页。
② 同上书，第 536—537 页。

件和不利因素以及基本走向。

关于"党的历史方位"问题，应明确三点：

一是从革命党向执政党转变的必然性问题。按照马克思主义党建理论，政党自从产生以来，就处在不断变革的过程中以适应环境的需要，特别是在革命胜利后，对于中国共产党这样的马克思主义政党来说，夺取政权的道路是暴力革命，执政后手中握有高度集中的权力。这种历史情结给党实现自己的目标既带来了有利条件，也造成了历史的惯性——易于把过去战争年代处于不合法地位时期的思维方式、活动方式带到执政活动中，产生一些不合时宜的做法，因此，实现革命党向执政党的转变，特别是实现从革命党到具有自觉执政意识的执政党的转变，更具有必然性。

二是从革命党向执政党转变产生的影响。革命党向执政党的转变具有多方面的内涵，而最主要的是"地位转变"和"角色转变"。对中国共产党来说，"地位转变"的标志性事件是1949年中华人民共和国的成立。在此之前，就总体而言，我们党毫无疑问是革命党，处于革命地位。其基本任务是领导人民进行民族民主革命，是推翻帝国主义、封建主义和官僚资本主义"三座大山"，打碎旧的国家机器，建立人民民主专政的新的国家政权。新中国的诞生，人民民主专政国家政权的建立，标志着我们党的地位在全局上发生了根本性的转变：结束了长期被旧国家政权打压、处于非法的被统治地位的历史，开始掌握国家政权，成为执政党，处于执政地位。地位的转变，意味着角色也要相应地转变。党的任务和工作重点应由革命战争转向经济建设，由夺取政权解放生产力转向运用政权的力量解放和发展生产力、建设新社会；由受外部封锁和实行计划经济条件下领导国家建设的党，转变成为在对外开放和发展社会主义市场经济条件下领导国家建设的党。这种转变表明，我们党的继续发展和中国特色社会主义事业的推进具有空前的条件，同时在新的历史条件下又面临诸多新挑战和新考验。

三是从革命党向执政党转变必须解决的问题。第一，无产阶级政党，特别对于在没有经过资本主义充分发展的落后国家取得政权的中国共产党来说，必须经历一个漫长的过程，如果企图在短时间内实现转变，必然会因现有条件的局限而使人们陷于超越历史阶段的空想中。第二，完成革命党向执政党的转变，当务之急是实现从不自觉或不完全的执政意识到具有自觉的全面的执政意识的转变，实现人民概念向公民概念、认知观念向法治观念、运动式思维向常态化思维的转变。第三，由于独特的历史背景造就了中国共产党在中国政治社会生活中独特的地位和作用，所以从革命党向执政党的转变决不仅仅是党自身转变的事情，而是必然涉及广泛的政治体制改革和诸多制度建构。实践证明，只有通过政治体制改革，才能在思维方式和行为方式等各个方面实实在在地完成体制上的真正转变。

2. 从"两个先锋队"到"三个先锋队"

保持无产阶级政党的先进性，是马克思主义党建理论的核心内容。能不能适应新形势新任务的要求，把党建设得更加组织严密、更加行动统一、更加团结有力、更加朝气蓬勃，使之始终保持工人阶级先锋队性质，更好地代表最广大人民的利益，是中国共产党在革命、建设和改革时期始终面临的重大理论问题和现实问题。为了解决这样的问题，中国共产党进行了不懈的努力和探索。以毛泽东为核心的党的第一代中央领导集体提出了"两个先锋队"的思想："中国共产党是无产阶级的先锋队。……同时中国共产党又是全民族的先锋队……"① 进入改革开放和社会主义现代化建设新时期，针对"党员队伍，党所处的地位和环境，党所肩负的任务，都发生了重大变化"②这一实际情况，江泽民在党的十六大报告中提出了"三个先锋队"思想，即"党始终是中国工人阶级的先锋队，同时是中国人民和中华民族的先锋队"③。党的十六大通过的新《党章》明确写道："中国共产党是中国工人阶级的先锋队，同时是中国人民和中华民族的先锋队，是中国特色社会主义事业的领导核心。"从"两个先锋队"到"三个先锋队"，体现了中国共产党人的认识发展过程及其在无产阶级政党性质方面的与时俱进与重大创新。

关于"三个先锋队"思想，应明确三点：

一是"三个先锋队"是以江泽民为核心的党的第三代中央领导集体对新时期党的性质的新界定，凸显了阶级性、人民性、民族性与先进性的有机统一，极大丰富和发展了马克思主义党建理论。虽然马克思、恩格斯提出了无产阶级政党先进性问题，但仅限于破题；列宁提出了党应该是"阶级的先锋队"，但也只强调了"一个先锋队"；毛泽东十分重视党的先进性问题，提出了"两个先锋队"思想。在马克思主义党建发展史上，在中国共产党代表大会上，明确提出并全面系统论述"三个先锋队"思想，意义重大而深远。

二是必须着眼于三个维度准确理解"三个先锋队"的内涵，采用理论

---

① 《中共中央文件选集》第 10 卷，中共中央党校出版社 1990 年版，第 620 页。
② 《江泽民文选》第 3 卷，人民出版社 2006 年版，第 282 页。
③ 同上书，第 569 页。

和实践相统一、历史和现实相统一的科学态度和方法，才能获得其真正要义
和精神实质。

第一，"中国共产党是中国工人阶级的先锋队"，主要是从阶级性和先
进性的维度，从理论和实践相统一的角度，重在说明鲜明的阶级性和突出的
先进性是中国共产党性质的规定性，阶级性和先进性密不可分，并随着实践
的发展而发展，从而回答了当代中国共产党面临的重大问题——现代科学技
术发展是否改变了工人阶级是先进生产力的代表者？工人阶级队伍自身变化
是否改变了共产党是工人阶级先锋队性质？江泽民给出的答案是：随着改革
的深化和产业结构的调整，尽管一些职工的工作岗位发生了变化，但"这
并没有改变我国工人阶级的地位"①，因为工人阶级的规模在扩大，素质也
在不断提高；随着科学技术的迅猛发展，不仅工人阶级在迅速知识化，而且
作为工人阶级一部分的知识分子，其先进性也在发展，对社会生产力的推动
作用越来越大。由此可见，工人阶级仍然是中国先进生产力的代表者，仍然
是推动中国先进生产力发展的基本力量。所以，我们党必须始终坚持工人阶
级先锋队性质，全心全意依靠工人阶级。

第二，"中国共产党是中国人民的先锋队"，主要是从执政意识的维度，
从历史和现实相统一的角度，重在说明中国共产党是代表人民利益的，一贯
高度重视巩固和扩大党的群众基础，提高党的社会影响力。在改革开放的新
形势下，中国共产党依然宣示这样的立场有两个原因：从政党的一般规律
看，作为中国唯一的执政党，中国共产党必须使自己执政基础覆盖社会各个
阶级和阶层；从党所要完成的历史任务和面临的形势看，必须以"中国人
民的先锋队"这个旗帜凝聚全社会各方面的正能量。所以，江泽民反复强
调，改革开放以来，党自身建设面临着一系列新情况、新问题，中国共产党
必须以改革创新的精神审视自己、发展自己，这就充分体现了马克思主义与
时俱进的理论品格，也为我们党立足实际解决好新形势下自身建设面临的重
大问题——不断扩大群众基础、不断提高党的社会影响力奠定了理论基础。

第三，"中国共产党是中华民族的先锋队"，主要是从世界形势新变化
的维度，从历史和现实相统一的角度，重在用世界眼光和全球化视野认识我
们党所处的历史方位以及所承担的伟大使命。强调这一论断，意味着我们党
没有忘记实现中华民族伟大复兴的"中国梦"，充分体现了党的历史责任
感，展露了党领导现代化建设事业的开阔思路和宽广胸怀，内含了党应对世

---

① 《江泽民文选》第3卷，人民出版社2006年版，第285页。

界局势变化的国际战略调整，暗含了党对实现祖国完全统一的坚定信念和底线——"一国"是统一的核心内容，共产党在国家中的执政地位不容动摇。

三是在"三个先锋队"的连接表述上用的是"同时"这个词，表明三者都很重要，但不能因此认为它们彼此是平行并列的。恰恰相反，在"三个先锋队"相互联系的整体中，第一个先锋队是基础。也就是说，党只有具有中国工人阶级的先锋队性质，才有可能成为中国人民和中华民族的先锋队；后两个先锋队是第一个先锋队的必然要求和集中体现。从根本上说，"三个先锋队"思想体现了党的阶级性、人民性、民族性、先进性的统一，展现了以江泽民为核心的党的第三代中央领导集体对党的性质认识的深化。

3. 从"三个有利于"到"三个代表"

增强党的阶级基础，扩大党的群众基础，保持党的先进性，是改革开放新形势下党的建设面临的重大课题。邓小平立足特定的时代背景，提出了"三个有利于"的著名论断，作为检验改革开放成败和各项工作是非得失的根本标准，全面开启了重塑中国共产党执政合法性、获得先进性的现实路径；江泽民在世纪之交重新审视国内外形势的基础上，创造性地提出了"三个代表"重要思想，为新世纪中国共产党执政合法性重构、先进性重塑提供了完整的话语体系和全新的理论指向。

从"三个有利于"到"三个代表"的提出，有三点需要明确：

一是"三个有利于"和"三个代表"都把生产力放在首位，强调生产力发展的重要性，有利于夯实中国共产党执政的合法性、获得先进性的物质基础。对中国共产党而言，执政后的生产力"先天不足"、利益长期缺损无疑是一个无法回避的现实，若能尽快弥补这一点，无疑又会转变为加强和巩固其执政合法性、获得先进性的契机。"三个有利于"（是否有利于发展社会主义社会的生产力、增强社会主义国家的综合国力、提高人民的生活水平）标准，实质上就是生产力标准。这一标准的确立，表明对生产力的重视超越了以往单纯将政治合法性、党的先进性付诸意识形态的传统，开拓了改革开放的新局面，奠定了中国共产党执政合法性、获得先进性的经济有效性基础。作为"三个有利于"标准的继承和发展，"三个代表"（始终代表中国先进生产力的发展要求、中国先进文化的前进方向、中国最广大人民的根本利益）重要思想更加强调代表先进生产力的发展要求，反映了执政党在新的历史条件下更加重视其应有的经济整合功能，以及这一功能在聚集和巩固中国共产党执政合法性资源方面所具有的独特作用。历史上，中国共产党正是作为先进生产力发展要求的代表走上历史舞台并取得政权的；后来，也正是由于始终代表先进生产力的发展要求，党的事业才如日中天，执政的合法性基础才坚如磐石。进入新世纪，全面建设小康社会，进一步彰显社会主义优越性，增强党的公信力和亲和力，体现党的先进性，仍然需要依赖先进生产力提供坚实的物质基础。"三个代表"重要思想契合了马克思主义关于生产力发展的基本观点，顺应了聚集和巩固党执政合法性、先进性的时代要求。

二是"三个有利于"和"三个代表"都强调文化的作用，为中国共产党执政合法性、先进性提供文化渲染和价值支撑。尽管发展生产力是扩大党执政合法性、获得先进性的重要基础，但毕竟不是根本性基础。因为不是所有的经济高增长都会带来社会稳定和可持续发展。历史已经证明，只有在大力发展生产力的同时，注重获得民主政治的支持，政党和国家政权才能走上良性发展的轨道；只有那些顺应历史发展趋势、代表先进文化前进方向的政党和国家政权才能有效吸纳各种资源，使其永远立于不败之地。邓小平在改革开放背景下强调综合国力标准，就是提醒党在领导人民进行现代化建设中不仅要高度重视经济发展，而且要重视文化发展，坚持"两手抓，两手都要硬"，建设与物质文明同步、协调发展的社会主义精神文明。苏联解体、东欧剧变的沉痛教训警示我们：只有始终代表先进文化的前进方向，坚持和发展马克思主义，增强主流意识形态的号召力与动员力；只有充分发挥优秀民族文化的凝聚力，加快中国文化的价值创新与整合，才能在全新的时代背景下全面廓清社会主义国家传统意识形态和实现民族传统文化整体上的现代转换，有力促进中国特色社会主义政治文明建设。"三个代表"重要思想对先进文化的强调，有利于在思想上强化人们的价值认同，在实践中加速政权合法性意识形态基础的培育和扩张，从而为中国共产党执政的合法性、获得先进性提供思想、理论与道义上的支撑。

三是"三个有利于"和"三个代表"都凸显和回应了人民群众的利益诉求，体现了"以人为本"的理念，构筑了中国共产党执政合法性、获得先进性的群众基础。亚里士多德曾说过："一种政体如果要达到长治久安的目的，必须使全邦各部分（各阶级）的人民都能参加而且怀抱着让它存在和延续的意愿。"① 要实现这个意愿，必须以利益满足为前提，政党和国家政权能在多大程度上得到社会成员的向往和认同，从而在现实中发挥出它的威力，主要取决于它在多大程度上代表、维护和实现社会成员的共同利益。

①　［古希腊］亚里士多德：《政治学》，吴寿彭译，商务印书馆1996年版，第188页。

在我国，历史和人民选择了中国共产党。中国共产党领导和执政的实质，是以实现人民当家作主的权利为根本目标，以为绝大多数人谋利益为内在价值取向的，因而代表、维护和实现最广大人民的根本利益是党的先天禀赋；并且，由于中国共产党领导和执政的实践是不断发挥人民群众的主观能动性、建设人民当家作主的社会主义国家政权的活动，注定了在其发展历程中必须持之以恒、一如既往地代表最广大人民的根本利益，以逐步提高人民的物质和文化生活水平为努力方向。江泽民强调："三个代表"重要思想"归根到底都是为了满足人民群众日益增长的物质文化生活需要，不断实现最广大人民的根本利益"①。最广大人民的根本利益，是群众的切身利益，其中首要的是人民群众物质生活水平的提高。"三个有利于"和"三个代表"的提出，在很大程度上就是基于这种意义的政治表达。

"三个代表"重要思想是对马列主义、毛泽东思想和邓小平理论的继承和发展，进一步回答了什么是社会主义、怎样建设社会主义的问题，创造性地回答了建设什么样的党、怎样建设党的问题，是加强和改进党的建设、推进我国社会主义自我完善和发展的强大理论武器。

（四）胡锦涛对马克思主义党建理论做出新贡献

十六大以来，以胡锦涛为总书记的党中央高举邓小平理论和"三个代表"重要思想伟大旗帜，在领导全党和全国人民全面建设小康社会、开创中国特色社会主义事业新局面的伟大实践中，高度重视党的建设，坚持党要管党、从严治党的方针，紧密联系治国理政的实践，在党的思想、组织、作风和制度建设等各个方面作出了许多重要论述。这些论述，为推进党的建设实践发展提供了有力的理论指导，为全面建成小康社会、加快推进社会主义现代化提供了坚强的政治保证。

1. 思想理论建设是根本，强调思想理论建设在党的建设新的伟大工程中的首要地位

胡锦涛在党的十七大上提出"用马克思主义中国化最新成果武装全党"②；在党的十八大上又要求"抓好思想理论建设这个根本，学习马克思列宁主义、毛泽东思想、中国特色社会主义理论体系，深入学习科学发展观，推进学习型党组织创建，教育引导党员、干部矢志不渝为中国特色社会

---

① 江泽民：《论党的建设》，中央文献出版社 2001 年版，第 507 页。
② 《十七大报告辅导读本》人民出版社 2007 年版，第 48 页。

主义共同理想而奋斗"①。强调以我国改革开放和现代化建设的实际问题为中心，着眼于新的实践和新的发展，加强马克思主义理论研究和建设，不断开辟马克思主义发展的新境界；坚持以最广大人民的实践为理论创新的不竭源泉，善于把党和人民在实践中创造的新鲜经验升华为理论成果，着力回答重大理论和现实问题，不断增强马克思主义的吸引力和感召力；坚持理论和实践的统一、学习和运用的统一、继承和发展的统一，提高运用马克思主义的立场、观点、方法分析问题、指导实践的能力。

2. 赋予党的先进性新的时代内涵，并把它看作是党的建设新的伟大工程的永恒课题

先进性是马克思主义政党的根本特征。党的先进性建设是马克思主义政党自身建设的根本任务。胡锦涛指出："先进性是马克思主义政党的生命所系、力量所在，要靠千千万万高素质党员来体现。要扎实抓好党员队伍建设这一基础工程，坚持不懈地提高党员素质。"② 党员是党的肌体的细胞和党的行为主体，要健全让党员经常受教育、永葆先进性长效机制；要把发展党员工作作为党的建设新的伟大工程的基础工程，探索党员教育管理工作的新机制，加强流动党员管理；拓宽党员服务群众渠道，构建党员联系和服务群众工作体系，使党员真正成为牢记宗旨、心系群众、始终发挥先锋模范作用的先进分子。

3. 坚持和健全民主集中制，增强党的团结和活力

胡锦涛指出："党内民主是增强党的创新活力、巩固党的团结统一的重要保证。要以扩大党内民主带动人民民主，以增进党内和谐促进社会和谐。"③ 要尊重党员的民主权利，建立健全充分反映党员和党组织意愿的党内民主制度，积极探索发展党内民主的有效途径和形式；逐步推进党务公开，增强党组织工作的透明度；不断完善党内监督制度，发挥各方面监督的积极作用；加强全党的团结，加强党同人民的团结，加强全国各族人民的团结。

4. 实施人才强国战略，建设一支能担重任经风浪、善于治国理政的高素质干部队伍

坚持党管人才原则，重点做好制定政策、整合力量、营造环境的工作，树立适应新形势新任务要求的科学人才观，努力做到用事业造就人才、用环

---

① 《十八大报告辅导读本》，人民出版社 2012 年版，第 50—51 页。
② 《十七大报告辅导读本》，人民出版社 2007 年版，第 51—52 页。
③ 同上书，第 49—50 页。

境凝聚人才、用机制激励人才、用法制保障人才，努力把各类优秀人才集聚到党和国家的各项事业中来。按照科学执政、民主执政、依法执政的要求，加强领导班子建设，提高领导水平。落实群众对干部选拔任用的知情权、参与权、选择权和监督权，建立和完善科学的干部政绩考核体系和制度；坚持用好的作风选人、选作风好的人，形成正确的用人导向和用人制度。

5. 基层组织是党的全部工作和战斗力的基础，也是党执政的基础

坚持抓基层、打基础，建立健全常抓不懈的基层党建工作机制。胡锦涛指出，"要落实党建工作责任制，全面推进农村、企业、城市社区和机关、学校、新社会组织等的基层党组织建设，优化组织设置，扩大组织覆盖，创新活动方式，充分发挥基层党组织推动发展、服务群众、凝聚人心、促进和谐的作用"①。

6. 加强和改进党的作风建设，以党风建设带动政风和社会风气的好转

党的作风事关党的形象和路线方针政策的贯彻执行，直接影响党的凝聚力和战斗力，必须把党风建设放在更加突出的位置。艰苦奋斗作为我们党的优良传统和作风，作为马克思主义政党的政治本色，是凝聚党心民心、激励全党和全体人民为实现国家富强、民族振兴共同奋斗的强大精神力量，是我们党保持同人民群众血肉联系的一个重要法宝。求真务实，是马克思主义一以贯之的科学精神，是我们党的思想路线的重要内容，也是党的优良传统和共产党人应该具备的政治品格。各级干部特别是领导干部要牢记"两个务必"，切实做到为民、务实、清廉，以改进作风的实际成效取信于民。

7. 党风廉政建设和反腐败斗争关系党的生死存亡

执政基础最容易因腐败而削弱，党越是长期执政，越要坚定不移地反对腐败。要坚持标本兼治、综合治理、惩防并举、注重预防的方针，建立健全与社会主义市场经济体制相适应的教育、制度、监督并重的惩治和预防腐败体系。既要坚决查办违纪违法案件，严厉惩处腐败分子，严肃党的纪律，更要深化改革、创新制度，注重从源头上预防和解决腐败问题。坚持教育与管理、自律与他律相结合，督促领导干部加强党性修养，常修为政之德、常思贪欲之害、常怀律己之心。

8. 加强党内法规制度体系建设，做到用制度管权、用制度管事、用制度管人

党章是立党、治党、管党的总章程，在党内具有最高的权威性和最大的

---

① 《十七大报告辅导读本》，人民出版社 2007 年版，第 52 页。

约束力。要始终把学习党章、遵守党章、贯彻党章、维护党章作为全党的一项重大任务抓紧抓好。要加强党内制度建设和创新，不断完善党内各方面的体制机制，推进党的建设和党内生活制度化、规范化。要着力提高制度的科学性、系统性、权威性，加大对违反法规制度行为查处的力度。要进一步严明政治纪律，坚决维护中央权威，保证中央政令畅通。

以胡锦涛为总书记的中央领导集体对党的建设最突出的贡献是创立了科学发展观。科学发展观的创立，不仅解决了为什么发展、为谁发展、靠谁发展、怎样发展等有关发展的一系列根本问题，而且始终把实现好、维护好、发展好最广大人民的根本利益作为党和国家一切工作的出发点和落脚点，做到发展为了人民、发展依靠人民、发展成果由人民共享，从而使执政党建设的指导思想和根本目的更加明确。

第一，相信谁、依靠谁、为了谁，是否始终站在最广大人民的立场上，是区分唯物史观和唯心史观的分水岭，也是判断马克思主义政党的试金石。人民是创造历史的根本动力。中国最广大人民群众是建设中国特色社会主义事业的主体，是先进生产力和先进文化的创造者，是社会主义物质文明、政治文明和精神文明协调发展的推动者。实现好、维护好、发展好最广大人民的根本利益，始终是我们党全部奋斗的最高目的，始终是我们党观察和处理问题的根本原则。充分相信群众，紧紧依靠群众，保持同人民群众的血肉联系，始终是我们党立于不败之地的力量源泉，始终是我们党和国家事业发展最具有决定性的因素。

第二，马克思主义政党的理论路线和方针政策以及全部工作，只有顺民意、谋民利、得民心，才能得到人民群众的支持和拥护，才能永远立于不败之地。加强和改进党的建设，就是要立党为公、执政为民，始终做到"三个代表"。这是我们党的立党之本、执政之基、力量之源。只有一心为公，立党才能立得牢；只有一心为民，执政才能执得好。坚持立党为公、执政为民，关键是要坚持做到权为民所用、情为民所系、利为民所谋。做到权为民所用，就必须正确看待和运用手中的权力，始终以党和人民的事业为重，为人民掌好权、用好权，用人民赋予的权力服务于人民、造福于人民，绝不以权谋私；做到情为民所系，就必须坚持与人民群众心连心，始终把人民群众的安危冷暖挂在心上，倾听群众呼声，关心群众疾苦，切实帮助群众解决实际困难；做到利为民所谋，就必须时刻把群众利益放在首位，始终把最广大人民的根本利益作为全部工作的出发点和落脚点。坚持把改善民生作为经济社会发展的目的和归宿，坚持发展为了人民、发展依靠人民、发展成果由人民共享，切实解决人民最关心、最直接、最现实的利益问题，形成全体人民团结奋斗的强大力量。

总之，党的十六大以来，以胡锦涛为总书记的党中央站在新的时代高度，紧密结合党在当代中国执政的新的历史主题，对党的建设理念和目标体系进行了新的补充和完善，特别是科学发展观的提出和确立，对党的建设内涵和具体路径作出了新的探索和创新，极大地深化了中国特色社会主义理论体系关于执政党建设规律的认知水平，有力地推动了党的建设新的伟大工程的有效开展。

第八章

中国特色社会主义事业的领导核心

中国共产党作为中国特色社会主义事业领导核心的地位是历史形成的，是中国社会发展进步的必然结果。在长期革命、建设和改革的实践考验中，中国共产党形成了自身的鲜明优势，成为全社会公认的领导力量。坚持党的领导，巩固党的执政地位，是推进中国特色社会主义事业，实现中华民族伟大复兴的根本政治保证。坚持党的领导必须改善党的领导，切实加强党的自身建设，保持党的先进性和纯洁性，使党始终成为中国特色社会主义事业的坚强领导核心。

一 中国共产党的领导地位是历史形成的

100 多年前马克思就指出："无产阶级在反对有产阶级联合力量的斗争中，只有组织成为与有产阶级建立的一切旧政党不同的、相对立的政党，才能作为一个阶级来行动。"① 组成马克思主义政党，是工人阶级的组织形式发展的最高阶段。

中国共产党是马克思主义的政党，它一诞生就肩负起领导人民革命、争取民族独立、人民解放的重任，并经过艰苦卓绝的斗争取得了新民主主义革命的胜利；新中国成立后，又领导人民艰苦创业，为实现国家强大、人民富裕而不懈奋斗。在社会主义革命和建设时期，中国共产党领导人民确立了社会主义基本制度，在一穷二白的基础上建立了独立的比较完整的工业体系和国民经济体系，使古老的中国以崭新的姿态屹立在世界的东方。在改革开放和社会主义现代化建设时期，中国共产党领导人民开创了中国特色社会主义

---

① 《马克思恩格斯全集》第 18 卷，人民出版社 1964 年版，第 165 页。

道路，坚持以经济建设为中心，坚持四项基本原则，坚持改革开放，初步建立起社会主义市场经济体制，大幅度提高了中国的综合国力和人民生活水平。中国共产党90多年的历史，就是为中华民族的独立、解放、繁荣，为中国人民的自由、民主、幸福不懈奋斗的历史。

自鸦片战争以来，中国面临着争取民族独立、人民解放和实现国家繁荣富强、人民生活富裕这样两项根本性的历史任务。只有首先争得民族独立、人民解放，才能为集中力量进行现代化建设、为中国走向繁荣富强开辟道路。在中国，只有把这两项历史任务自觉地担当起来，带领人民为此目标而努力奋斗并取得胜利的政治力量，才能成为中国人民的合格的领导者。1921年中国共产党成立之时，在中国的历史舞台上主要有三种政治力量进行活动，并分别提出了三种不同的建国方案，对近代以来中国面临的历史任务采取了三种不同的甚至截然相反的态度。第一种力量是地主阶级和买办性的大资产阶级。它的政治代表先是北洋军阀，后是国民党统治集团，主张实行大地主大资产阶级的专政，走半殖民地半封建社会的道路。这个政治力量曾经在一个相当长的时期里控制了中国的政权，对外投靠帝国主义势力，对内以封建主义势力作为其主要的社会支柱。它就站在中国广大人民的对立面，成为中国走向独立和富强的主要的和直接的障碍。正因如此，其建国方案和政治主张遭到了中国人民的唾弃，其政权也先后被人民革命的洪流掀翻了。第二种力量是民族资产阶级。它的政治代表是若干中间党派或这些党派中的若干领袖人物以及某些无党派民主人士，主张在中国建立一个名副其实的西方式资产阶级共和国，以便自由、充分地发展资本主义。但是，"资产阶级的共和国，外国有过的，中国不能有，因为中国是受帝国主义压迫的国家"①。帝国主义列强来到中国，不是为了帮助中国发展资本主义，而是为了掠夺中国，发展它们本国的资本主义。因此，一部中国近代史，实际上就是"帝国主义侵略中国，反对中国独立，反对中国发展资本主义的历史"②。而中国民族资产阶级力量过于软弱，同帝国主义、封建主义有着千丝万缕的联系而提不出彻底反帝反封建的革命纲领，同封建土地所有制关系密切而不敢放手发动中国的主要群众——农民，决定了其没有能力带领中国人民扫清发展资本主义的障碍、实现中国的独立富强。正因此，中国民族资产阶级的建国方案和政治

---

① 《毛泽东选集》第4卷，人民出版社1991年版，第1471页。
② 《毛泽东选集》第2卷，人民出版社1991年版，第679页。

主张始终未能得到中国广大人民的拥护，而他们中除极少数人走向反动之外，多数人也逐步地承认资本主义建国方案在中国行不通，因而抛弃了走中间路线的幻想，转而拥护中国共产党提出的建国方案和政治主张。第三种力量是中国共产党及其代表的工人阶级、农民阶级及其他劳动群众。他们是进步力量，主张在中国进行新民主主义革命，创建工人阶级领导的人民共和国，并由此走向社会主义。只有这个建国方案和政治主张符合中国革命发展的客观要求，因而最终赢得了中国广大人民的拥护。

中国共产党作为工人阶级的先锋队，是一个具有革命的彻底性和政治上远见卓识的党。它以马克思列宁主义作为指导思想，通晓社会发展的规律。这个理论一旦同中国的实际系统地、正确地结合起来，就成了中国工人阶级和广大劳动人民认识世界、改造世界的无比锐利的思想武器。在马克思列宁主义的理论与中国革命的实践之统一的思想——毛泽东思想的指引下，中国共产党制定了无产阶级领导的，人民大众的，反对帝国主义、封建主义和官僚资本主义的新民主主义革命的总路线、总政策，以及新民主主义的政治、经济、文化纲领；创立了农村包围城市、武装夺取政权的理论；创造了夺取革命斗争胜利的三件法宝：统一战线、武装斗争、党的建设；规划了建立工人阶级领导的人民共和国走向社会主义的宏伟目标等，为中国人民争取独立、解放的伟大斗争开辟了通向胜利的道路。

正是在长期斗争的过程中，中国人民通过对中国历史上各种力量的建国方案、政治主张和实际行动的反复比较，逐步地认识了中国共产党，并且在党的领导下日益广泛地团结起来。无产阶级政党如何实现对于全国各革命阶级的政治领导呢？毛泽东指出，这需要四个条件："首先，是根据历史发展行程提出基本的政治口号，和为了实现这种口号而提出关于每一发展阶段和每一重大事变中的动员口号。""第二，是按照这种具体目标在全国行动起来时，无产阶级，特别是它的先锋队——共产党，应该提起自己的无限的积极性和忠诚，成为实现这些具体目标的模范。""第三，在不失掉确定的政治目标的原则上，建立与同盟者的适当的关系，发展和巩固这个同盟。""第四，共产党队伍的发展，思想的统一性，纪律的严格性。共产党对于全国人民的政治领导，就是由执行上述这些条件去实现的。这些条件是保证自己的政治领导的基础。"① 中国共产党执行了上述四个条件，经过长期的艰苦努力，逐步赢得中国人民的信任，最终成了人民公认的政治代表和领导

---

① 《毛泽东选集》第1卷，人民出版社1991年版，第262—263页。

核心。

中国共产党已经走过了 90 多年光辉的历史道路。从党的初创时期只有几十个党员、十几个小组发展到今天，它已经成为拥有 8200 多万党员、领导着 13 亿多人口的执政党，成为全国各族人民的领导核心。党在初创时期，首先集中力量发动和组织工人斗争，掀起了第一次现代工人运动的高潮，扩大了在全国的政治影响。之后，党即采取积极的步骤去联合孙中山领导的国民党，为迎接大革命做了准备。1925 年至 1927 年的大革命是在中国共产党正确领导的影响、推动和组织下进行的。党为这场革命提出了"反对国际帝国主义"、"反对封建军阀"的明确目标。全国轰轰烈烈的反帝反封建的大革命，发展了工人运动、青年运动和农民运动，推动并帮助了国民党的改组和国民革命军的建立，形成了东征和北伐的骨干，在中国革命史上写下了极光荣的篇章。可以说，没有中国共产党，就没有这次大革命。经过大革命，党的政治影响进一步扩大了，党的队伍也由最初的几十人发展到近 6 万人。尽管在这个阶段的后期，由于资产阶级的叛变和党内以陈独秀为代表的右倾投降主义错误，大革命最终遭到了失败。但是党从这个严重的挫折中吸取了深刻的教训，高举起土地革命和武装斗争的旗帜，在极端艰苦的环境下，坚持革命，并把革命推进到了土地革命战争的新阶段。党紧紧地依靠着农民，开展了"打土豪，分田地"的伟大斗争，并且创造了坚强的武装部队，开辟了建设人民政权的道路。为了找到中国革命的新道路，党进行过长时间的摸索，经历了胜利和挫折的多次反复。特别是以王明为代表的"左"倾教条主义错误使中国革命力量损失惨重，使南方根据地的党和红军被迫实行战略转移——长征，但中国共产党人正是从胜利和挫折的经验教训中，认识了以毛泽东为代表的正确路线，因而在遵义会议上结束了王明路线的统治，确立了毛泽东在红军和党中央的领导地位，中国革命由此走上了胜利发展的道路。1937 年抗日战争爆发以后，中国共产党提出了全面抗战的路线和持久战的战略方针，为坚持抗战和争取抗战的胜利昭示了正确的方向。在八年抗战中，中国共产党坚持抗战、团结、进步的方针，采取发展进步势力、争取中间势力、孤立顽固势力的策略方针，使自己成了发动、组织、推动全国人民团结抗日的中坚力量，使抗日民族统一战线不断地得到巩固和扩大。在极其困难和危险的情况下，中国共产党率领人民抗日武装深入敌人后方，广泛开展独立自主的游击战争，建立、巩固和扩大抗日民主根据地，并且把坚持抗战同发扬民主、改善人民生活结合起来，广泛地发动、组织中国最广大的群众——农民的力量，使解放区战场逐步成了抗日战争的主要战场；中国共产党还在国民党统治区发动声势浩大的抗日民主运动，开展深入细致的群众工作，同各民主党派、无党派民主人士以至若干民族资产阶级的代表人物建立了良好的合作关系。八年抗战的事实表明，没有中国共产党做中国人民的中流砥柱，抗日战争的坚持和胜利是不可能的。抗日战争胜利后，中国共产党代表全中国人民的利益和愿望，为反对美帝国主义、为争取国内的和平民主进行了不懈的斗争，由此极大地赢得了民心。在解放战争胜利发展时，党及时制定了夺取全国胜利的行动纲领，开展了土地改革运动，为新中国的成立做了政治上、思想上、组织上的准备。不仅工人、农民、城市小资产阶级在党的领导下广泛地团结起来，民族资产阶级及其知识分子也抛弃中间路线，转而拥护中国共产党，积极参与筹建中华人民共和国。1948年1月，中国民主同盟召开一届三中全会，宣布恢复被国民党政府"取缔"的民盟的活动，明确指出，中间路线是行不通的，并公开声明愿与中国共产党密切合作。中国国民党革命委员会和其他民主党派也明确表示了参加人民革命的立场。1948年4月30日，中共中央在"五一"口号中发出了"召开政治协商会议"、"成立民主联合政府"的号召。5月5日，中国国民党革命委员会、中国民主同盟、中国民主促进会、中国致公党、中国农工民主党、中国人民救国会、中国国民党民主促进会、三民主义同志联合会的领导人和无党派人士联合致电毛泽东，对中共中央的上述号召表示热烈的响应，自觉地承认并自愿地接受中国共产党的领导。

正是中国共产党的长期奋斗，使人民认识了党、信任了党，同时也使中国共产党成为全国各族人民共同拥护的领导核心。历史事实雄辩地证明，中国共产党的领导地位不是自封的，而是中国共产党人在长期艰苦卓绝、富有成效的斗争中形成和确立的，是中国人民经过正反两个方面的反复比较作出的正确选择。在近代中国，离开了中国共产党的领导，任何政治力量都难以领导实现民族独立、人民解放的历史任务；在当代中国，离开了中国共产党的领导，任何政治力量都难以领导实现国家强盛、人民富裕的历史重任。中国的社会主义现代化建设事业必须由共产党来领导，这是历史的选择，人民的选择。坚持党的领导，符合中国社会发展的客观规律和广大人民的根本利益。这个原则是不能动摇的。

二　党的领导是建设和发展中国特色社会主义的可靠保证

坚持党的领导，是建设和发展中国特色社会主义，实现社会主义现代化的可靠保证。在中国这样一个大国，国家的统一，人民的团结，社会的安定，经济的繁荣，文化的昌盛，民主的发展，整个现代化的建设，都要靠党的领导。没有共产党的领导，就没有团结的核心，国家和社会必然四分五裂。邓小平说："我们这个党是马列主义、毛泽东思想的党，是领导社会主义事业、领导无产阶级专政的核心力量……我们党同广大群众的联系，对中国社会主义事业的领导，是六十年的斗争历史形成的。党离不开人民，人民也离不开党，这不是任何力量所能够改变的。"①

　　任何一个民族和国家都或先或后要走上现代化的。在资本主义条件下，走向现代化的过程是牺牲社会绝大多数人的利益推进现代文明的进程。而走社会主义现代化道路，是一个新的历史课题。走向现代化的过程，是一个社会全面而深刻的历史变迁过程，其间会遇到许多新问题、新矛盾，甚至发生社会动荡，这需要有一个坚强的政治领导力量来团结凝聚全社会的积极力量和积极因素，有力动员和组织全体社会成员共同建设国家，努力缓解社会进程中的各种矛盾冲突，打造一个安定团结、社会和谐的政治局面和社会环境，以达到顺利推进现代化的进程。在中国这样一个大国，要把十几亿人口的思想和力量统一起来，建设和发展中国特色社会主义，实现社会主义现代化，没有党的统一领导是不可设想的。从近代以来中国社会发展历程可以得出这样的结论，从世界许多国家的社会发展经验教训中也可以得出这样的看法。"中国的社会主义现代化建设事业由中国共产党领导，这个原则是不能动摇的；动摇了中国就要倒退到分裂和混乱，就不可能实现现代化。"②

　　坚持党对中国特色社会主义事业的领导，是我们不可动摇的政治原则。而中国共产党的性质和宗旨，使得它足以承担领导实现社会主义现代化、实现中华民族伟大复兴的历史使命。《中国共产党章程》明确规定：中国共产党是中国工人阶级的先锋队，同时是中国人民和中华民族的先锋队，是中国特色社会主义事业的领导核心，代表着中国先进生产力的发展要求，代表中国先进文化的前进方向，代表中国最广大人民的根本利益。党的最高理想和最终目标是实现共产主义。

　　任何政党都代表一定阶级的利益。中国共产党从成立之日起，就是中国工人阶级的政党，始终坚持工人阶级先锋队的性质。第一，中国共产党是以中国工人阶级为阶级基础的，是马克思列宁主义与中国工人阶级运动相结合

---

① 《邓小平文选》第 2 卷，人民出版社 1994 年版，第 266 页。
② 同上书，第 267—268 页。

的产物。工人阶级的产生和发展是建党的根本条件。中国工人阶级是近代以来我国社会发展特别是社会化大生产发展的产物，代表先进生产力和先进生产关系，具有大公无私、严格的组织纪律性和革命的坚定性、彻底性等优秀品格。党集中体现了中国工人阶级的特点和优秀品质。第二，中国共产党集中了社会大批先进分子和优秀成员，成为中国工人阶级的有共产主义觉悟的先锋战士，形成一支强大的政治力量。中国共产党的理论和纲领是代表工人阶级利益的，也是代表最广大人民的根本利益的，在长期的斗争实践中形成优良的传统和作风，以巨大的成就赢得了人民群众的广泛赞誉。这不仅使党成为中国社会的政治领导力量，而且也使党在思想精神领域产生着极强的感召力，吸引社会各个群体，共同推进国家的发展进步。第三，中国共产党是以马克思主义为理论基础和行动指南的，代表了中国社会发展的正确方向。党始终坚持马克思主义的科学世界观和方法论，坚持解放思想、实事求是、与时俱进的正确思想路线，努力把马克思主义基本原理与中国具体实际相结合，用发展着的马克思主义指导实践，不断深化对国情和革命、建设、改革规律的认识，从而正确制定党的纲领路线、方针政策，自觉推动中国社会的发展进步。党及其领导的事业之所以能够不断发展壮大，与党始终注意巩固自己的阶级基础，始终保持工人阶级先锋队的性质是分不开的。

中国共产党同时是中国人民和中华民族的先锋队。也就是说，党必须始终代表中国人民和中华民族的根本利益，按照中国的实际和中国人民的愿望，艰苦奋斗，造福于祖国与人民；始终不愧为中国人民和中华民族的主心骨，能够把全民族、全社会的力量高度凝聚起来，围着共同的理想和目标而团结奋斗。改革开放以来，我国的社会阶层结构发生了新的变化，出现了新的社会阶层。党在工人、农民中发展党员的同时，也要注意吸收各个阶层的优秀分子。坚持党是中国工人阶级的先锋队，同时是中国人民和中华民族的先锋队，就能不断增强党的阶级基础，扩大党的群众接触，提高党在全社会的影响力，把全国各族人民紧密地团结在党的周围，完成历史和时代赋予党的庄严使命。

中国共产党的性质决定党的宗旨是全心全意为人民服务。中国共产党代表中国工人阶级的利益，同时代表中国广大人民和整个中华民族的利益。党除了工人阶级和最广大人民群众的利益，没有自己特殊的利益。坚持全心全意为人民服务的宗旨，是坚持马克思主义唯物史观的根本要求。只有为人民服务，党才有生存的意义；只有依靠人民群众，党才会有力量。中国共产党从成立的那一天起，就把为人民服务作为自己的最高原则，把代表工人阶级和全国各族人民的利益作为党的一切活动的出发点和落脚点。这是中国共产党区别于其他任何政党的显著标志之一。中国共产党的奋斗史，就是全心全意为人民服务的历史。无论是在革命、建设和改革时期，党的一切行动和政策的出发点都是为了实现人民利益。党与人民始终同甘苦、共命运，赢得了人民群众的极大拥护，在群众中有巨大的影响力和号召力。一切从人民的利益出发，全心全意为人民服务，是中国共产党的本质特征。立党为公、执政为民，是党的根本宗旨的体现。

在新的历史条件下，广大人民的根本利益，从根本上说就是要解放和发展生产力，实现国家的繁荣富强和人民的共同富裕，实现中华民族伟大复兴的"中国梦"。在中国能够团结和带领全国各族人民实现这一宏伟目标的政治力量，只有中国共产党。第一，坚持中国现代化建设的正确方向，需要中国共产党的领导。摆脱国家贫穷落后面貌，实现现代化和民族复兴，是中国人民的百年追求和梦想。近代中国历史反复证明，企图通过走资本主义道路使中国实现现代化根本行不通。只有坚持中国共产党的领导，走中国特色社会主义道路，才能保证现代化建设事业的正确方向，才能制定和执行正确的路线、方针、政策，保证现代化建设事业不断取得进步，最终实现中华民族的伟大复兴。第二，维护国家统一、社会和谐稳定，需要中国共产党的领导。没有国家的统一和社会的稳定，就没有国家的繁荣富强和人民的安居乐业。维护国家统一和社会稳定，历来是中国各族人民最关切的头等重要的大事。在新世纪新阶段，中国共产党作为中国各族人民根本利益的忠实代表，以科学理论为指导，凭借其丰富的执政经验和驾驭全局的能力，统筹经济社会等各方面发展，努力构建社会主义和谐社会，能够维护国家统一和社会和谐稳定。第三，正确处理各种复杂的社会矛盾，团结凝聚亿万人民，需要中国共产党的领导。中国幅员辽阔，人口众多，且城乡之间、地区之间发展不平衡，差异较大，面临着各种复杂的社会矛盾。只有正确调整和协调各方面的利益关系，才能最大限度地调动一切积极因素，集中一切资源、力量和智慧，解决关系国计民生的重大问题，保证经济社会的可持续发展。在中国，只有共产党才能总揽全局，协调各方，正确处理人民内部矛盾，顺利解决前进中的各种困难和问题，才能凝聚人心，汇聚力量，共建美好未来。江泽民指出："要把十几亿人的思想和力量统一和凝聚起来，共同建设有中国特色社会主义，没有中国共产党的统一领导是不可设想的。"①第四，应对复杂的

---

① 《江泽民文选》第 2 卷，人民出版社 2006 年版，第 262 页。

国际环境的挑战，需要中国共产党的领导。当前，经济全球化和世界多极化在曲折中发展，科学技术发展日新月异，综合国力的竞争日趋激烈，敌对势力仍然对我国实施"西化"、"分化"战略。在复杂的国际局势下，只有以坚强的政治核心把全国各族人民团结起来，才能保证我国真正走独立自主的和平发展道路。中国共产党就是这样一个能够把人民组织起来、团结起来走和平发展道路的政治核心。

总之，中国共产党的性质和宗旨，中国社会发展进步的客观要求，都决定了党的领导对于建设和发展中国特色社会主义至关重要的作用。所以，邓小平强调，中国的问题关键在党。他说："只要我们党的领导是正确的，那就不仅能够把全党的力量，而且能够把全国人民的力量集合起来，干出轰轰烈烈的事业。"①

三　坚持和加强党的领导必须改善党的领导

坚持中国共产党的领导，就是要坚持党在建设和发展中国特色社会主义事业中的领导核心地位，发挥党总览全局、协调各方的作用。坚持党对国家大政方针和全局工作的政治领导，坚持党对军队的绝对领导，坚持党对人民民主专政的国家的领导，坚持党管干部原则，坚持党对意识形态领域的领导，坚持共产党领导的多党合作。这些都是坚持党的领导的根本原则。

坚持党的领导，必须不断改善党的领导。坚持党的领导和改善党的领导是辩证统一的。如果说坚持党的领导所要解决的是社会主义事业要不要党的领导，党在社会主义事业中的地位和作用的问题，那么，改善党的领导所要解决的则是进一步改进和完善党的领导方式和执政方式，更好地实现党对社会主义建设事业的领导问题。不坚持党的领导，就谈不上改善党的领导；改善党的领导是为了更好地坚持党的领导。在新的历史条件下，只有改善党的领导，才能坚持和加强党的领导。这是因为：第一，从国际上看，当今世界正在发生广泛而深刻的变化，为适应国际环境的变化，必须改善党的领导。当今世界，形势复杂，竞争激烈，和平与发展面临诸多难题和挑战。只有改善党的领导，党才能够更好地应对日趋激烈的国际竞争带来的严峻挑战，团结和带领人民实现社会主义现代化的宏伟目标，使中华民族以崭新的姿态屹立于世界民族之林。第二，从国内看，当代中国正在发生广泛而深刻的变

---

① 《邓小平文选》第 2 卷，人民出版社 1994 年版，第 267 页。

革，新形势、新任务对我们党提出了新的要求。如果党的领导方式、工作方法和具体制度不加以改进和完善，党就难以适应新的要求。毛泽东在新中国成立前夕就说过，"我们必须克服困难，我们必须学会自己不懂的东西。"①这一论断，对于我们理解新形势下改善党的领导的必要性仍具有指导意义。党长期以来形成的一套好的领导制度、方法和优良工作作风，都应该继承发扬、不断补充和丰富。第三，从党的自身状况看，我们党目前的实际状况同党肩负的领导社会主义现代化的光荣使命还有许多不相适应的地方。比如，党的执政能力同新形势新任务不完全适应；一些基层党组织软弱涣散；少数党员干部作风形式主义、官僚主义问题比较突出，奢侈浪费、消极腐败现象仍然比较严重。所有这些，都需要通过改善党的领导加以解决。

当前改善党的领导，应着力解决这样几个方面的问题：一是正确处理党的领导和依法治国的关系。依法治国是党领导人民治理国家的基本方略，实施这一方略有助于加强和改善党的领导。党领导人民制定宪法和法律，并成为遵守、实施宪法和法律的模范。这样才能把党对国家事务的领导同依法治国统一起来。二是改革、完善党和国家的领导制度。改革领导体制，关键是要正确处理党政关系，解决党如何善于领导的问题。执政党对国家权力系统的领导，是通过发挥政治影响、推荐重要干部、管好权力机关中的党组织和党员、提出有关国家重大事务的主张并使之经过法定程序变成国家意志来实现的。因此，在执行过程中，党政有各自的职能，不能随意混淆或合一。三是进一步解决提高党的领导水平和执政水平、提高拒腐防变和抵御风险能力这两大历史性课题。面对形势和任务的不断变化，党必须与时俱进，进一步扩大党内民主，不断推进民主法治建设；建立健全最大限度地及时反映人民群众意志和要求、集中全党和全国人民智慧的制度和机制，促进党的民主和科学决策，不断提高领导水平和执政水平。为增强拒腐防变和抵御风险的能力，必须把严格执纪执法和加强思想教育结合起来，建立并完善思想道德建设和党纪国法约束这两道防线，形成从严治党的管理约束体系，坚决惩治党内腐败现象，保持党的肌体的健康纯洁。

四　党要始终成为领导中国特色社会主义事业的坚强核心

加强党的自身建设，必须首先正确地回答"建设一个什么样的党"的

---

① 《毛泽东选集》第4卷，人民出版社1991年版，第1481页。

问题，明确党的建设的总目标。

党在不同历史时期有着不同的中心任务，因而对党的建设也有着不同的要求。中国共产党在领导中国革命、建设和改革的过程中，在不同的历史时期按照时代对党提出的不同要求来建设党，正确地回答了这个问题。在革命时期，围绕着实现民族独立和人民解放这一历史赋予中国共产党的最根本的历史任务，毛泽东提出，党的建设的"任务就是：帮助建设一个全国范围的、广大群众性的、思想上政治上组织上完全巩固的布尔什维克化的中国共产党。为了中国革命的胜利，迫切地需要建设这样一个党，建设这样一个党的主观客观条件也已经大体具备，这件伟大的工程也正在进行之中"①。进入社会主义建设时期，邓小平指出："建立一个什么样的党的问题，这不仅是我们这一代的问题，也是下一代、再下一代的问题。"② 20 世纪 80 年代初，针对党的工作重心转移和改革开放的新情况，邓小平又提出了"执政党应该是一个什么样的党，执政党的党员应该怎样才合格，党怎样才叫善于领导"③ 的问题，要求清醒认识党的建设在革命时期与在执政条件下的区别，领导全党重新审视并推动了党的建设的新的伟大工程，从执政的视角首次提出党的建设的总体目标："把我们党建设成为有战斗力的马克思主义政党，成为领导全国人民进行社会主义物质文明和精神文明建设的坚强核心。"④ 改革开放的深入发展，使党面临着新的问题和考验，同时对党的建设也提出了新的要求。到 20 世纪 80 年代末，针对国内外情况的变化，江泽民指出，要使党"在理论上更加成熟，思想上更加统一，政治上更加坚定，内部更加团结，同群众的关系更加密切"，成为"领导全国各族人民建设有中国特色社会主义的坚强核心"⑤。随着中国特色社会主义事业的不断推进，党的建设目标日益明确。党的十四届四中全会总体部署了党的建设新的伟大工程的工作格局，从而在实践中使执政党的建设目标内涵逐步明晰起来。党的十五大提出的党的建设的总目标是："要把党建设成为用邓小平理论武装起来、全心全意为人民服务、思想上政治上组织上完全巩固、能够经受住各种风险、始终走在时代前列、领导全国人民建设有中国特色社会主义的马克

① 《毛泽东选集》第 2 卷，人民出版社 1991 年版，第 602 页。
② 《邓小平文选》第 1 卷，人民出版社 1994 年版，第 348 页。
③ 《邓小平文选》第 2 卷，人民出版社 1994 年版，第 276 页。
④ 《邓小平文选》第 3 卷，人民出版社 1993 年版，第 39 页。
⑤ 《江泽民文选》第 1 卷，人民出版社 2006 年版，第 89 页。

思主义政党。"① 党的十六大提出的党的建设的总目标是："保证我们党始终是中国工人阶级的先锋队，同时是中国人民和中华民族的先锋队，始终是中国特色社会主义事业的领导核心，始终代表中国先进生产力的发展要求，代表中国先进文化的前进方向，代表中国最广大人民的根本利益。"②党的十七大提出的党的建设的总目标是："使党始终成为立党为公、执政为民、求真务实、改革创新，艰苦奋斗、清正廉洁，富有活力、团结和谐的马克思主义执政党。"③ 党的十八大提出的党的建设的总目标是："增强自我净化、自我完善、自我革新、自我提高能力，建设学习型、服务型、创新型的马克思主义执政党，确保党始终成为中国特色社会主义事业的坚强领导核心。"④ 党的建设总目标的不断清晰、最终确立，标志着中国共产党对执政条件下党的建设规律的把握达到了一个新的高度，对"建设一个什么样的党"作出了明确的回答。

明确了"建设一个什么样的党"，还必须正确解决好"怎样建设党"的问题。改革开放前党的建设之所以发生严重失误，不仅在于党的建设的目标错误定位，还在于我们在"左"的思想指导下，习惯用搞运动的做法加强党的建设。在执政与和平建设环境下，这些做法已经明显不适应新形势新任务的要求。在建设和发展中国特色社会主义进程中推进党的建设新的伟大工程，必须站在时代的高度，正视在党的建设中出现的新矛盾新问题，审视原有的党的建设理论与实践。基于此，邓小平不仅强调党的建设的总体目标要求，而且也强调转变和更新党的建设的指导思想。党的十三大报告指出："党的建设服从党的政治路线的需要，保证党的政治路线的实现。党的建设不搞运动，走改革和制度建设的路子。"⑤ 根据这样的指导思想，我们党把改革和创新党的建设放在整个国家改革发展的大局中通盘谋划，通过深化改革来推动党的自身建设，又以加强和改进党的建设来推进改革的深入开展。党的十四届四中全会强调，党必须善于在改革开放的新形势下认识自己、加强自己、提高自己，认真研究和解决在自身建设中出现的新矛盾新问题，必须用改革的精神研究新情况、解决新问题，运用已有的成功经验进行革新和创造。江泽民指出："我们要坚持和运用已有的成功经验，又要进行新的创

---

① 《中国共产党第十五次全国代表大会文件汇编》，人民出版社 1997 年版，第 47 页。
② 《十六大报告辅导读本》，人民出版社 2002 年版，第 45 页。
③ 《十七大报告辅导读本》，人民出版社 2007 年版，第 48 页。
④ 《十八大报告辅导读本》，人民出版社 2012 年版，第 50 页。
⑤ 《十三大以来重要文献选编》上，人民出版社 1991 年版，第 54 页。

造，从实际出发改进党组织的活动内容、工作方式方法。"①

　　新世纪新阶段，我们党站在更高的历史起点上进一步回答和思考如何建设党的问题。党的十六大指出："贯彻'三个代表'重要思想，必须以改革的精神推进党的建设，不断为党注入新的活力"；"坚持用时代发展的要求审视自己，以改革的精神加强和改善自己，这是我们党始终保持马克思主义政党本色，永不脱离群众和具有蓬勃活力的根本保证"②。党的十七大指出："世情、国情、党情的发展变化，决定了以改革创新的精神加强党的建设既十分重要又十分紧迫。"③ 党的十八大强调，"以改革创新精神全面推进党的建设新的伟大工程，全面提高党的建设科学化水平"④。

① 《江泽民文选》第 1 卷，人民出版社 2006 年版，第 411 页。
② 《中国共产党第十六次全国代表大会文件汇编》，人民出版社 2002 年版，第 16 页。
③ 《中国共产党第十七次全国代表大会文件汇编》，人民出版社 2007 年版，第 48 页。
④ 《十八大报告辅导读本》，人民出版社 2012 年版，第 49—50 页。

第九章

全面提高党的建设科学化水平

"提高党的建设科学化水平"是党的十七届四中全会提出的一个重大命题，党的十八大报告再次以"全面提高党的建设科学化水平"为题来统领整个党的建设，使我们党对这个问题的认识达到了一个前所未有的高度。

一 全面提高党的建设科学化水平的重大意义

从党的十七届四中全会提出的"提高党的建设科学化水平"到党的十八大提出的"全面提高党的建设科学化水平"，说明"形势的发展，事业的开拓，人民的期待，都要求我们以改革创新精神全面推进党的建设新的伟大工程，全面提高党的建设科学化水平"①。所以，在新的历史条件下全面提高党的建设科学化水平，意义十分重大。

（一）是深刻总结党的建设规律的重要体现

全面提高党的建设科学化水平，归根到底是要准确把握和自觉运用马克思主义执政党建设规律，研究新情况、解决新问题、创造新经验，在以科学理论指导党的建设、以科学制度保障党的建设、以科学方法推进党的建设上不断取得实实在在的成效，使党的建设体现时代性、把握规律性、富于创造性。

我们党是按照马克思列宁主义建党原则建立起来的工人阶级先锋队组织，从一开始就是一个按照科学化要求建立的政党。毛泽东早在民主革命时期为红四军党的第九次代表大会写的决议中就指出，"教育党员使党员的思

---

① 《十八大报告辅导读本》，人民出版社 2012 年版，第 49—50 页。

想和党内的生活都政治化，科学化"①。在革命、建设和改革各个时期，我们党都十分重视推进党的建设科学化。我们党善于总结历史经验，不断探索和把握党的建设规律，与时俱进，砥砺前行。我们党之所以能够从小到大、从弱到强，成为一个用中国特色社会主义理论体系武装起来，能够经受住各种风险考验，始终走在时代前列，领导全国人民建设和发展中国特色社会主义的马克思主义执政党，就是因为我们党围绕建设什么样的党、怎样建设党这一重大问题，认真探索执政党建设规律，并自觉按规律办事。今后，要进一步推进党的建设，仍然必须继续深化对执政党建设规律的认识，既继承党的建设的成功经验，又探索党的建设的新办法，全面提高党的建设科学化水平。

（二）是积极应对世情国情党情深刻变化的现实需要

当今世界正处在大发展大变革大调整时期，我国正处在进一步发展的重要战略机遇期，在外部环境发生深刻变化的时代背景下，党在推进改革开放和社会主义现代化建设中所肩负任务的艰巨性和繁重性世所罕见，在改革发展稳定中所面临矛盾和问题的规模和复杂性世所罕见，在前进中所面对的困难和风险也世所罕见。党的十七届四中全会通过的《关于加强党的建设几个重大问题的决定》指出：世情国情党情的深刻变化对党的建设提出了新的要求。党的十八大报告也指出："新形势下，党面临的执政考验、改革开放考验、市场经济考验、外部环境考验是长期的、复杂的、严峻的，精神懈怠危险、能力不足危险、脱离群众危险、消极腐败危险更加尖锐地摆在全党面前。"② 这就是我们党所概括的新世纪以来新形势下党的建设面临的"四大考验"、"四个危险"。在考验和危险面前，一些党员、干部身上出现了这样那样不容忽视的问题。有的党员理想信念不坚定，宗旨观念不牢固；有的领导干部和领导班子思想理论水平不高，形式主义、官僚主义问题比较突出；个别领导干部以权谋私、贪赃枉法、腐化堕落，等等。这些问题背离了党的先进性和纯洁性，对党的执政地位构成严重威胁，因此迫切要求我们党以改革创新精神进一步加强自身建设，全面提高党的建设科学化水平。

（三）是继续推进党的建设新的伟大工程的必然要求

一方面，新世纪以来，我们党在思想建设上取得丰硕成果，在组织建设

① 《毛泽东选集》第1卷，人民出版社1991年版，第92页。
② 《十八大报告辅导读本》，人民出版社2012年版，第50页。

上取得显著成效，在作风建设上取得明显进步，在制度建设上取得重大突破，在反腐倡廉建设上取得重要成果，为党的建设科学化奠定了坚实的实践基础。另一方面，党的建设新的伟大工程对于提高党的建设科学化水平提出了现实需求。从总体上看，党的领导水平和执政能力、党的建设状况虽然同党肩负的历史使命是适应的，但是党内也存在一些不适应新形势新任务要求、不符合党的性质和宗旨的问题。这些问题如不引起应有重视，及时加以解决，将严重削弱党的创造力、凝聚力、战斗力，严重损害党同人民群众的血肉联系，严重影响党的执政地位巩固和执政使命实现。这就要求我们深入贯彻落实科学发展观，切实提高党的建设科学化水平，确保党始终成为中国特色社会主义事业的领导核心。

（四）是广阔开拓中国特色社会主义事业的根本保障

改革开放 30 多年来，我们党开创的中国特色社会主义事业已经到了一个关键阶段。第一，经济发展到了一个需要转变经济发展方式、实现又好又快发展的新阶段。在这样的新阶段，怎样贯彻落实科学发展观、真正实现全面协调可持续发展的问题凸显出来。第二，政治体制改革进到深水期，一方面需要摸着石头过河；另一方面更要加强对改革的顶层设计。这就存在一个突出问题，即面对改革开放过程中出现的一些新问题，如何引导全党和全国人民重新达成一个新的改革共识，激发新的动力？从党的建设角度来看，就是怎样进一步推动改革开放的进程。第三，随着经济的发展、政治的推进，中国社会出现了四个转型，即从传统的计划经济体制向社会主义市场经济体制转型，从传统的农业社会向现代工业社会转型，从封闭、半封闭的社会向全方位开放社会转型，从改革开放前的总体性社会向改革开放后的分化性社会转型。这四个转型在给中国社会带来巨大变化的同时，对社会体制也提出很大挑战。在社会管理体制改革过程中，怎样处理所谓的维权和维稳的关系，怎样加强对社会组织特别是大量新兴的草根社会组织的管理，如何发挥和形成党委、政府和社会以及公众各个方面的合力的问题。第四，文化的重要性在社会主义现代化建设中日益凸显。如何提升国家文化软实力？在文化体制改革中怎样构建和树立社会主义核心价值体系？成为当前文化体制改革面临的突出问题。第五，我们一直在强调贯彻落实科学发展观，建设生态文明，如何既创造满足我们这一代人需要的财富，同时又能够留给下一代人继续创造更多的财富？总之，中国特色社会主义事业发展到今天所带来的经济、政治、社会、文化以及生态文明建设的突出问题，都需要执政的中国共产党从全面提高党的建设科学化水平的角度科学回答，统筹解决，以为广阔开拓中国特色社会主义事业提供根本保障。

（五）是人民对全面建成小康社会的热切期待

"小康社会"是由邓小平在 20 世纪 70 年代末 80 年代初在规划我国经济社会发展蓝图时提出的战略构想。随着中国特色社会主义建设事业的深入，其内涵和意义不断地得到丰富和发展。在 20 世纪末我国基本实现"小康"的情况下，2002 年党的十六大明确提出了"全面建设小康社会"的目标。经过 10 多年的建设，我们已经初步建成了小康社会的经济基础、政治基础、社会基础等，全面建设小康社会到了一个关键时期，广大人民群众对我们党领导建设小康社会抱有很大的期待。据此，党的十八大提出："综观国际国内大势，我国发展仍处于可以大有作为的重要战略机遇期。我们要准确判断重要战略机遇期内涵和条件的变化……确保到二〇二〇年实现全面建成小康社会宏伟目标。"① 由"建设"到"建成"，一字之变，推动了中国特色社会主义事业再上新台阶。"实现社会主义现代化和中华民族伟大复兴"② 是建设中国特色社会主义的总任务，而全面建成小康社会正是承上启下的关键一环。现在到 2020 年全面建成小康社会，还有不到 10 年的时间，时不我待。在这样一个全面建成小康社会的关键节点，怎样面对这一时期所遇到的挑战和机遇，回应广大人民群众对全面建成小康社会的热切期盼，要通过全面提高党的建设科学化水平来解决。因此，全面提高党的建设科学化水平是当前加强执政党建设的一个十分紧迫而现实的重要任务。

二　全面提高党的建设科学化水平的总体要求

党的十八大在总结新世纪新阶段党的建设新鲜经验的基础上，提出了党的建设的总体要求，这就是："牢牢把握加强党的执政能力建设、先进性和纯洁性建设这条主线，坚持解放思想、改革创新，坚持党要管党、从严治党，全面加强党的思想建设、组织建设、作风建设、反腐倡廉建设、制度建设，增强自我净化、自我完善、自我革新、自我提高能力，建设学习型、服务型、创新型的马克思主义执政党，确保党始终成为中国特色社会主义事业

---

① 《十八大报告辅导读本》，人民出版社 2012 年版，第 17 页。
② 同上书，第 13 页。

的坚强领导核心。"①十八大报告这一总体要求阐明了党的建设的"一条主线"、"两个坚持"、"五个建设"、"四自能力"和"一个目标"。

（一）把握一条主线

把"牢牢把握加强党的执政能力建设、先进性和纯洁性建设"作为党的建设主线，抓住了党的建设的关键，也明确了整体推进党的建设的重点。党的执政能力建设是党的根本性建设。我们党执政已经 60 多年了，在长期的执政实践中执政能力不断提高。但在新形势下，必须不断研究新情况、解决新问题、增长新本领，使党的执政方略更加完善、执政体制更加健全、执政方式更加科学、执政基础更加巩固，从而确保执政能力持续提高。当前，国际形势风云变幻，国内改革发展稳定任务艰巨繁重，我们党面临"四个考验"和"四个危险"。党要在带领人民全面建成小康社会，进而实现社会主义现代化的奋斗目标，实现中华民族伟大复兴中国梦的进程中，应对这些挑战，既要有坚定的道路自信、理论自信、制度自信，又要有丰富的政治智慧和较高的执政水平，因而必须把加强党的执政能力建设摆在更加突出的位置。而保持党的先进性和纯洁性，则是马克思主义执政党的生命所系、力量所在，是党自身建设的根本任务和永恒课题。只有加强先进性和纯洁性建设，使党的理论和路线方针政策符合社会发展规律，并通过全体党员高度的思想觉悟和奉献精神来体现党的先进性和纯洁性，我们党才能始终引领和推动经济社会发展，始终得到人民群众的拥护和支持。党的建设的一切活动，归根到底都是为了保持和发展党的先进性；党的执政地位的巩固，归根到底是要靠自身理论、路线、纲领、政策和执政实践的先进性。党的纯洁性是先进性的体现。早在 1945 年，毛泽东就指出，要夺取全国革命的胜利，"就要有一个有纪律的、思想上纯洁的、组织上纯洁的党"②。党只有始终保持纯洁性，才能不断提高在群众中的威信，才能永远赢得人民信赖和拥护。党的十八大报告首次在党的建设主线中增加了纯洁性建设。将纯洁性建设与党的执政能力建设、先进性建设一道纳入党的建设主线，大大丰富了党的建设的内涵，回应了"四大考验"、"四种危险"对党的建设提出的新要求。

（二）坚持两个原则

"坚持解放思想、改革创新，坚持党要管党、从严治党"，是党的建设

---

① 《十八大报告辅导读本》，人民出版社 2012 年版，第 50 页。
② 《毛泽东文集》第 3 卷，人民出版社 1996 年版，第 261 页。

的两条原则。坚持解放思想、改革创新，是党的全部理论和工作体现时代性、把握规律性、富于创造性的决定性因素，是我们党始终走在时代前列的一大法宝。只有坚持解放思想、改革创新，才能推进党的实践创新、理论创新、制度创新和方法创新，永葆党的生机与活力。而坚持党要管党、从严治党，则既是我们党的优良传统和宝贵经验，也是我们党的一贯方针。治党始终坚强有力，治国才会正确有效。如果党不管党、治党不严，就会严重影响党的先进性和纯洁性，严重削弱党的创造力、凝聚力、战斗力，甚至会危及党的生存和发展。坚持党要管党、从严治党，就要正确处理中心工作和党的建设的关系，使党的建设与中心工作相互促进；按照党章规定严格教育、严格要求、严格管理、严格监督党员和干部，维护党在思想上、政治上和组织上的集中统一。党的执政地位和肩负的历史使命要求我们：治国必先治党，治党务必从严。新形势下贯彻党要管党、从严治党方针，必须坚持以制度建设为根本、以作风建设为突破口、以干部队伍建设为关键、以党员队伍先进性和纯洁性建设为基础，以科学的态度对待马克思主义、以科学理论指导党的建设、以改革创新精神研究和解决党的建设面临的重大理论和实际问题，正视并及时解决党内存在的突出问题，始终保持党的肌体健康。

（三）加强五个建设

"全面加强党的思想建设、组织建设、作风建设、反腐倡廉建设、制度建设"，构成了党的建设新的伟大工程"五位一体"总体布局。全面提高党的建设科学化水平，必须加强这五个建设。思想建设是根本。强调从思想上建党，是我们党对马克思主义党建学说的创造性发展，要求广大党员、干部深入系统地学习马克思主义、毛泽东思想和中国特色社会主义理论体系。组织建设是基础。马克思主义政党之所以是先进政党，不仅在于它确立了马克思主义理论指导下的思想统一，还在于这种统一是由民主集中制原则确立的组织统一和行动统一来保证的。这就要求我们不断提高党的组织建设的科学化水平。作风建设是关键。党的作风关系党的形象，关系党和人民事业的成败。只有大力弘扬党的优良作风，以优良党风促政风带民风，才能形成凝聚党心民心的强大力量，不断把我们的事业推向前进。进一步加强党的作风建设，必须按照党的十八大的要求部署，认真抓好中央关于改进工作作风、密切联系群众八项规定的贯彻落实。反腐倡廉建设是重大政治任务。抓住正确行使权力这个关键，建立健全结构合理、配置科学、程序严密、制约有效的权力运行机制。进一步加大惩治腐败工作力度，坚持标本兼治、综合治理、惩防并举、注重预防的方针，建立健全教育、制度、监督并重的惩治和预防腐败体系。制度建设是保证。完善民主集中制，扩大党内民主；完善干部任用制度、民主监督制度、联系群众制度、党内生活制度、激励与奖惩制度等，并努力实现这些制度的相互衔接。高度重视制度的执行和落实，加强对党员、干部特别是领导干部的教育，提高其遵守和执行制度的自觉性。

（四）增强"四自能力"

"增强自我净化、自我完善、自我革新、自我提高能力"，是坚持改革创新精神加强党的自身建设的体现，也是保持党的先进性和纯洁性的必然要求，体现了我们党在加强党的作风建设上的高度自觉。中国共产党是一个勇于开展批评和自我批评、依靠自身力量修正错误的党，增强"四自能力"，是新形势下保持党的思想纯洁、组织纯洁、作风纯洁的根本途径。保持党的纯洁性，必须不断增强"四自能力"，永葆共产党人的政治本色，永葆党的生机活力。增强自我净化能力，要求党员、干部时刻检视自己的思想、道德、作风是否纯洁，查找自身存在的缺点和不足；抓好思想理论建设这个根本和党性教育这个核心，自觉清除思想上的灰尘和心灵上的污垢，不为私心所扰、不为名利所累、不为物欲所惑，确保理想信念不动摇、政治立场不动摇、大是大非不糊涂；切实改进作风，着力整治慵懒散奢等不良风气，坚决克服形式主义、官僚主义，以优良党风凝聚党心民心、带动政风民风。增强自我完善能力，要求坚持党管干部原则，深化干部人事制度改革，完善竞争性选拔干部方式，提高选人用人公信度，使各方面优秀干部充分涌现，人尽其才、才尽其用；完善党的代表大会制度，落实和完善党的代表大会代表任期制，实行党代会代表提案制；坚持惩治腐败与预防腐败相结合，建立健全反腐倡廉的长效机制。增强自我革新能力，要求党员、干部具有忧患意识和进取之心，把学习作为一种使命、一种职责来对待，除了学习马列经典著作、掌握中国特色社会主义理论体系外，还要学习经济、法律、哲学、历史等各方面的知识，做到勤奋好学、学以致用，努力成为本领域的行家里手；立足实践，总结经验，注重理论创新；健全现有制度，构建系统完备、科学规范、运行有效的制度体系，注重制度创新；鼓励交流，营造民主、团结、和谐而又不失活力的思想氛围。增强自我提高能力，要求把理论付诸实践，注重运用。当前，我国发展的外部环境更趋复杂，发展中不平衡、不协调、不可持续的问题依然突出，必须坚持理论联系实际，深入基层、深入群众，善于从基层实践中寻找对策、汲取智慧，提高分析问题、解决问题的能力，以与时俱进、昂扬奋发的精神风貌，埋头苦干、精益求精的踏实作风攻坚克难。

（五）树立"三型"形象

"建设学习型、服务型、创新型的马克思主义执政党"，这是从另一个角度对党的建设提出的新要求。对于"建设一个什么样的党"的问题，党在不同历史时期曾提出过不同的要求。党的十八大进一步强调树立"三型"形象，既坚持了马克思主义执政党的基本定位，又提出了"学习型、服务型、创新型"的新要求，是新形势下保持党的先进性和纯洁性的战略任务，也是把党建设成为坚强有力、人民拥护的马克思主义执政党的重要途径。建设学习型的马克思主义执政党，是加强党的执政能力建设、先进性和纯洁性建设的重要前提。新形势下建设学习型的马克思主义执政党，就是按照科学理论武装、具有世界眼光、善于把握规律、富有创新精神的要求，坚持以思想理论建设为根本建设，坚持解放思想、实事求是、与时俱进、求真务实，不断推进马克思主义中国化时代化大众化，提高运用科学理论改造主观世界和客观世界能力，使党的理论和实践始终体现时代性、把握规律性、富于创造性。建设服务型的马克思主义执政党，是加强党的执政能力建设、先进性和纯洁性建设的根本要求。密切联系群众是我们党的最大政治优势，脱离群众是我们党执政后的最大危险。新形势下建设服务型的马克思主义执政党，就是坚持全心全意为人民服务根本宗旨，坚持以人为本、执政为民理念，牢固树立马克思主义群众观点，自觉贯彻党的群众路线，始终保持党同人民群众的血肉联系，把人民利益放在第一位，始终与人民心连心、同呼吸、共命运，始终依靠人民推动历史前进。建设创新型的马克思主义执政党，是加强党的执政能力建设、先进性和纯洁性建设的时代要求。建设创新型国家必然要求建设创新型的执政党，要求我们既要坚持党的优良传统，又要坚持从新的实际出发，用时代发展的要求审视自己、以改革创新精神提高和完善自己，不断推进党的建设实践创新、理论创新、制度创新。"三型"之间是紧密联系的。只有建设学习型的马克思主义执政党，才能提高为人民服务本领和改革创新能力；只有建设服务型的马克思主义执政党，才能明确学习和创新的实践途径、根本目的；只有建设创新型的马克思主义执政党，才能增强学习的积极性主动性，更好代表最广大人民的根本利益。树立"三型"形象，全面提高党的建设科学化水平，必将有力推进党的建设新的伟大工程。

（六）实现一个目标

"确保党始终成为中国特色社会主义事业的坚强领导核心"，是砥砺前行而越发成熟的中国共产党以沉着而自信的姿态宣告自身建设的目标。这个目标，远大厚重，壮美清晰，凝神聚力，是全面提高党的建设科学化水平的行动指南，是推进党的建设新的伟大工程的动员令。办好中国的事情，关键在党。加强党的建设、坚持党的领导关系党和国家的兴旺发达，是中华民族实现伟大复兴的政治保证。全党要增强紧迫感和责任感，牢牢把握党的建设总要求，坚定理想信念，保持同人民群众的血肉联系，保持党的肌体健康，不断提高党的领导水平和执政水平，提高拒腐防变和抵御风险能力，使我们党在坚持和发展中国特色社会主义的历史进程中始终成为坚强的领导核心。为此，必须切实落实好党的十八大提出的八项任务。

一是坚定理想信念。对马克思主义的信仰，对社会主义和共产主义的信念，是共产党人的政治灵魂和精神支柱，也是检验共产党员是否保持思想上入党的标准。信仰迷失、理想滑坡、信念动摇、价值扭曲、道德失范，是目前党的建设首先要解决的突出问题。坚定理想信念铸灵魂，就要抓好思想理论建设这个根本、党性教育这个核心、道德建设这个基础，教育引导党员干部努力创造无愧于时代、无愧于历史、无愧于人民的一流工作业绩。思想理论建设是根本，中国特色社会主义理论体系就是当代中国的马克思主义，中国特色社会主义伟大事业就是当代中国共产党人的理想和追求；党性教育是核心，要树立正确的价值观尤其是权力观，明辨是非，拒腐防变，保持党的纯洁性；道德建设是基础，加强道德修养，发挥先锋模范作用。

二是密切党群关系。在长期执政的条件下，党面临的最大危险是脱离群众。水能载舟，亦能覆舟，人心向背最终决定党的前途和命运。密切党群关系抓作风，就要践行全心全意为人民服务的根本宗旨，把以人为本、执政为民作为检验党一切执政活动的最高标准，把实现好、维护好、发展好最广大人民的根本利益放在第一位，牢记只有扎根人民、造福人民，党才能立于不败之地；要按照党的十八大部署，深入开展以为民务实清廉为主要内容的党的群众路线教育实践活动，改变工作作风，坚持问政于民、问需于民、问计于民，坚持实干富民、实干兴邦，以优良党风凝聚党心民心、带动政风民风。

三是发展党内民主。党内民主是党的生命，是党的生机与活力之源。民主的实现主要依靠制度保障，坚持和完善民主集中制，是发展党内民主的根本制度。发展党内民主添活力，就要以民主集中制为核心，构建内容科学、程序严密、配套完备、有效管用的党内制度体系，以党内民主带动人民民主，不断推进党的建设制度化、规范化、程序化；要以改革创新精神完善民主集中制，确保民主的广泛性和实质性，确保集中的正确性和科学性。

四是培养执政骨干。提高领导水平和执政水平是全面提高党的建设科学化水平的主要标志，执政能力建设是党的建设的主线，而干部队伍素质最终决定着执政水平的高低和能力的大小。因此，必须以改革创新精神，以极大的政治勇气和智慧，深化干部人事制度改革，造就一支政治坚定、能力过硬、作风优良、奋发有为的高素质执政骨干队伍。改革干部制度强骨干，就要坚持党管干部，坚持任人唯贤、德才兼备、以德为先，坚持注重实绩、群众公认，努力建设一支政治坚定、能力过硬、作风优良、奋发有为的执政骨干队伍。这是干部制度改革要牢牢把握的原则。所以要从制度设计上消解"一把手"和干部管理部门这个焦点环节和关键领域诱发的矛盾，进一步改革和完善干部选拔、干部考核、干部管理制度。干部制度事关重大，选人用人群众关注，干部制度改革迫切需要顶层设计。系统完备、运行有效、科学规范、预期稳定的干部制度，是干部队伍健康成长的重要保证。

五是集聚优秀人才。人才是第一资源，是撬动一切资源的资源，激烈的国际竞争说到底是人才的竞争。党和人民的事业、国家和民族的未来需要人才，广开进贤之路，广纳天下英才，当是党实现执政使命的根本之举和可靠保证。为此，要坚持党管人才原则，更新人才观念，以更宽的视野、更高的境界、更大的气魄，广开进贤之路，把各方面优秀人才集聚到党和国家的事业中来。坚持党管人才聚贤良，就要尊重劳动、尊重知识、尊重人才、尊重创造，加快确立人才优先发展战略，培养造就各类人才，开发利用国际国内人才资源，建设规模宏大、素质优良、忠诚国家、奉献人民的人才队伍。加快人才发展体制机制改革和政策创新，实施人才工程，建立激励机制，开创人人皆可成才、人人尽展其才的新局面。

六是创新基层党建。基层党组织是党执政的基础和堡垒，基层党建是基础工程，更是重点工程，只有夯实筑牢这个基础，党的执政地位才能稳固。创新基层党建夯实基础，就要落实党建工作责任制，充分发挥基层党组织推动发展、服务群众、凝聚人心、促进和谐的作用。要根据党建新情况新问题，重点抓好基层组织体系建设，不断创新基层党建工作，扩大党组织和党的工作覆盖面；抓好党员队伍建设，特别是带头人队伍建设；抓好党员教育管理工作，以增强党性、提高素质为重点，发挥先锋模范作用；突出抓好服务型党组织建设，确立服务导向，提高服务能力，真诚服务群众，不断扩大和巩固党的执政基础。

七是永葆政治本色。要坚持党要管党、从严治党，严格要求、严格教育、严格管理、严格监督，提高管党治党水平，始终保持党的先进性和纯洁性。反腐倡廉必须常抓不懈，拒腐防变必须长鸣警钟。党的十八大以清醒的政治头脑、鲜明的政治立场真诚且勇敢地回应了广大人民群众、广大共产党员的重大关切：坚决反对腐败，建设廉洁政治；腐败问题解决不好，就会对党造成致命伤害，甚至亡党亡国。廉洁政治，重在制度建设，关键是对权力进行有效约束和监督。加强廉政教育和廉政文化建设，要把制度建设摆在更加突出的位置。要以壮士断腕的勇气和决心加快各方面体制改革，从制度上保证正确行使权力、有效约束和监督权力，防患于未然，真正做到干部清正、政府清廉、政治清明，实现廉洁政治。在当前阶段，必须加大反腐败力度，严厉惩治腐败，赢取党心和民心。

八是严明党的纪律。各级党组织和广大党员干部特别是领导干部要自觉遵守党的纪律，始终在思想上、政治上、组织上、行动上同党中央保持高度一致。以严明纪律维护党的集中统一，以集中统一保证党的坚强有力，以坚强有力巩固党的领导核心地位，是党的建设的重要任务。在复杂多变的形势下，开启新征程，夺取新胜利，不负人民信任，不辱历史使命，就更加要求严明党的纪律，维护党的集中统一，增强党的凝聚力、向心力、战斗力。

根据形势和任务，针对近忧和远虑，党的十八大对新世纪新阶段党的建设工作作出了重大部署。只要我们把上述全面提高党的建设科学化水平的"总要求"切实转化为全党共同的自觉行动，就一定能推动党的建设新的伟大工程在科学化的轨道上不断迈出新的步伐。

三　提高党的建设科学化水平的基本途径

党的建设是我们党不断取得革命、建设和改革事业胜利的重要法宝。在新形势下，要更好地发挥这一法宝的作用，就要全面提高党的建设科学化水平，不断开创党的建设新局面。全面提高党的建设科学化水平是一项系统工程，需要从理论和实践上进行研究和探索，当前尤其需要通过实现党的建设理论的科学化、制度的科学化和方法的科学化加以推进。

（一）以科学理论为指导

列宁指出："没有革命理论，就不会有坚强的社会党。"[1] 同样，没有科学的执政理论，就不会有坚强的社会主义执政党。推进党的建设科学化，最根本的是坚持用马克思主义中国化理论成果武装党员干部头脑，深入研究推动科学发展、促进社会和谐对党的建设提出的新要求，不断推进党的建设理论创新，用发展着的马克思主义指导新的实践，指引党领导的伟大事业和党的建设伟大工程健康发展。作为马克思主义政党，我们党始终坚持以科学理论指导和推动自身建设，这是长期以来党的建设不断发展的根本原因。在新形势下，全面提高党的建设科学化水平，首先需要实现党的建设理论的科学化。

我们党对于自身建设理论的科学性一直是高度重视的，在不断推进马克思主义中国化过程中形成的毛泽东思想和中国特色社会主义理论体系都包含着丰富的党的建设理论，都根据当时的历史条件对"建设什么样的党、怎样建设党"这一重大命题作出了科学回答。毛泽东建党思想、邓小平党建理论、"三个代表"重要思想以及胡锦涛、习近平关于党的建设一系列论述，都是指导党的建设的科学理论。党的十七届四中全会《关于加强和改进新形势下党的建设若干重大问题的决定》总结概括的 60 年来我们党加强自身建设的六条基本经验，党的十八大提出的全面提高党的建设科学化水平的八项要求，都是加强和改进新形势下党的建设必须长期坚持的重要原则，也是全面提高党的建设科学化水平的重要遵循。

在看到党的建设理论方面所取得的丰硕成果的同时，也必须充分认识到党的建设是一个不断发展的过程。党的十一届三中全会以来，我们党已经从受到外部封锁和实行计划经济条件下领导国家建设的党转变成为对外开放和实行社会主义市场经济条件下领导国家建设的党。这一重大转变必然要求党的建设理论及时跟上、积极适应。尤其是在当前，世情、国情、党情的深刻变化对党的建设提出了新的要求，党面临的执政考验、改革开放考验、市场经济考验、外部环境考验长期、复杂、严峻，这决定了党的建设理论必须随着时代与实践的发展而不断向前发展，努力实现科学化。实现党的建设理论的科学化，就是要使党的建设理论能够进一步回答"建设什么样的党、怎样建设党"这一重大命题。具体来说，就是要进一步回答我们党在新的历

---

[1] 《列宁选集》第 1 卷，人民出版社 1995 年版，第 274 页。

史条件下要实现什么样的奋斗目标、执行什么样的执政方略、制定什么样的路线方针政策、形成什么样的制度和体制机制、发扬什么样的作风、遵守什么样的纪律等问题，从而使党的建设理论能够更好地指导和推动党的建设新的伟大工程，有利于进一步把我们党建设成为立党为公、执政为民，求真务实、改革创新，艰苦奋斗、清正廉洁，富有活力、团结和谐的马克思主义执政党。

（二）以制度为保障

邓小平指出："领导制度、组织制度问题更带有根本性、全局性、稳定性和长期性。"① 制度建设既是党的建设的重要组成部分，又是党的建设科学化的重要保证。全面提高党的建设科学化水平，需要在加强制度建设的同时，进一步提高制度的科学性。

我们党在长期的革命、建设和改革进程中，不断探索创新，不断积累经验，形成了许多行之有效的制度，对于加强和改进党的建设发挥了重要作用。但也必须清醒地看到，在制度的科学化方面还存在一些问题。例如，民主集中制作为党的根本组织制度，在实践中存在贯彻执行不力的问题：一些地方和部门党员民主权利还不能得到有效保障；一些领导班子议事决策不够民主，过分强调"一把手"的权力；等等。解决这些问题，需要进一步深化对民主集中制的研究，在贯彻执行民主集中制的各个具体环节中找出应该避免和防范的问题并提出应对措施，使这一制度更加健全和完善。

实现党的制度建设的科学化，关键是要使党的制度建设随着社会主义市场经济发展而发展，随着党的建设全面推进而推进。总体上看，制度的科学化主要应该包括制度制定的科学化、宣传教育的科学化、贯彻执行的科学化、修订完善的科学化。制度制定的科学化，就是在制定制度时要严肃慎重，调研、立项、试点、起草、修改、论证、发布试行等各个环节都要做细做实，使制定的制度与党的建设实践相符合，特别是防止在一些重要领域和关键环节出现制度空白；使制定的制度具有科学性、针对性、严密性和可操作性，既有实体性制度又有程序性制度，既明确规定应该怎么办又明确规定违反规定怎么处理，具有系统性和配套性，能够解决实际问题。宣传教育的科学化，就是在制度制定之后采取多种形式、通过多种渠道进行广泛深入的宣传教育，使广大党员干部领会制度精神、熟悉制度内容，不断增强制度意

---

① 《邓小平文选》第 2 卷，人民出版社 1994 年版，第 333 页。

识，做制度的明白人。贯彻执行的科学化，就是狠抓制度的落实，切实加强制度执行的组织领导，加强制度执行情况的监督检查，加强违反制度行为的查处，不断提高制度的执行力，切实改变在制度执行上以会议贯彻会议、以文件贯彻文件、以讲话贯彻讲话的做法，努力形成用制度管权、按制度办事、靠制度管人的有效机制。修订完善的科学化，就是必须随着形势任务的发展变化，对已经制定的制度进行评估、完善和清理，对于在实践运用中存在缺陷的制度应及时修订完善，对于被实践证明已经过时的制度要及时废止，使党的制度与时俱进。

（三）以科学方法为引导

全面提高党的建设科学化水平，离不开实现党的建设方法的科学化。方式方法是否科学，关系党的建设的实际成果。改进工作方式方法，是在新形势下全面提高党的建设科学化水平的重要环节。我们党在加强自身建设方面具有丰富的经验，创造了很多好的方法。比如，在全党范围开展集中学习教育活动就是我们党加强自身建设的一个有效方法。在延安时期、解放战争时期、新中国成立初期，我们党都曾开展过全党范围的大规模的整党整风运动。从 1998 年以来，我们党还先后开展了"三讲"教育活动、保持共产党员先进性教育活动、深入学习实践科学发展观活动等。2007 年党的十七大后在党的基层组织和党员中开展了创先争优活动。目前党中央又根据党的十八大的部署要求，决定从 2013 年下半年开始，用一年左右时间在全党自上而下分批开展党的群众路线教育实践活动。这些集中学习教育活动都把学习教育、提高思想认识与解决实际问题、推动工作发展紧密结合起来，取得了很好的成效。但也必须看到，随着国内外形势的发展变化和党的事业的不断发展，我们党在自身建设方面面临着许多新情况新问题。比如，随着经济社会发展，流动党员越来越多，这对党员的管理方法提出了新的要求；随着社会思想文化的日益多元多样多变，党员的价值观念更加多样，这对党员的教育方法提出了新的要求；随着社会结构的深刻变动和利益格局的深刻调整，人民群众的利益诉求日益增多，这对党密切联系群众、做好群众工作的方法提出了新的要求。应对这些新情况新问题，迫切需要实现党的建设方法的科学化。

科学的方法应该具有很强的实用性、可操作性，成本低、成效大，能够有效解决问题。实现党的建设方法的科学化，应当朝着以下方向努力。首先，学习运用马克思主义方法论。马克思主义既是科学的世界观，也是科学的方法论。正如恩格斯所说："马克思的整个世界观不是教义，而是方法。它提供的不是现成的教条，而是进一步研究的出发点和供这种研究使用的方法。"① 作为马克思主义中国化的最新成果，中国特色社会主义理论体系也蕴含着丰富的方法论，是我们加强和改进党的建设必须遵循的。科学发展观强调统筹兼顾，把统筹兼顾的方法运用到党的建设中，要求我们既要突出重点、突破难点，又要从总体上把握党的建设全局，全面推进党的思想建设、组织建设、作风建设、制度建设和反腐倡廉建设。其次，提升和完善党的建设的传统方法。召开会议是我们党研究和部署工作的一种重要方法，但会议过多过滥反而会带来负面影响。为此，我们应严格控制会议数量、经费、规模，大力整治文风会风，提倡开短会、讲短话、讲管用的话，不断改进会议方式，降低会议成本，提高会议效率。最后，积极探索运用现代科学方法。在党的建设中，应当探索运用信息网络技术，探索运用现代管理学、组织学、心理学等现代科学方法，寻找新技术、新知识与党的建设有机结合的途径和手段。既要继承和发展党在长期实践中积累的成功方法，也要积极运用现代管理学、组织学、心理学等科学方法，还要借鉴国外政党的有益做法，努力形成科学的思维、科学的领导、科学的决策、科学的管理，不断推进党的建设工作在内容、形式、载体上的创新，进一步提高党建工作的效率和覆盖面。

热点问题评述
网络反腐的利与弊

　　随着网络的飞速发展，"网络反腐"已从剑走偏锋的新鲜事物逐渐变成民众监督官员的"常规武器"。网络上反腐的帖子、视频等，已经成为政府查处案件的重要信息源。从陕西"表哥"的查处到广东"房叔"的落马，再到"雷政富不雅视频"、"单增德离婚保证书"等，"网络曝光——纪委介入——查实处理"，已经成为腐败案件查处的一条重要路径。

　　随着网络的普及，网络反腐取得显著成效。网络作为各种利益诉求汇聚的平台，已经成为现实社会的一面镜子，成为思想文化的集散地和社会舆论的放大器。网络已经从"边缘媒体"变身为新闻传播的主阵地。目前，我国网民有5.91亿，手机网民有4.6亿多，其中微博用户达到3亿多人，我

① 《马克思恩格斯选集》第4卷，人民出版社1995年版，第742—743页。

国已经成为新媒体应用第一大国，网络构成全球最庞大、最复杂、最喧嚣的舆论场。网络，不仅是技术、是媒体、是经济，更是文化、是意识形态、是国家软实力的重要体现。网络可以弘扬社会正气，通达社情民意，引导社会热点，疏导公众情绪，可以发挥舆论监督、保障人民知情权、参与权、表达权、监督权等作用，网络已经成为治国理政的重要工具。党的十六大以来，党中央和各级纪检监察机关，充分利用互联网拓宽群众参与反腐倡廉工作渠道，大力开展网上正面舆论宣传，健全网络举报受理机制。与传统反腐方式相比，网络反腐具有公开、透明、快捷、高效等多方面的优点，但是，由于缺乏相关的规范机制，"网络反腐"作为一种新兴的十分给力的反腐通道，其实也是一把双刃剑，有利有弊。网络反腐的弊端主要表现在：

第一，网络反腐缺乏有效的与现实对接的机制。它基本上沿着"个人发帖举报—网民跟帖围观—媒体跟踪报道—政府介入回应"的路径展开，网络反腐在很大程度上还是网民的自发行为，还没有演变成群众反腐倡廉的自觉行为。

第二，网络反腐规范机制缺失，在一定程度上有可能影响到司法的公正。网络反腐作为反腐败斗争的一支重要力量，大多数网民都是站在一个言论自由的高度，尽其所能地揭发贪官的腐败行为，在对官员的行为进行披露与追踪报道的过程中，很有可能已经侵犯了包括其家人在内的隐私权。由于网络反腐的隐蔽性，不排除有的网民会利用网络进行恶意诽谤、毁坏他人名誉的可能，使网络反腐可能成为打击报复的手段。

第三，网络反腐的自发性和不规范性造成政府疲于应付的被动局面。网络的舆论造势影响巨大，很容易出现群情激奋的局面。一些网帖（不管内容是否属实），因为网民的大量点击、评论、转载而迫使政府或纪委不得不出面查实，这样就造成了政府或纪委在案件查证、平息网民舆论上面临巨大压力和疲于应付的被动局面。

然而，网络反腐相对于传统的媒体曝光更具有优势，从总体而言，网络反腐利大于弊。其一，便捷性。由于互联网的普及，群众上网已经成为家常便饭，网民将举报信或腐败证据公布于网络相当方便快捷，纪委也容易直接找到线索。如广东湛江市政府副秘书长邓文高被爆"包二奶"并超生直接导致纪委介入，致使其接受调查、被免职。其二，透明性。互联网具有极强的公开性和透明性。群众依靠互联网，在网上发帖子、发微博等举报贪腐，极易引起舆论的广泛关注，加上成千上万网民的转载，造成集聚效应，使得反腐声势浩大，极易引起政府或纪委的关注介入，往往一查到底，在强大的舆论监督下予以严惩，对腐败分子有强大震慑和警示作用。其三，安全性。以往的反腐途径，打举报电话、写信、直接上访或者到纪委揭发检举等，很容易造成举报人身份暴露，易遭到腐败分子的打击报复。与以往的举报方式相比，网络反腐避免了举报人身份暴露，在一定程度上保障了举报人的人身安全。

网络反腐是随着互联网普及而出现的一种新兴手段，不是铲除腐败的灵丹妙药。反腐倡廉应该多管齐下，从宣传警示教育、制度体制建设、加大惩治力度等多方面，不断提高反腐实效性。同时，要建章立制，进行合理管理和引导，不断规范和完善网络反腐渠道，使之成为反腐倡廉的有力工具。规范和完善网络反腐，主要抓好以下几方面工作。

第一，健全组织领导。建议国家设立专门的反腐举报网站，并在纪委设立专门的机构和岗位来核实、查处网络反腐举报案件，并及时回应和反馈查处情况。

第二，加快立法工作。网络反腐拉近了政府与群众的距离。群众可以行使自己的言论自由，政府也可以获得更多的反腐线索，但前提必须是依法进行。没有完备的法律规范是不能保证其正常发展的。政府要尽快完善网络反腐的法律、法规体系，要加快网络反腐的立法工作，积极支持引导民间反腐网站和反腐举报行为。

第三，加强制度建设。网络作为舆论监督特别是反腐平台，其发展速度非常惊人。要加强网络监管的制度建设，细化网络反腐的程序、案件受理与监管以及信息反馈等机制，完善网络反腐的激励机制和保护机制，积极引导网络反腐的发展方向，建立长效机制使网络反腐常态化。对于网络反腐存在的问题，要通过制度建设全社会一起努力来解决，需要形成政府、社会、网民之间的有机协调的联动机制。

第四篇

实现什么样的发展、怎样发展

实现什么样的发展、怎样发展，这是新世纪新阶段能否坚持和发展中国特色社会主义、为实现中华民族伟大复兴奠定坚实基础的重大问题。改革开放特别是党的十六大以来，中国共产党高举中国特色社会主义伟大旗帜，以解放和发展生产力作为社会主义建设的根本任务，围绕全面建设小康社会、开创中国特色社会主义事业新局面这个根本目标，把发展作为党执政兴国的第一要务，适应新时期新形势的发展要求，提出并坚持了以人为本、全面协调可持续的科学发展观，成功解决了中国特色社会主义的发展理念、发展目的、发展方式、发展动力等问题，深化了党对社会主义建设规律和人类社会发展规律的认识。

第十章

坚定不移走科学发展道路

一 当前中国发展的阶段性特征

（一）"三个没有变"：依然处在初级阶段

中国共产党自诞生之日起就勇敢担当起团结带领人民实现中华民族伟大复兴的历史使命。在中国共产党的坚强领导下，经过新中国成立以来特别是改革开放以来的不懈努力，我国取得了举世瞩目的发展成就，从生产力到生产关系、从经济基础到上层建筑都发生了意义深远的重大变化，但我国仍处于并将长期处于社会主义初级阶段的基本国情没有变，人民日益增长的物质文化需要同落后的社会生产之间的矛盾这一社会主要矛盾没有变，我国是世界上最大的发展中国家的国际地位没有变，发展仍然是解决我国所有问题的关键。

党的十八大报告指出，建设中国特色社会主义，总依据是社会主义初级阶段。这一重要论断，为我们坚持和发展中国特色社会主义提供了行动指南。社会主义初级阶段，是指我国的社会主义处在不发达阶段。我国是在生产力非常落后的条件下进入社会主义的，必须经历一个相当长的历史阶段去实现发达国家在资本主义条件下实现的工业化和现代化。从 20 世纪中叶社会主义改造基本完成，到 21 世纪中叶基本实现现代化，至少 100 年时间，都是社会主义初级阶段。这是在经济文化落后的中国建设社会主义现代化不可逾越的历史阶段。深刻领会社会主义初级阶段这个总依据，既要对我国社会性质和社会发展水平有一个总体判断，也要对当前我国发展的阶段性特征有一个总体把握。

十一届三中全会以来，我们党在重新审视我国国情并深刻反思国际社主义发展经验教训基础上，明确了我国社会主义发展的历史方位和坐标，为最终形成系统的中国特色社会主义理论和完善党的路线、方针及政策提供了根本依据。党的十八大报告强调的"三个没有变"，是立足于我国社会主义初级阶段基本国情得出的科学结论。

第一，社会主义初级阶段的基本国情没有变。我国仍处于并将长期处于社会主义初级阶段，这是从社会性质和社会发展水平上对我国国情作出的总体判断。我国是在生产力非常落后的条件下进入社会主义的，当前人口多、底子薄、发展不平衡、生产力不发达仍然是我国的最大实际。要全面建成惠及十几亿人口的更高水平的小康社会，要实现社会主义现代化、实现全体人民共同富裕，还有很长的路要走。

第二，人民日益增长的物质文化需要同落后的社会生产之间的矛盾这一社会主要矛盾没有变。改革开放以来，我国人民生活显著改善，实现了由温饱到总体小康的历史性跨越，但我国生产力水平总体不高且发展不平衡，一些民生问题还没有得到妥善解决，生产关系和上层建筑中还存在不适应生产力和经济基础的环节和方面，这些仍是我国社会主要矛盾的主要方面。要改变我国生产力发展的落后状况、巩固和完善社会主义，还需要很长的时间。

第三，我国是世界最大发展中国家的国际地位没有变。虽然我国经济总量已居世界第二位，但人均水平仍比较靠后；虽然我国居民生活水平总体达到小康，但仍有很多人生活在贫困线以下；虽然国际金融危机之后国际力量对比出现"南升北降"态势，但发达国家在国际社会的主导地位没有改变；虽然我国国际地位和国际影响力有了较大提升，但发达国家在经济、科技上占优势的局面没有根本改变。

（二）"四个深刻"：我国发展的阶段性特征

进入新世纪新阶段，我国发展站在了一个新的历史起点上，经济社会的发展呈现出一系列新的阶段性特征。从国内看，我国正处于改革攻坚期、发展关键期、矛盾凸显期。我们具备有利的发展条件，同时发展不平衡、不协调、不可持续等问题依然突出。从国际看，世界多极化、经济全球化深入发展，科技革命孕育新突破，国际金融危机影响深远，世界经济格局发生新变化，国际力量对比出现新态势，综合国力竞争更趋激烈。党的十八大科学分析了新世纪新阶段我国在经济、政治、文化、社会、外交等各个领域呈现的新的阶段性特征。这些阶段性特征，简要地概括为"四个深刻"。

1. 经济体制深刻变革

（1）经济体制改革不断深入，社会主义市场经济体制初步建立

建立社会主义市场经济体制是党的十四大确立的我国经济体制改革的目标。发展社会主义市场经济，就是要使市场在社会主义国家宏观调控下对资源配置起基础性作用。通过发挥经济杠杆、市场调节和竞争机制的功能，把资源配置到较好的环节中去，运用市场对各种经济信号反应比较灵敏的优点，促进生产和需求的及时协调。21年来，我们沿着社会主义市场化方向不断把改革推向深入，使我国的经济体制改革在理论上和实践上都取得了重大进展。现在，以公有制为主体、多种所有制经济共同发展的社会主义基本经济制度已经确立，以按劳分配为主体、多种分配方式并存、各种生产要素参与分配的格局基本形成，市场机制作用日趋普遍化。我国的对外经济体制也取得了可观的进步，全方位、宽领域、多层次的对外开放格局基本形成。总体来说，我国的社会主义市场经济体制已初步建立。现在，市场经济体制已经成为最重要的制度和整个社会变革的基础。20多年来，我国之所以能够经受住国际金融动荡和经济低迷的冲击，战胜严重的自然灾害和重大疫情，经济保持旺盛活力和快速增长，综合国力显著提升，人民生活不断改善，坚持社会主义市场经济方向的改革是重要的动因。

（2）体制机制还不完备，新情况新问题不断出现，经济体制改革任重而道远

"社会主义市场经济体制初步建立"这个总体判断有两层含义：一是大的框架搭建起来了，基础奠定了，整个国民经济开始按照新体制的轨道和规则运行；二是这种新体制还很不完善，在制度层面还有缺陷，运行机制还不健全，经济法制还不完备，社会利益关系还没有理顺，经济效率不高的状况尚未根本改观。我国处于社会主义初级阶段，又处于社会主义市场经济体制初步建立和逐步完善的深刻变革过程中，体制中还存在许多不确定性和复杂的过渡形式，甚至是矛盾和混乱的现象。但与确立社会主义市场经济体制基本框架的时期所不同的是，我国已经进入了全面建设小康社会的历史时期。在新的发展阶段，宏观经济环境与经济建设的条件和任务与以往相比都有很大的不同，经济体制改革要适应经济发展和社会全面进步的需要，必须着力解决经济结构不合理、分配关系不协调、就业矛盾突出、农民收入增长缓慢、资源环境压力加大以及经济整体竞争力不强等紧迫问题。大力完善社会主义市场经济体制，是保持经济发展良好势头，顺利实现全面建设小康社

会战略目标的重要保证。另外，外部环境的重大变化，对经济体制改革提出新的要求和挑战，也是积极推进改革的动力。

2. 社会结构深刻变动

（1）经济发展成效显著，但社会发展相对欠缺，经济与社会发展很不平衡

进入新世纪以来，我国经济保持平稳快速增长，国家财政收入显著增加，综合国力不断增强，人民生活总体上已经达到小康，城乡居民收入进一步增加，城乡最低生活保障制度初步建立。然而，由于发展条件、发展方式和发展阶段的局限，在发展方面出现了不平衡，经济发展与社会发展不协调不适应，经济发展与社会发展出现一条腿长一条腿短的现象，这些现象在这些年尤其突出。我们必须清醒地认识到经济、社会不全面的发展是基础脆弱的发展，是不健康的发展，也是不可持续的发展。就国际发展经验来看，当经济发展达到一定程度后，人民群众不仅满足于物质的小康，更要求文化的小康，甚至是政治的小康。我们的社会发展虽然取得了一定进步，但是我们在社会发展方面的成就与我们在经济发展方面的成就相比差距比较大，人民群众对社会发展的需求又是越来越高，这就要求我们要更加重视和加强社会的发展。

（2）工业化、城镇化的快速推进，推动了中国社会结构的深刻变动

工业化、城镇化的快速推进，推动着中国从传统的城乡二元结构向现代社会结构转变。这种社会结构转变的人口规模之大、速度之快和程度之深，在世界现代化历史上是空前的。数以亿计的农民离开土地向非农产业迅速转移，乡村人口向大城市大量集中，为中国的社会结构转型带来强大动力，极大地改变了人们的生活方式、就业方式和整个社会面貌。与此同时，市场化、国际化和信息化的快速推进，使各种本应在不同发展阶段出现的问题集中在现实的同一个时空中。经济体制转轨的问题和社会结构转型的问题相互交织，工业化的和后工业化的发展问题集中显现，现代的和后现代的现象同时并存，各种社会矛盾错综复杂。特别是随着人民生活水平的普遍提高，人民群众的物质文化需求也日益增长，而城乡贫困人口和低收入人口尚有相当数量，包括就业、收入分配、社会保障、看病、子女上学、生态环境保护等一些关系群众切身利益的问题亟待解决，统筹兼顾各方面利益的难度加大。这些年来，由于我们片面地强调经济的快速发展，而忽略了对社会发展的关注，对社会建设的投入和重视程度是远远不够的。社会发展的欠缺与滞后将会严重影响经济的发展和社会文明程度的提高，缺乏社会发展的支撑经济发

展也是没有后劲的。

3. 利益格局深刻调整

（1）在片面强调效率的氛围中，社会公平正义在一定程度上被忽视，不同群体间贫富差距扩大

贫穷不是社会主义，要想实现国家的富强和人民的幸福必须大力发展经济。近些年，我国经济取得了巨大的发展成就的同时，我国的贫富差距逐渐拉大，社会矛盾开始由于贫富分化而越发严峻，已经对我国经济和社会的可持续发展形成了威胁和制约。1978 年，中国的基尼系数是 0.11 左右，这意味着当时中国的财富分配接近绝对平均，但是经过 35 年的发展，我国贫富差距的基尼系数已经拉大到 0.45，这种贫富差距的状况很容易给社会的发展和人民的生活带来负面影响。中国的富豪人数逐年增加，他们手中所掌握的资产数量也是节节攀升。但是认真观察我们不难发现，这些富豪大部分都是从事地产业，有很多人是靠着房地产的泡沫经济和暗箱操作而一夜暴富，这种发财的方式和财富的数量之惊人使很多人产生了对社会的不信任和不理解。这些不平衡心理，如得不到及时的缓解和疏导，慢慢积压就会造成对社会的仇视和对立。对此，我们必须保持清醒的头脑，要通过深化分配制度改革，最大限度维护社会公平正义。

（2）不断调整和优化利益分配格局，使全体人民共享改革发展的成果

近些年来，我国利益格局发生了深刻的变化。改革的本身就是利益格局调整的过程，经济体制变革必然带来社会利益格局的深刻调整。改革开放以后，通过打破大锅饭，克服绝对平均主义，拉开收入差距，在经济领域全方位地引入竞争机制，使中国经济社会充满活力，实现了跨越式的发展和持续的高速增长。但公有制为主体条件下多种经济成分的共同发展，经济基础的重大变化，也必然使不同的社会阶层和利益群体产生不同的利益诉求，处理这种不同利益主体之间的摩擦、矛盾甚至冲突，对我们这样一个社会主义国家来说，是一个市场经济条件下的新课题。特别是城乡、区域和不同社会成员之间的收入差距扩大的情况，究竟是一个阶段性的突出问题，还是一个可能的长期趋势，要认真研究。这种新情况下，化解社会矛盾，促进社会和谐，成为推进经济社会又好又快发展的紧迫任务。

4. 思想观念深刻变化

（1）社会主义核心价值体系居于主导地位，但由于社会生活各方面的深刻变革，使人们的思想状况呈现出日益复杂多样的特点

在当代中国社会意识系统中，以马克思主义为指导的意识形态居于核心地位，起着主导作用。这种一元主导的社会主义意识形态，是动员、召唤和聚集民族凝聚力、向心力、战斗力，增强民族自信心与自豪感的精神支柱，是在全球化背景与国际格局中，维护和反映我国社会主义国家利益的价值反映和文化力量。以马克思主义为指导的社会主义意识形态一元主导地位，是我国思想文化领域的突出特点。同时，意识形态的多样性更是我国思想领域存在的不容忽视的客观现实。随着改革的深入，社会的经济成分、利益格局、生活方式、就业观念和文化水平日趋多样化。社会转型造成人们的社会心态、个人行为准则的不同、价值评价标准的差异、人们社会期待的变更，以及由市场经济活动所引发的竞争和人员流动，人们的认知水平、社会角色等不同，造成当前我国意识形态的多样化和价值取向的多元化。它体现着人们精神世界的丰富性与精神需求的差异性。当代中国意识形态的一元主导性与多样性并存的特征，要求我们高度重视意识形态工作，在意识形态的多样性中加强马克思主义和社会主义核心价值体系的指导地位。

（2）在继承中华优秀传统文化和世界各国文明成果的基础上，体现与时俱进

当代中国的意识形态，是对社会现实的反映，但同时继承与延伸着中国历史的思想文化资源。其秉承的社会思想资源，一是社会主义社会固有的意识形态内容，体现社会主义的方向性；二是中华民族优秀历史文化传统思想，体现社会主义意识形态的民族性；三是当代世界发展所产生的新思想和进步观念，体现社会主义意识形态的时代性。正是对各种思想、理论、观念的批判与整合，社会主义意识形态才得以在继承的基础上不断创新。创新最能体现时代精神和继往开来的精神气质，同时是马克思主义永葆生命力的源泉。当代中国意识形态在继承和发展中体现着创新性，它以理论、制度和科技创新为主线，贯穿经济、政治、文化和社会生活诸领域。它根植于实践、服务于实践，又在实践中汲取养分，开花结果。它在内容和形式上彰显出民族特色，具有浓厚的民族语言与风格。这种民族性规范着人们创新的边界，并一脉相承地传递、附着在创新载体与观念之中。意识形态在社会生活中的特殊地位，决定了意识形态的继承与创新，都应当与时俱进，体现时代性，把握规律性，富于创造性，实现有效性。

上述阶段性特征表明，我国发展正处于一个既有巨大潜力动力又有各种困难风险的阶段，正进入一个既有难得机遇又有严峻挑战的阶段。

二　当代中国发展理论的演变

当今时代发展问题成为全人类关注的焦点。发展问题关系到世界的全局、人类的全局，是一个全球性的战略问题。

人类社会的发展特别是社会主义社会的发展问题，是马克思主义理论的重要组成部分。马克思主义把发展提到了宇宙观这样最根本的理论高度，是中国特色社会主义理论体系形成的重要理论支撑和基础。新中国 60 多年特别是改革开放 30 多年的实践表明，当代中国发展理论的创新，是与马克思主义一脉相承的。中国特色社会主义理论体系的创立，科学发展观的提出，是马克思主义的继承和发展，是中国化的马克思主义。

自新中国成立以来，我国各届中央领导人根据国内外形势分别提出了适合中国发展的理论。继毛泽东思想之后，中国共产党第十七次全国代表大会提出了中国特色社会主义理论体系的科学命题，明确指出："中国特色社会主义理论体系，就是包括邓小平理论、'三个代表'重要思想以及科学发展观等重大战略思想在内的科学理论体系。"[①] 这一理论体系，凝结了几代中国共产党人带领人民不懈探索实践的智慧和心血，是指引中国向前发展的科学理论，是全面建设小康社会的指向标。

科学发展观，是中共中央总书记胡锦涛在 2003 年 7 月 28 日的讲话中提出的"坚持以人为本，树立全面、协调、可持续的发展观，促进经济社会和人的全面发展"，按照"统筹城乡发展、统筹区域发展、统筹经济社会发展、统筹人与自然和谐发展、统筹国内发展和对外开放"的要求推进各项事业的改革和发展的一种方法论，也是中国共产党的重大战略思想。科学发展观作为中国特色社会主义理论体系的最新成果，在党的十八上被载入党章，确立为党的指导思想。

从科学发展观的探索、形成到科学发展观的提出，再到进一步完善、成为党的指导思想，中国发展理论的演变大体经历了以下几个阶段。

第一阶段，毛泽东对中国发展的艰辛探索——科学发展观的理论探索期。

以毛泽东为代表的第一代中国共产党人，正确地把握了中国革命的历史命运和世界历史发展的大趋势，并对中国社会的发展道路作出了合理的

---

① 参见《人民日报》2007 年 10 月 16 日。

选择。

新中国成立初期，我国是以学习苏联经验拉开社会主义现代化序幕的。实践的发展促使毛泽东对符合中国实际的社会主义建设进行了初步的探索。在1956年八大召开前后一年多时间里，以提出《论十大关系》、制定八大路线、发表《关于正确处理人民内部矛盾的问题》为标志，探索有了一个良好的开端，在经济、政治、文化建设等诸多方面提出了许多新的思路、新的方针和新的政策，初步形成了一条有别于苏联模式、反映中国特色的社会主义发展路线。

1959年底、1960年初，毛泽东在读苏联《政治经济学》教科书时，第一次完整地表述了四个现代化的思想：建设社会主义，原来要求是工业现代化、农业现代化、科学文化现代化，现在要加上国防现代化。毛泽东所建构的中国社会发展目标包括两个方面的内容，一是社会主义；二是现代化。这一目标是社会主义与现代化的结合，是生产关系与生产力的有机统一。

毛泽东对发展战略问题进行了深入思考和探讨。把经济上赶超发达的资本主义国家作为发展目标，这是自20世纪30年代以来，国际共产主义运动中的一种普遍现象。我国的"赶超发展战略"酝酿于"一五"计划期间。毛泽东在1955年10月就提出了中国经济发展超过美国的目标，他指出，大约十五年左右，即三个五年计划左右基本上建成社会主义，还要再加一点，大约50—70年左右，即十个到十五个五年计划左右，可以争取赶上或超过美国。

1957年11月，毛泽东在参加莫斯科举行的各国共产党和工人党代表会议期间，对原来发展战略的设想作了较大变更。后来，随着"左"倾思想的发展，超英赶美的时间表不断提前，使我国现代化发展战略目标越来越脱离实际。在这一战略思想的指导下，毛泽东发动了旨在使经济超常规发展的"大跃进"运动，致使"浮夸风"、"共产风"盛行，最终导致人所共知的三年自然灾害经济困难时期。

从1956年提出探索任务，到1976年毛泽东去世的20年中，以毛泽东为核心的第一代中央领导集体，在探索我国自己的社会主义建设道路方面虽然在具体实践中多次反复、遇到挫折和失误，但取得了积极的思想成果。这些理论观点具有明显的探索性。毛泽东探索的是前人没有遇到或没有正确认识的新事物的内在规律，因此，处于接近对这一内在规律的认识过程中，许多问题尚未深入回答，还有未知领域。毛泽东关于中国社会发展的探索与思考，对新中国后来历史的发展具有决定意义。邓小平在继承毛泽东发展思想的合理内核的基础上，继续对中国特色社会主义建设问题进行了不懈探索。

第二阶段，邓小平理论中的发展思想 ——科学发展观的理论形成期。

1992 年初，邓小平在视察南方时，针对一段时期以来，党内和国内不少人在改革开放问题上迈不开步子、不敢闯以及理论界对改革开放性质的争论，指出："要害是姓'资'还是姓'社'的问题。"判断的标准，应该主要看："是否有利于发展社会主义社会的生产力，是否有利于增强社会主义国家的综合国力，是否有利于提高人民的生活水平。"[①] 从此，"三个有利于"成为人们衡量改革开放是非得失的判断标准。

邓小平把发展问题提高到时代的根本主题的战略高度，把社会发展实质是人的发展提高到"三个有利于"根本价值标准的战略高度，提高到关系社会主义前途命运的战略高度，从而把发展问题升华到一个全新的视野、全新的高度和全新的境界。邓小平发展理论的精髓，是解放思想，实事求是，一切从中国处于社会主义初级阶段的国情出发。邓小平发展理论的着眼点是解决初级阶段的主要矛盾，即人民日益增长的物质文化需要与落后的社会生产之间的矛盾，强调以发展生产力为中心，带动社会全面发展。在具体内容上，邓小平发展理论比较系统地论述了中国的发展问题，主要包括如下基本内容：发展根据论："发展是硬道理"；发展规律论："台阶式"和"梯度式"；发展动力论："改革是中国的第二次革命"；发展条件论：稳定和开放；发展模式论："社会整体发展模式"；等等。

第三阶段，"三个代表"重要思想中的发展观 ——科学发展观的理论成熟期。

党的十三届四中全会以来，以江泽民同志为主要代表的中国共产党人，在领导我国改革开放和现代化建设的实践中，在什么是社会主义、怎样建设社会主义，建设什么样的党、怎样建设党等重大问题上，作出了许多新的科学概括，形成了"三个代表"重要思想：中国共产党必须始终代表中国先进生产力的发展要求，始终代表中国先进文化的前进方向，始终代表中国最广大人民的根本利益。

"三个代表"重要思想是一个系统的科学理论，其中蕴含着极为丰富的关于发展的思想：在发展道路问题上，进一步阐述了发展是党执政兴国的第一要务。在发展阶段问题上，强调社会主义初级阶段是整个建设中国特色社会主义的很长历史过程中的初始阶段，将来条件具备时，我国社会主义建设会进入更高的发展阶段。在发展任务问题上，指出社会主义的根本任务是发

---

① 《邓小平文选》第 3 卷，人民出版社 1993 年版，第 372 页。

展生产力，增强国家的综合国力，改善人民生活。在发展战略问题上，强调要始终坚持以经济建设为中心，不断解放和发展生产力。在发展动力问题上，强调改革是社会主义的自我完善和发展，是经济和社会发展的强大动力。在发展的外部条件和国际环境问题上，强调和平与发展作为时代主题没有改变，世界多极化的趋势没有改变，我国面临的国际环境依然是机遇大于挑战。强调总体和平、局部战争，总体缓和、局部紧张，总体稳定、局部动荡，是当前和今后一个时期国际局势发展的基本态势。

第四阶段，发展理论的质的飞跃——科学发展观的提出。

科学发展观，是以胡锦涛同志为总书记的党中央，适应新世纪新阶段的新情况提出来的。科学发展观是同马克思列宁主义、毛泽东思想、邓小平理论和"三个代表"重要思想既一脉相承又与时俱进的科学理论。

科学发展观是胡锦涛长期实践与思考的结果。早在1988年6月9日，在时任贵州省委书记的胡锦涛同志的倡导下，经国务院批准，"毕节地区开发扶贫、生态建设试验区"成立。该试验区是世界上第一个在岩溶贫困地区探索可持续发展之道的试验区，比联合国环境发展大会提出的可持续发展战略还要早四年。20多年后的今天，一向默默无闻探索的毕节试验区吸引了各界的目光，更是被理论界冠以"科学发展观摇篮"的称誉。作为贫困山区的毕节试验区，能够把生态、经济、人口统筹考量，追求人与自然的和谐发展，堪称先行的典范。而毕节试验区这一超前的探索和实践，更是被很多人认为是后来十六大以来科学发展观的雏形和策源地。

2003年4月10日到15日胡锦涛在广东"非典"疫情非常严重的时期视察广东时首次提出了"科学发展观"的指导思想。他鼓励广东要万众一心战胜"非典"，并要求广东要注重经济与社会的协调发展，注重可持续发展、全面发展。胡锦涛同志在当时就全面阐述了科学发展观的基本内容。两个月之后，即2003年6月，在北京召开的全国抗击"非典"总结大会上，胡锦涛同志提出了科学发展观。

科学发展观作为一个科学概念，作为我国经济社会发展的重大战略思想和指导方针，第一次见诸党的文件是2003年10月中共中央十六届三中全会通过的《中共中央关于完善社会主义市场经济体制若干问题的决定》。《决定》指出完善社会主义市场经济体制的目标是：按照统筹城乡发展、区域发展、经济社会发展、人与自然和谐发展、国内发展和对外开放的要求，更大程度地发挥市场在资源配置中的基础性作用，增强企业活力和竞争力，健全国家宏观调控，完善政府社会管理和公共服务职能，为全面建设小康社会提供强有力的体制保障。由此正式提出科学发展观这一重大战略思想：坚持以人为本，树立全面、协调、可持续的发展观，促进经济社会和人的全面发展。

2004 年 3 月 10 日，胡锦涛在中央人口资源环境工作座谈会上发表讲话，深刻阐述了科学发展观的产生、内容，强调了树立和落实科学发展观要把握的问题。2004 年 9 月党的十六届四中全会做出了《中共中央关于加强党的执政能力建设的决定》，指出：坚持以人为本、全面协调可持续的科学发展观，更好地推动经济社会发展。胡锦涛强调指出，提高党的执政能力首先要提高党领导发展的能力。树立和落实科学发展观的过程，就是根据党和人民事业发展的新要求，大力提高党领导发展能力的过程。至此，坚持以人为本、全面协调可持续的科学发展观，成为我国经济社会发展的重大战略思想和指导方针的完整表述。

科学发展观作为一个完整的科学理论体系，已经在党和国家的各项政策中发挥出强大的理论指导作用。新世纪新阶段中国特色社会主义发展的成功历程证明，科学发展观作为科学的执政理念，是指导中国科学发展的行动指南。

2012 年 11 月，胡锦涛同志在党的十八大报告中指出："科学发展观是中国特色社会主义理论体系最新成果，是中国共产党集体智慧的结晶，是指导党和国家全部工作的强大思想武器。科学发展观同马克思列宁主义、毛泽东思想、邓小平理论、'三个代表'重要思想一道，是党必须长期坚持的指导思想。"① 科学发展观作为我们党理论创新的最新成果，使我们对新形势下实现什么样的发展、怎样发展等重大问题思考更深刻，认识更全面，开辟了当代中国马克思主义发展新境界。

三　科学发展观是党必须长期坚持的指导思想

发展是当代中国的主题，是解决中国一切问题的总钥匙。科学发展观以发展为主题，在从实践到理论再从理论到实践的卓有成效的结合中，推动马克思主义普遍原理与中国实际、时代特征的结合达到新的阶段、新的高度，形成了涵盖改革发展稳定、内政外交国防、治党治国治军等各方面的系统的科学理论。科学发展观不仅是指导中国发展的理论，而且是指导党和国家全

---

① 《十八大报告辅导读本》，人民出版社 2012 年版，第 8 页。

部工作的理论武器。

（一）科学发展观的主要内容

1. 科学发展观的第一要义是发展

科学发展观的第一要义是发展，实质是实现经济社会又好又快的发展。科学发展观强调坚持以经济建设为中心不动摇，不断解放和发展生产力。这就为我们更好地解决前进中的问题、实现社会全面进步和人的全面发展指明了方向。

科学发展观以发展为主题，推动理论和实践走向新的统一，推动马克思主义普遍原理同中国实际、时代特点的结合走向新的阶段，达到新的高度。当今时代和中国社会主义的新阶段突出了发展这一主题。马克思主义同中国实际相结合所要突出解决的主要任务，已经从社会制度的革命、社会体制的改革转变为社会和人的全面发展，转变为发展观念、发展模式、发展战略的重大调整与更新。从一定意义上讲，我们面临的是一场发展观念上的深刻的革命。这是对中国的长期发展带有决定命运性质的革命。以解决发展观问题作为当代马克思主义同中国实际相结合的主题、主要任务是理论和实践的双重规定，是马克思主义理论自身和国情、世情的共同要求。

2. 科学发展观的核心是以人为本

科学发展观是以人为本、造福人民的发展观。科学发展观的本质和核心是以人为本。以人为本就是以实现人的全面发展为目标，从人民群众的根本利益出发谋发展、促发展，不断满足人民群众日益增长的物质文化需求，切实保障人民群众的经济、政治和文化权益，让发展的成果惠及全体人民，这是科学发展观的本质规定。

我们党的根基在人民、血脉在人民、力量在人民。科学发展观坚持历史唯物主义，人民群众是历史创造者的基本原理，坚持全心全意为人民服务的党的根本宗旨，牢固树立"立党为公，执政为民"的坚定信念，始终把实现好、维护好、发展好最广大人民的根本利益作为党和国家一切工作的出发点和落脚点，解决好人民群众最关心、最直接、最现实的利益问题，做到发展为了人民，发展依靠人民，发展成果由人民共享，充分体现了尊重社会发展规律与尊重人民历史主体地位的一致性，体现了完成党的执政使命与实现人民利益的一致性。

3. 科学发展观的基本要求是全面、协调、可持续发展

科学发展观是全面协调可持续发展的发展观。首先，科学发展观是全面

的发展观，强调以经济建设为中心，全面推进经济、政治、文化、社会和生态文明建设，实现社会主义物质文明、精神文明、政治文明和生态文明共同进步和社会的和谐发展。科学发展观把我国现代化建设的总体布局，拓展为发展社会主义市场经济、发展社会主义民主政治、发展社会主义先进文化和构建社会主义和谐社会以及建设社会主义生态文明"五位一体"，拓宽了发展的视野和领域，赋予中国特色社会主义发展战略以新的时代内涵。其次，科学发展观是协调的发展观，强调要统筹城乡发展、统筹区域发展、统筹经济社会发展、统筹人与自然和谐发展、统筹国内发展和对外开放，推进生产力和生产关系、经济基础和上层建筑相协调，促进人与人、人与社会、人与自然的和谐。最后，科学发展观是可持续的发展观，强调实现经济社会与人口、资源、环境的统一，坚持走生产发展、生活富裕、生态良好的文明发展道路，为我们的子孙后代营造更好的发展空间，保证他们一代一代地永续发展。

4. 科学发展观的根本方法是统筹兼顾

科学发展观的根本方法是统筹兼顾，深刻体现了唯物辩证法在发展问题上的科学运用，深刻揭示了实现科学发展、促进社会和谐的基本途径，深刻反映了坚持全面协调可持续发展的必然要求。坚持统筹兼顾，就是要正确认识和妥善处理中国特色社会主义事业中的重大关系，统筹中央和地方关系，统筹个人利益和集体利益、局部利益和整体利益、当前利益和长远利益，统筹国内国际两个大局，充分调动各方面积极性。既要总览全局、统筹规划，又要抓住牵动全局的主要工作、事关群众利益的突出问题，着力推进、重点突破。

统筹兼顾是正确处理经济社会发展中重大关系的方针原则，是全面建设小康社会、加快推进社会主义现代化必须坚持的根本方法。在我国改革发展的关键阶段，只有坚持统筹兼顾，我们才能真正处理好我国这样一个十几亿人口的发展中大国的改革、发展与稳定问题，真正处理好全体人民的根本利益和各方面的具体利益问题，从而把各方面的积极性充分发挥出来，更好地推进党和国家事业发展。

（二）科学发展观的战略地位

胡锦涛在党的十八大报告中指出："科学发展观是马克思主义同当代中国实际和时代特征相结合的产物，是马克思主义关于发展的世界观和方法论的集中体现，对新形势下实现什么样的发展、怎样发展等重大问题作出了新的科学回答，把我们对中国特色社会主义规律的认识提高到新的水平，开辟了当代中国马克思主义发展新境界。"① 科学发展观是在深刻总结国内外经济社会发展正反两方面经验教训的基础上形成的，既是推进理论创新的重要成果，也是推进实践创新的重要成果。党的十八大报告最大的理论亮点和历史贡献，就是明确了科学发展观的历史定位。深入贯彻落实科学发展观，对坚持和发展中国特色社会主义具有重大的现实意义和深远的历史意义。

首先，科学发展观是马克思主义同当代中国实际和时代特征相结合的产物，是同马克思列宁主义、毛泽东思想、邓小平理论和"三个代表"重要思想既一脉相承又与时俱进的科学理论，是发展中国特色社会主义必须坚持和贯彻的重大战略思想。

其次，科学发展观是对毛泽东思想、邓小平理论、"三个代表"重要思想关于发展思想的继承、丰富和发展，是中国共产党集体智慧的结晶，体现了我们党对当今世界和时代主题的深刻把握、对发展问题的总体看法和根本观点，为我们认识和处理经济社会发展问题提供了科学指导、基本途径和一般方法，是指导党和国家全部工作的强大思想武器，是推进社会主义经济建设、政治建设、文化建设、社会建设以及生态文明建设全面发展的指导方针。

最后，以人为本、全面协调可持续的科学发展观，是马克思主义关于发展的世界观和方法论的集中体现，是中国特色社会主义理论体系的重要创新成果。科学发展观科学回答了我国为什么要发展、实现什么样的发展、怎样发展这个基本问题，是引领中国走向伟大复兴的文明观、幸福观。

一是为什么要发展？发展是当今世界进步的潮流，是当代中国的主旋律，是事关中华民族前途命运的头等大事。发展始终是中国社会最核心、最基本的内容，是解决中国所有问题的关键。胡锦涛曾指出，科学发展观是用来指导发展的，不能离开发展这个主题，离开了发展这个主题就没有意义了。发展是科学发展观的第一要义和鲜明主题，贯穿于党执政兴国的全部过程。按照科学发展观的要求，党执政的每一个环节，都要着眼于发展、围绕着发展、有利于发展，紧紧抓住本世纪头20年重要战略机遇期，千方百计谋发展、促发展，实现国民经济又好又快的发展。这就深刻揭示了"为什么要发展"的问题，是指导我国谋求发展的根本理念。

二是实现什么样的发展？科学发展观的核心理念，是发展为了人民、发

---

① 《十八大报告辅导读本》，人民出版社2012年版，第8页。

展依靠人民、发展成果由人民共享。全心全意为人民服务是我们党的根本宗旨。科学发展观的核心在于以人为本。"以人为本"这四个字，深刻回答了为少数人发展还是为绝大多数人发展的重大问题，明确我们的发展是为了中国最广大人民利益的发展；深刻回答了着眼于物的发展还是着眼于人的发展的重大问题，明确在经济发展基础上促进人的全面发展是我们谋求发展的根本目的；深刻回答了当前发展与长远发展的重大问题，明确我们的发展不仅要造福当代，也要造福子孙后代。这一崭新的发展理念，体现了历史唯物主义关于人民群众历史主体地位的思想，体现了我们党立党为公、执政为民的先进性。这就深刻揭示了"为谁发展"和"实现什么样的发展"的问题，是指导我们认识发展的根本观点。

三是怎样发展？这既是一个谋求发展的世界观问题，也是一个谋求发展的方法论问题。以实现物质财富增长为目的的发展观，把社会的进步片面地归结为单纯的经济增长过程，把经济增长过程又片面地归结为物质财富的增长过程。实践证明，这样的发展是难以为继的，不符合党执政兴国和建设中国特色社会主义的要求。胡锦涛同志指出，要以全局意识统筹发展，以长远眼光谋划发展，以科学态度抓好发展。科学发展观，强调全面发展，防止"单打一"的发展；强调协调发展，防止"一条腿长、一条腿短"的发展；强调可持续发展，防止"吃祖宗饭、断子孙粮"的发展。这就把解决当前经济发展中的突出矛盾和问题与全面建设小康社会、实现社会主义现代化的宏伟目标统一起来，把为民造福与我们党长期执政的历史使命统一起来，把造福当代与造福子孙后代统一起来，科学指明了今后中国就是要走全面协调可持续发展的发展道路，以此作为党领导经济社会发展的基本政策取向和行动导向。这就深刻揭示了"怎样发展"的问题，是指导我们推进发展的根本方法。

（三）坚定不移地坚持科学发展

强调发展，重视发展，关键是要坚持科学发展。科学发展是发展的本质要求。科学发展观的提出与党的任何其他理论一样，是对实践经验的科学总结，是马克思主义基本原理和中国具体实际相结合的科学认识。

科学发展观在党的十六届三中全会上第一次正式提出，当时主要针对的是我国"经济结构不合理、分配关系尚未理顺、农民收入缓慢、就业矛盾突出、资源环境压力加大、经济整体竞争力不强等问题"，重点研究部署"建成完善的社会主义市场经济体制"，提出要"坚持以人为本，树立全面、协调、可持续的发展观"。党的十六届四中全会在论述坚持科学发展观时，强调要"注重加强薄弱环节"，包括"三农"问题、欠发达地区发展问题、就业和社会保障问题、可持续发展问题等。党的十六届五中全会又从宏观的角度强调"转变发展观念、创新发展模式、提高发展质量，落实'五个统筹'，把经济社会发展切实转入全面协调可持续发展的轨道"。党的十七大对科学发展观的理论定位、理论依据、理论内涵作了全面阐述，并提出"中国特色社会主义理论体系"的科学概念，把科学发展观等重大战略思想与邓小平理论、"三个代表"重要思想一道作为中国特色社会主义理论体系的重要组成部分，写入党章。党的十八大首次把"科学发展观"确立为党必须长期坚持的指导思想，指出"科学发展观同马克思列宁主义、毛泽东思想、邓小平理论、'三个代表'重要思想一道，是党必须长期坚持的指导思想"，并对深入贯彻落实科学发展观的第一要义、核心立场、基本要求、根本方法等作了深刻阐述。

从 2003 年科学发展观的提出到现在，马克思主义与当代中国实际和时代特征不断深入结合，马克思主义关于发展的世界观和方法论中的中国元素与中国特色不断集中增加与体现，进而使科学发展观在思想路线、发展道路、发展阶段、发展任务、发展的依靠力量、发展动力、发展战略、发展的外部条件和发展的领导力量等方面都有新的发展与新的推进，对新形势下为什么要发展、实现什么样的发展、怎样发展等重大问题作出了新的科学回答，形成了一个完整的科学发展的理论体系。它不仅大大丰富了中国特色社会主义理论体系，而且对中国特色社会主义规律的认识提高到新的水平，开辟了当代中国马克思主义发展新境界。

新世纪新阶段，贯彻落实科学发展观，必须坚持把发展作为党执政兴国的第一要务，牢牢扭住经济建设这个中心，坚持聚精会神搞建设、一心一意谋发展，不断解放和发展社会生产力。要着力把握发展规律，创新发展理念，转变发展方式，破解发展难题，提高发展质量和效益，实现经济社会又好又快发展。必须坚持以人为本。要始终把实现好、维护好、发展好最广大人民的根本利益作为党和国家一切工作的出发点和落脚点，尊重人民主体地位，发挥人民首创精神，保障人民各项权益，走共同富裕道路，促进人的全面发展，做到发展为了人民、发展依靠人民、发展成果由人民共享。必须坚持全面协调可持续发展。要按照中国特色社会主义事业总体布局，全面推进经济建设、政治建设、文化建设、社会建设，促进现代化建设各个环节、各个方面相协调，促进生产关系与生产力、上层建筑与经济基础相协调。

第十一章

中国特色社会主义的国际战略和使命

进入 21 世纪以来，整个世界的发展呈现出经济全球化、科技对国际综合实力影响不断增大的特点，同时和平与发展仍然是时代的主题，国际力量对比朝着有利于维护世界和平的方向发展，相对稳定的国际环境也有利于包括中国在内的各个主权国家保持国内发展。在对外开放的道路上，中国已经走出了一条具有中国特色的开放道路，坚持和平发展，在促进国内经济建设和社会发展的同时，融入国际社会，参与国际事务，维护世界和平与稳定，并在求同存异的基础上建设和谐世界。新时期，中国将继续高举和平、发展、合作、共赢的旗帜，坚定不移致力于维护世界和平、促进共同发展。

一 当代世界发展的新特点与中国的国际战略

（一）当代世界发展的新特点

环顾全球，大发展、大变革、大调整是当今世界形势深刻变化的突出特点。和平与发展仍然是世界主题。世界多极化、经济全球化深入发展，文化多样化、社会信息化持续推进，科技革命孕育新突破，全球合作向多层次全方位拓展。全球总体上保持和平稳定，但是世界还不安宁，和平与发展这两大问题并没有得到根本解决，求和平、谋发展、促合作仍然是当今时代的主旋律。

1. 经济全球化深入发展

经济全球化是科学技术革命和生产力大发展的产物，是人类社会经济发展的客观趋势。由于社会分工和国际分工不断深化，生产的社会化和国际化程度不断提高，世界各国和各地区的经济活动超出一国范围，越来越紧密地联系在一起。20 世纪 90 年代，伴随着"冷战"的结束，经济全球化进一步发展。世界经济全球化既指各国在经济国际化的基础上已达到的相互依赖、相互渗透这一客观现状，又指世界各国在资源的开发、生产要素的配置和国际生产的分工、协作等方面进一步走向全球一体化的趋势。人类从没有像今天这样如此紧密地联系在一起，从没有像今天这样面临如此之多的共同问题，从没有像今天这样拥有如此广阔的生产力发展前景，为全球经济和社会发展提供了前所未有的物质技术条件，给各国各地区提供了新的发展机遇。所以，当今世界的经济全球化，不仅指生产要素在全球范围内的广泛流动，同时也意味着生产的国际化，资本主义生产方式的国际化，投资金融活动的全球化和跨国贸易不断扩大的发展空间。

进入新世纪以来，随着中国、印度、南非等新兴市场经济体逐渐融入全球经济体系，经济全球化的规模正在空前扩大；多边贸易谈判取得进展，越来越多的国家采取支持经济全球化的政策；全球范围配置生产要素以空前的速度和规模持续发展，各经济体相互依赖、相互联系的程度进一步加深。

2. 世界多极化趋势进一步加强

冷战结束后，伴随着两极格局的倒塌，世界朝着多极化方向发展。世界格局也显示出一些新特征。具体表现在：

第一，超级大国的霸权主义图谋与世界范围主张多极化的力量继续激烈碰撞。

第二，国际力量对比发生新的此消彼长，多极化趋势有了新的发展。

第三，新兴大国继续保持崛起势头，联合自强的意识增强，进一步改变世界格局。新兴大国崛起作为当今世界最重要的发展趋势之一，有利于推动国际力量对比朝着相对均衡的方向发展。但从总体上看，西方发达国家在经济科技上占优势，在国际体系中仍占主导地位，这一格局短期内还难以改变。

对世界多极化发展要有足够的认识。由于多极化进程中充满单极化与多极化的较量，而建立多极化格局的保障机制尚未形成，真正能对霸权主义形成制约的力量还是有限的，所以多极化发展过程有时也会出现一定程度的反复，使单极化暂居上风。但多极化是当今世界政治格局演变的客观进程，因此，世界多极化趋势不可逆转。

当今世界的主题仍然是和平与发展唱重头戏，但是国际局势还是呈现出了稳定中有动荡的局面。世界恐怖主义袭击事件频繁发生，发生恐怖主义袭击的地域相对比较集中，比如主要集中在中东、东南亚及中亚等地区，特别是巴基斯坦和阿富汗等国家的边界地区，国际反恐合作斗争形势更加复杂，反恐斗争面临更加复杂和更加艰巨的任务。

3. 科学技术酝酿新突破

以科技为先导、以经济为中心的综合国力竞争不断加剧。冷战结束后，世界面临新格局、新秩序的建设。当今世界各国综合国力的竞争主要表现在以下几个方面：一是各国把经济安全确定为对外战略的重点。二是各国积极调整经济政策和经济结构。三是各国竞相调整科技战略。四是科技人才成为国际高科技竞争的焦点。在综合国力构成要素中，经济实力是中心。可以预见，当前世界各国以科技为先导、以经济为中心的综合国力竞争，不仅将决定新的世界格局和秩序，决定世界各国在国际社会中的地位和利益，而且决定各个国家和民族的生死存亡、兴旺发达。

科学技术的突飞猛进，是经济社会发展和人类文明进程中的"火车头"，发挥着日益明显的基础性和带动性作用。而高科技的发展要求各国联合攻关，科技活动的全球化及其产生的影响远远超出国界。随着科学技术应用周期的缩短及其在全球应用范围的扩大，科技的进步将会渗透到社会生活的各个领域，并对不同社会及文明产生革命性的影响。

4. 思想文化交流交融交锋呈现新特点

在经济全球化、政治多极化和信息网络化不断深入发展的条件下，世界文化呈多样化发展趋势，各种思想文化交流交融交锋更加频繁，不同文化在相互依存、对话、交流中发展，国际思想文化领域斗争依然深刻而复杂，由西方发达国家主导国际舆论的格局没有根本改变。国际金融危机充分暴露了资本主义制度、资本主义发展模式存在的问题，也对长期主导资本主义社会的西方价值观念提出了严峻挑战。世界文化的多样化是人类思想文化深度交流交锋的结果，是信息时代、开放时代不同思想文化相互学习、相互激荡、相互交融的重要体现。

5. 人类共同安全问题日益突出

攸关人类生存和经济社会可持续发展的全球性问题日益增多，恐怖主义、大规模杀伤性武器扩散、金融危机、严重自然灾害、气候变化、能源资源安全、粮食安全等问题凸显，任何一个国家都无力单独解决这些问题，客观上要求各国加强合作、协调行动。全球性问题的紧迫性、联动性上升，为此展开的重大多边外交活动将会空前活跃。与此同时，各主要力量之间的竞争较量将会更加激烈，争夺的核心仍将是发展的战略制高点和道义优势。人类共同安全问题不再是单纯的军事问题，已经涉及政治、经济、金融、科技、文化等诸多领域。单凭军事手段和武力办法已不足以解决安全问题，必须通过多种措施，实现综合安全。如环境问题，治理环境污染、维护全球生态平衡，已成为世界各国政府和人民的共识。各国际组织也日益关注环境保护问题，如海洋污染、核废料和有毒废料的处理、濒危物种保护以及古迹保护等。全球生态环境恶化和各国间相互依存日益加深，要求人类顺应形势的发展，探索新的合作模式。生态环境把全世界各国紧密地联系在一起，开展国际合作，共同维护全球生态平衡，是各国政府和国际组织义不容辞的义务和责任。

总之，世界经济、政治、科技、文化、安全等方面的新变化，必将推动世界范围内生产方式以及人们生活方式进一步发生深刻变革，进而引发全球经济政治格局的深刻变化和利益格局的重大调整。随着国际力量对比出现新态势，西方发达国家越来越难以垄断国际事务，在解决全球性问题上越来越离不开新兴大国的参与，推动形成更加公正合理的国际经济政治秩序成为不可阻挡的时代潮流。

（二）中国的国际战略与对外政策

20世纪上半叶，时代的主题是战争与革命。20世纪下半期，尤其是20世纪70年代中后期以来，时代的主题逐渐被和平与发展所取代。冷战结束后，和平与发展更加突出地成为当今时代的主题，要和平、促发展、谋合作已成为时代的主旋律。共同分享发展机遇，共同应对各种风险，推动建设持久和平、共同繁荣的和谐世界，是各国人民的共同愿望。维护世界和平、促进共同发展，是中国外交政策的宗旨。

1. 当代中国的国际战略

国际战略是一个国家为了在国际社会中争取有利地位，在一定的历史时期内，在对外决策中带有全局性和相对稳定性的谋划和构想。改革开放以来，中国共产党紧扣和平与发展的时代主题，顺应历史潮流，着眼于未来，提出同世界各国一道推动建设持久和平、共同繁荣的和谐世界的国际战略构想，并阐发了实施这一战略构想的基本原则。具体而言，该战略构想是从政治、经济、文化、安全、环保等五个方面进行阐述的。

政治上，相互尊重、平等协商，共同推进国际关系民主化。在国际关系中弘扬平等互信、包容互鉴、合作共赢精神，共同维护国际公平正义。各国内部事务应由本国人民自己决定，世界上的事情应由各国平等协商，各国平等参与国际事务的权利应得到尊重和维护。

党的十八大报告明确提出："中国将继续高举和平、发展、合作、共赢的旗帜，坚定不移地致力于维护世界和平、促进共同发展。"① 作为一个有着 13 亿多人口的世界最大发展中国家，中国永远是促进国际关系民主化的积极而重要的力量。平等互信，就是要遵循联合国宪章宗旨和原则，国家不分大小、强弱、贫富，都是国际社会的平等成员，都应受到国际社会尊重。维护联合国在世界事务中的核心地位，恪守国际法和公认的国际关系准则；包容互鉴，就是要尊重世界文明多样性、发展道路多样化，尊重和维护各国人民自主选择社会制度和发展道路的权利，互相借鉴，取长补短，推动人类文明进步。合作共赢，就是要倡导人类命运共同体意识，在追求本国利益时兼顾其他国家，在谋求本国发展中促进各国共同发展，建立更加平等均衡的新型全球发展伙伴关系，权责共担，增进人类共同利益。

经济上，相互合作、优势互补，共同推动经济全球化朝着均衡、普惠、共赢方向发展。中国正努力建立公正、公开、合理、非歧视的多边贸易体制，使经济全球化成果惠及世界各国。携手落实联合国千年发展目标，使 21 世纪成为人人享有发展成果的世纪。党的十八大报告强调指出："中国将始终不渝奉行互利共赢的开放战略，通过深化合作促进世界经济强劲、可持续、平衡增长。"②

中国致力于缩小南北差距，支持发展中国家增强自主发展能力。中国将加强同主要经济体宏观经济政策协调，通过协调妥善解决经贸摩擦。中国坚持权利与义务相平衡，积极参与全球经济治理，推动贸易和投资自由化便利化，反对各种形式的保护主义。在日益融入世界经济大家庭的背景下，我们将改善和发展同发达国家关系，拓宽合作领域，妥善处理分歧，推动建立长期稳定健康发展的新型大国关系。我们将加强同广大发展中国家的团结合作，共同维护发展中国家正当权益。

文化上，相互借鉴、求同存异，尊重世界多样性，共同促进人类文明繁荣进步。世界是丰富多彩的，不少种族都有自己独特的文化。毛泽东曾明确地把"百花齐放，百家争鸣"作为繁荣社会主义科学文化的方针提出来。艺术问题上的百花齐放，学术问题上的百家争鸣，其实质就是承认社会主义文化的多层和多样格局，不是一"花"一"家"的单调形态。只要是赞成社会主义制度的知识分子，便是社会主义文化的创造者和建设者。"双百方针"，是团结知识分子和文化人的情感纽带，是允许和鼓励不同观点、不同

---

① 《十八大报告辅导读本》，人民出版社 2012 年版，第 48 页。
② 同上。

流派的文化形态自由发展的政策依据。毛泽东提出的"百花齐放，百家争鸣"方针，为繁荣中国社会主义文化提供了一个合理的存在格局，设计了一个最大可能的发展空间，也为现代中国的国际战略打下了优良的传统。

中国大力提倡不同文明间的对话和交流，消除意识形态偏见和隔阂，使人类社会更加和谐和睦，让世界更加丰富多彩。应尊重各国的历史文化、社会制度和发展模式，承认世界多样性的现实。世界上的各种文明、不同的社会制度和发展道路应该彼此尊重，在竞争比较中取长补短，在求同存异中共同发展。

安全上，相互信任、加强合作，坚持使用和平方式而不是武力手段解决国际争端，共同维护世界和平稳定。维护世界和平是中国一贯的宗旨。中国主张通过协商对话增进国与国之间的信任，减少分歧，化解纠纷，避免使用武力或以武力相威胁。

长期以来，与国家经济发展战略相比，中国国家政治与安全战略的研究明显偏弱。在相关领导层和工作部门中，政治学知识普遍缺乏，安全意识多停留在一些原则和空泛的概念上，过分相信经济因素对政治问题的影响，或习惯用"以经促政"的思路应对、搁置政治难题。这种情况与国内的改革进程以经济为中心、经济先行有重要关系，也与中国的实力和国际影响力从弱到较强的发展过程有关系。现在已经到了必须转变认识，加强国际战略的政治与安全战略顶层设计的时候了。如果缺乏全面清晰的顶层政治、安全战略设计，将难以形成应对激烈博弈局面必需的内部强有力的统筹协调，容易发生顾此失彼甚至为局部利益而损害大局的情况。

环保上，相互帮助、协力推进，共同呵护人类赖以生存的家园。地球是人类共同的家园，保护地球环境是人类共同的责任。中国提倡创新发展模式，走可持续发展道路，促进人与自然和谐发展。坚持共同但有区别的责任原则，加强环境保护和应对气候变化的国际合作。

可持续发展与环境保护既有联系又不等同。环境保护是可持续发展的重要方面。我们既要达到发展经济的目的，又要保护好人类赖以生存的大气、淡水、海洋、土地和森林等自然资源和环境，使子孙后代能够永续发展和安居乐业。可持续发展的核心是发展，但要求在严格控制人口、提高人口素质、保护环境、资源永续利用的前提下促进经济和社会的发展。可持续长久的发展才是真正的发展，我们决不能吃祖宗饭，断子孙路。中国是世界上最大的发展中国家，高度重视气候变化问题。中国政府将一如既往地大力发展气候观测、研究、预测和评估，大力促进气候信息在经济和社会生活中的应用，全面推进气候服务的发展。防御和减轻气象灾害、适应和减缓气候变化、开发和利用气候资源，迫切需要各国间在更大范围、更深层次、更广领域加强合作；中国政府将同国际社会一起，采取切实可行的措施和行动，推进多方面的气候服务，使气候服务更好地造福人类。

随着时代的发展，中国的国际战略不可能一成不变，会根据形势变化作出相应的调整。但是有一点可以肯定，无论如何改变，中国国际战略的和平宗旨不会改变。中国的发展不会损害到其他国家的利益。中国将永远做维护世界和平和促进共同发展的坚定力量。在世界这个大家庭中，中国将不断发展强盛，同世界各国人民一起，共同应对各种挑战，携手共建人类美好的明天。

2. 中国的对外方针政策

维护世界和平，促进共同发展，是中国对外战略的长远（总体）目标。建立国际政治经济新秩序，是当今我们对外战略的国际目标。维护国家的主权和安全，是我们对外战略的首要（根本）目标。

改革开放以来，中国科学判断当今国际形势，在正确把握"和平与发展"这一时代主题的前提下，对中国的外交政策和国际关系进行了重大调整。中国坚定奉行独立自主的和平外交政策。这一政策的基本目标是维护中国的独立主权和领土完整，为中国的改革开放和现代化建设创造一个良好的国际环境，维护世界和平，促进共同发展。其主要内容包括：

（1）坚持独立自主的和平外交政策

第一，独立自主是当代中国外交的出发点和根本立场。独立自主就是维护国家主权独立，中国人民坚持自己选择的社会制度和发展道路，不允许外部势力干涉中国内政；坚持在和平共处五项原则基础上，同所有国家发展友好合作，不同任何国家和国家集团结盟，不以社会制度和意识形态异同决定国家关系的亲疏；尊重各国人民自主选择社会制度和发展道路的权利，不干涉别国内部事务，反对以大欺小、以强凌弱，反对霸权主义和强权政治；坚持通过求同存异、对话协商解决矛盾分歧，不把自己的意志强加于人；坚持从中国人民的根本利益和世界人民的共同利益出发，根据事情本身的是非曲直确定立场和政策，秉持公道，伸张正义，在国际事务中积极发挥建设性作用。

第二，和平共处五项原是处理国际关系的根本准则。和平共处五项原则即互相尊重主权和领土完整、互不侵犯、互不干涉内政、平等互利、和平共处。其核心和主要原则是互相尊重主权和领土完整。中国不仅是和平共处五项原则的倡导者，而且是其忠诚的奉行者。在这五项原则的基础上，中国与绝大多数邻国解决了历史遗留的边界问题，与世界上大多数国家建立了外交关系。

第三，加强同发展中国家团结与合作是中国独立自主和平外交政策的基本立足点。中国与广大发展中国家有着共同的历史遭遇，又面临着维护国家独立、实现经济发展的共同目标，合作基础深厚，前景广阔。中国是世界上最大的发展中国家，与所有发展中国家一样都有着共同的历史境遇和斗争经历，并且都面临着共同的任务，即都面临维护世界和平，发展本国经济，提高综合国力和人民水平的共同任务。此外，我国和发展中国家都有着同样的需要，即都需要长期的国际和平环境，都需要反对霸权主义和强权政治，这样做符合全世界人民的利益。

（2）积极推动建立公正合理的国际政治经济新秩序

20 世纪 80 年代中期以后，全面建立国际新秩序的问题变得更加紧迫，中国明确提出既要建立国际经济新秩序，又要建立国际政治新秩序。关于建立国际经济新秩序的主要内容：各国有权选择符合本国国情的社会制度、经济模式和发展道路；各国有权对本国资源及其开发实行有效控制；各国有权参与处理国际经济事务；发达国家应尊重和照顾发展中国家的利益和需要，在提供援助时不应附加任何政治条件；加强南北对话与合作，在商品、贸易、资金、债务、货币、金融等主要领域作出必要的调整和改革。关于建立国际政治新秩序的内容有：各国不分大小、强弱、贫富，都应当作为国际社会的平等成员，参与国际事务的讨论与解决；各国有权根据各自的国情，独立自主地选择本国的社会、政治、经济制度和发展道路；互相尊重国家领土完整和边界不可侵犯的原则；国家之间发生争端应当通过和平方式合理解决，在国际关系中不得使用武力或以武力相威胁。

几十年来，中国坚持不懈地倡导建立国际新秩序。20 世纪 90 年代以后，中国政府为推动建立国际新秩序，在重大国际事务中，借助国际讲坛不断表明立场，并在外交上通过各种渠道发挥了积极作用。推动建立国际新秩序成了冷战后中国外交政策的重要组成部分，反映了世界绝大多数国家的愿望和要求。建立"国际政治经济新秩序"的基础是"和平共处五项原则"，建立"国际政治经济新秩序"的核心是尊重各国人民决定自己命运的权利。

（3）弘扬平等互信、包容互鉴、合作共赢的精神，共同维护国际公平正义

平等互信，就是要遵循联合国宪章宗旨和原则，坚持国家不分大小、强

弱、贫富一律平等，推动国际关系民主化，尊重主权，共享安全，维护世界和平稳定。包容互鉴，就是要尊重世界文明多样性、发展道路多样化，尊重和维护各国人民自主选择社会制度和发展道路的权利，相互借鉴，取长补短，推动人类文明进步。合作共赢，就是要倡导人类命运共同体意识，在追求本国利益时兼顾他国合理关切，在谋求本国发展中促进各国共同发展，建立更加平等均衡的新型全球发展伙伴关系，同舟共济，权责共担，增进人类共同利益。

第一，倡导互信、互利、平等、协作的新安全观。中国主张国际社会应该强化综合安全观念，坚持综合施策、标本兼治，携手应对人类面临的多样化安全挑战；主张增强共同安全意识，既要维护本国安全，又要尊重别国安全关切。通过多边合作维护共同安全，建立公平有效的共同安全机制；主张应以合作谋和平、以合作保安全、以合作化干戈、以合作促和谐，反对动辄使用武力或以武力相威胁。

第二，秉持积极有为的国际责任观。作为国际社会中负责任的国家，中国遵循国际法和公认的国际关系准则，认真履行应尽的国际责任。中国以积极姿态参与国际体系变革和国际规则制定，参与全球性问题治理，支持发展中国家发展，维护世界和平稳定。

第三，奉行睦邻友好的地区合作观。中国主张同周边各国积极开展睦邻友好合作，共同推动建设和谐亚洲。主张各国相互尊重、增进互信、求同存异，通过谈判对话和友好协商解决包括领土和海洋权益争端在内的各种矛盾和问题，共同维护地区和平稳定。密切经贸往来和互利合作，推进地区经济一体化进程，完善现有区域次区域合作机制，对其他区域合作构想持开放态度，欢迎地区外国家在促进地区和平与发展中发挥建设性作用。

二　坚持和平发展，推动建设和谐世界

进入当代，中国与世界的关系发生了历史性转变。中国的前途命运同世界的前途命运日益紧密地联系在一起，中国的发展离不开世界，世界的繁荣稳定也离不开中国。当今世界正处在大变革、大调整阶段。和平与发展仍是时代的主题，求和平、谋发展、促合作已成为不可阻挡的时代潮流。作为最大的发展中国家，中国也顺应着时代发展潮流，坚持和平发展，致力于推动和谐世界的建设。

（一）始终不渝走和平发展道路

中国曾多次向世界宣示，会始终不渝地走和平发展道路，在坚持自己和平发展的同时，还致力于维护世界和平，积极促进各国共同发展繁荣。2012年党的十八大报告科学分析国际国内形势发展，把"必须坚持和平发展"作为在新的历史条件下夺取中国特色社会主义新胜利必须牢牢把握的基本要求之一，并再次郑重宣示中国将始终不渝走和平发展道路，再次强调中国永远不扩张，永远不称霸。和平发展是中国特色社会主义的必然选择，不仅中国走和平发展道路，而且要在整个世界上提倡和谐世界的理念，促进人类和平与发展的崇高事业。

1. 和平发展道路的内涵和特征

和平发展道路归结起来就是：既通过维护世界和平发展自己，又通过自身发展维护世界和平；在强调依靠自身力量和改革创新实现发展的同时，坚持对外开放，学习借鉴别国长处；顺应经济全球化发展潮流，寻求与各国互利共赢和共同发展；同国际社会一道努力，推动建设持久和平、共同繁荣的和谐世界。

和平发展道路最鲜明的特征是科学发展、自主发展、开放发展、和平发展、合作发展、共同发展。科学发展，就是尊重并遵循经济社会和自然发展规律，牢牢抓住经济建设这个中心，坚持聚精会神搞建设，一心一意谋发展，不断解放和发展社会生产力；自主发展，就是注重从本国国情出发，主要依靠自身力量和改革创新来推动经济社会发展，不把问题和矛盾转嫁给别国；开放发展，就是不断拓展对外开放的广度和深度，加强同世界各国交流合作，完善内外联动、互利共赢、安全高效的开放型经济体系；和平发展，就是把为国家发展营造和平稳定的国际环境作为对外工作的中心任务，同时，积极为世界和平与发展做出应有贡献，绝不搞侵略扩张，永远不争霸、不称霸，始终致力于维护世界和地区的和平稳定；合作发展，就是坚持以合作谋和平、以合作促发展、以合作化争端，同其他国家建立和发展不同形式的合作关系，致力于通过同各国不断扩大互利合作，有效应对日益增多的全球性挑战，协力解决关乎世界经济发展和人类生存进步的重大问题；共同发展，就是在追求自身发展的同时努力实现与他国发展的良性互动，促进世界各国共同发展。

2. 和平发展是中国特色社会主义的必然选择

党的十八大报告将坚持和平发展作为在新的历史条件下夺取中国特色社

会主义新胜利必须牢牢把握的基本要求之一，强调和平发展是中国特色社会主义的必然选择。中国走和平发展道路的必要性和重要性如下。

第一，坚持和平发展是中国政府和人民的战略抉择。在全球化推动下的当今世界，意识形态、发展程度不同的各个国家间的相互依存程度在不断加深，交流也日益广泛，因此逐渐形成了密不可分的命运共同体。世界各国共迎挑战、携手应对全球性问题已是大势所趋，人心所向。中国根据时代发展潮流和自身根本利益，坚持走和平发展道路，通过维护和平的国际环境来发展自己，同时又以自身发展来促进世界和平。

第二，和平发展是中国特色社会主义的内在要求。作为社会主义国家，中国向来以维护和平为己任，中国宪法也把"为维护世界和平和促进人类进步事业而努力"列为长期坚持的重要思想。此外，对于中国这个世界上最大的发展中国家来说，发展是第一要义，必须集中力量推动国家现代化、解决发展和民生问题，因此需要长期和平稳定的国际国内环境。中国对内坚持科学发展、和谐发展，对外坚持和平发展，这两方面有机结合，体现了新形势下中国内外政策的统一，中国人民根本利益和世界人民共同利益的统一，以及中国特色社会主义与和平、发展时代主题的统一。

第三，推进和平发展是与时俱进的伟大实践。中国所走的和平发展道路是一条崭新的大国发展道路，无先例可循。中国立足于本国国情，放眼世界大局，不断地丰富和完善和平发展相关的理论和实践，努力扩大和平发展的影响。十八大报告指出，"要坚持开放的发展、合作的发展、共赢的发展"，"推动建设持久和平、共同繁荣的和谐世界"。如今，和平发展道路有了越来越深刻的内涵，中国和平发展的前途也愈加光明。

长期以来中国在外交方面坚定维护国家主权、安全，并加强同各国的交流，推动全球治理机制改革，积极推进世界和平与发展，在和平发展道路上取得了一系列举世瞩目的成就。推进和平发展，为我国的改革、发展、稳定争取了有利国际环境；推进了我国与各方关系的发展，深化了同各方的利益融合；积极引导了国际格局演变和国际体系变革；并为维护世界和平稳定做出了新贡献。和平发展道路，使我们党和人民经受住严峻考验，巩固和发展了改革开放和社会主义现代化建设大局，提高了我国国际地位，彰显了中国特色社会主义的巨大优越性和强大生命力，增强了中国人民和中华民族的自豪感和凝聚力。和平发展思想已成为当前中国外交的坚定理念和战略目标，这一思想无论是在理论领域丰富和发展中国外交战略思想，还是在维护世界和平、促进共同发展、改善和发展中国对外关系的实践中都具有非常重要的战略意义。

中国走和平发展道路，是中国政府和中国人民的郑重选择和庄严承诺，是中国现代化建设的必由之路，是对世界和平与发展问题的最好解读。中国将始终不渝地坚持走和平发展道路。通过争取和平的国际环境来发展自己，又以自身的发展来促进世界和平；主要依靠自身力量和改革创新实现发展，同时坚持对外开放；在平等互利的基础上同世界各国开展交流与合作，实现互利共赢、共同发展。

中国国家主席习近平在博鳌亚洲论坛 2013 年年会上做的主旨演讲，强调"牢固树立命运共同体意识"①，被舆论和专家评论为"内涵丰富、富有新意"，释放了中国将继续走和平发展道路、与世界各国合作共赢的强烈信号。

（二）以"一国两制"推进祖国和平统一大业

党的十一届三中全会以后，以邓小平同志为核心的党中央根据国内外形势的新变化，把和平共处五项原则创造性地运用于解决国内问题，适时地提出了"一国两制"和平统一祖国的方针。"一国两制"和平统一是符合中国国情、推进祖国和平统一大业的基本国策，是具有中国特色的一项伟大创举。

1. "一国两制"构想的内容和意义

"一国两制"构想的基本内容是：在祖国统一的前提下，国家的主体坚持社会主义制度，同时在中国台湾、香港、澳门地区保持原有的资本主义制度和生活方式长期不变。这一构想包括一个前提、五个基本点。

一个前提就是世界上只有一个中国，"一个中国"是"一国两制"构想的核心，是实现和平统一的基础和前提。

五个基本点的实质是在一个统一的中国的前提下，国家的主体和特别行政区的关系问题。具体包括：一是中国的主体坚持社会主义制度；二是中国台湾、香港和澳门作为特别行政区，继续实行原来的资本主义制度，保持原有的社会、经济制度和生活方式长期不变；三是特别行政区的地方政府享有高度自治权，包括行政管理权、立法权、独立的司法权和终审权，台湾特别行政区还可保留自己的军队；四是中央政府不干预特别行政区自治范围内的事务，不向特别行政区派管理人员，特别行政区的领导人和各界代表人士可以担任全国性政治机构的领导职务，参与国家管理；五是外交权属于中央政府，特别行政区可以以中国的特别行政区的名义同各国各地区及有关国际组

---

① 《共同创造亚洲和世界的美好未来》，《人民日报》2013 年 4 月 7 日。

织保持和发展经济关系。

"一国两制"和平统一祖国的构想，成为我国实现香港、澳门回归以及最终解决与台湾和平统一的指导思想，对于促进两岸关系稳定发展，最终实现祖国完全统一具有重要的意义。

第一，"一国两制"是中国共产党坚持解放思想、实事求是的思想路线，把马克思主义的普遍真理与解决台湾、香港及澳门问题的具体实践相结合的产物，是社会主义学说和理论的新发展。"一国两制"构想充分体现了维护国家领土和主权完整的原则性，体现了从现实出发的实事求是精神。

第二，"一国两制"构想，照顾了历史实际和现实，有利于保持港、澳、台地区的稳定和繁荣，是实现国家统一的最佳方案。"一国两制"实践已经在解决香港、澳门问题中取得了巨大的成功，使我们有更加充分的理由相信"一国两制"是有利于两岸长远发展的正确方针，为实现两岸和平统一提供了示范。

第三，"一国两制"构想，创造性地发展了马克思主义的国家学说。"一国两制"构想，把"利用资本主义"扩展到一个统一的社会主义国家可以存在几个资本主义地区长期不变，是对马克思主义国家理论的重大发展。

第四，"一国两制"构想是对和平共处五项原则的创造性运用和发展，为国家之间解决历史遗留的主权、领土问题提供了新的思路。

2. "一国两制"与台湾问题

解决台湾问题、实现祖国完全统一，是不可阻挡的历史进程，必须坚持"一国两制"、和平统一方针。和平统一最符合包括台湾同胞在内的中华民族的根本利益，有利于台湾社会经济的稳定和发展，有利于民族的振兴和全中国的富强。

首先要确保两岸关系和平发展。通过接触谈判，以和平方式实现国家统一，是全体中国人的共同心愿。要全面贯彻两岸关系和平发展重要思想，巩固和深化两岸关系和平发展的政治、经济、文化、社会基础，为和平统一创造充分条件。

要始终坚持一个中国原则。大陆和台湾虽然尚未统一，但两岸同属一个中国的事实从未改变，世界上只有一个中国，台湾是中国不可分割的一部分，国家领土和主权从未分割也不容分割。这是举世公认的事实，也是和平解决台湾问题的前提。两岸双方应恪守反对"台独"、坚持"九二共识"的共同立场，增进维护一个中国框架的共同认知，在此基础上求同存异。对台湾任何政党，只要不主张"台独"、认同一个中国，我们都愿意同他们交往、对话、合作。我们坚决反对损害两岸同胞共同利益的"台独"分裂图谋。中国人民绝不允许任何人任何势力以任何方式把台湾从祖国分割出去。

要持续推进两岸交流合作。双方共同努力，深化经济合作，厚植共同利益。扩大文化交流，增强民族认同。密切人民往来，融洽同胞感情。促进平等协商，加强制度建设。探讨国家尚未统一特殊情况下的两岸政治关系；商谈建立两岸军事安全互信机制，稳定台海局势；协商达成两岸和平协议，开创两岸关系和平发展新前景。

要努力促进两岸同胞团结奋斗，共同推进两岸关系。两岸同胞同属中华民族，是血脉相连的命运共同体，理应相互关爱信赖，共同享有发展成果。凡是有利于增进两岸同胞共同福祉的事情，我们都会尽最大努力做好。我们要切实保护台湾同胞权益，团结台湾同胞维护好、建设好中华民族共同家园。希望两岸共同努力，在同心实现中华民族伟大复兴进程中完成祖国统一大业。

（三）在求同存异基础上建设和谐世界

当代世界是大调整、大变革的世界，以胡锦涛为核心的中央领导集体，提出了和谐世界的理念，明确了与各国人民携手努力，推动建立持久和平、共同繁荣的和谐世界的长远目标。这一理念和目标的提出，对于当代中国发展和国际社会的稳定都有着重大的现实意义，它为消除"中国威胁论"以及国际安全和发展提供了一条新思路。

在求同存异基础上建设和谐世界，是中国向世界表明坚持走和平发展道路的政策宣言。在求同存异基础上建设和谐世界，是基于中国文化传统的系统观、整体观而提出的全球政治伦理、法律与国际关系建设的伟大理念，不仅解决了中国发展道路问题，也是建立全球国际政治伦理与国际新秩序的指导原则。不同国家间和谐共处、实现国际关系民主化，是建设和谐世界，促进人类持久和平、共同繁荣的关键和前提。

求同存异方针最初是由周恩来总理在 1955 年的万隆会议上提出的。当时提出的"求同存异"一方面是肯定了各国处境的不同以及政治制度和意识形态上的差异，不将自己的观点强加于人，即"存异"；另一方面又呼吁各国从反对殖民主义、保卫和平、争取民族独立和发展民族经济的共同利益出发加强合作，即"求同"。由此，求同存异外交方针在万隆会议上得到正式确立。在该方针指导下，以毛泽东为代表的第一代领导集体，积极发展我国同社会主义国家、发展中国家以及西方资本主义国家的友好关系，开创了中国外交的新局面。求同存异方针与和平共处五项原则的确立，在争取有利于国内建设的周边和国际环境以及维护我国乃至世界的和平稳定方面都发挥了重要作用。

改革开放以来，面对席卷全球的经济发展和改革浪潮，邓小平在和平共处、求同存异外交原则的基础上，进行了一系列大胆的创造和尝试，主要是在和平共处、求同存异基础上，推动建立国际新秩序。20世纪90年代，面对世界多极化和经济全球化带来的机遇和挑战，以江泽民为代表的第三代领导集体提出了尊重和维护世界多样性的政治主张，为我国正确处理国家利益和社会制度、意识形态的关系提供了新视角，是世界多极化和经济全球化背景下对和平共处、求同存异外交原则的丰富和发展。在这一方针的指导下，我国积极构建新型外交关系，发展了中美、中日、中欧之间的伙伴关系，巩固了同周边国家的睦邻友好关系。

进入21世纪，胡锦涛提出的"和谐世界"外交理念与我国一贯坚持的和平共处、求同存异原则是一脉相承的，体现了我们党根据现实国情调整和完善外交战略的超凡能力。2005年9月，胡锦涛在出席联合国成立60周年首脑会议时，发表了题为"努力建设持久和平、共同繁荣的和谐世界"的重要讲话，提出了构建共同繁荣的和谐世界的主张。此后，又在2006年新年贺词以及2006年沙特阿拉伯王国协商会议的演讲中，对现阶段要努力构建的"和谐世界"的内涵作了明确界定。这就是：第一，建设和谐世界，必须致力于实现各国和谐共处。第二，建设和谐世界，必须致力于实现全球经济和谐发展。第三，建设和谐世界，必须致力于实现不同文明和谐进步。

胡锦涛强调，各国应该维护世界多样性和发展模式多样化，坚持平等对话和交流，倡导开放和兼容并蓄的文明观，使不同文明在竞争比较中取长补短。在求同存异中共同发展，应该承认各国文明传统、社会制度、价值观念和发展道路的差异，应该努力使世界上所有文明、所有民族携手合作，共同推进人类和平与发展的崇高事业。和谐世界的实质就是各种文明的互助与和谐发展，它标志着人类文明发展的一个新阶段。"求同存异"基础上构建和谐世界，是促进人类社会共同发展的良好模式。

和谐世界是站在全球秩序角度提出的，它不仅解决了中国的发展道路问题，也是建立全球政治伦理与国际秩序的指导原则。和谐世界旨在实现各国和谐共处，建立民主的世界。"和谐世界"理念的目标是建立持久和平、共同繁荣的世界，这是对中国外交政策宗旨的继承和升华。该理念主张：在和谐世界中，各国内部的事务由各国人民自己决定，世界上的事务由各国平等协商解决，发展中国家在国际事务中享有平等参与权和决策权。各国相互尊重、平等相待，不将自己的意志强加于人，不将自己的安全和发展建立在牺牲他国利益基础之上。

第一，和谐世界理念与我们的外交基本理念一脉相承。

和谐世界理念是中国独立自主和平外交战略思想在新时期的延续和发展。和谐世界理念不仅继承了中国以往"和平"与"共同发展"的外交思想，而且顺应和平与发展的时代潮流明确了"构建和谐世界"这一国际社会的理想目标和实现的基本途径，从而使中国独立自主和平外交战略有了一个以构建"和谐世界"为目标的、完整的理论与政策体系。因而构建和谐世界的思想是中国一贯奉行的独立自主和平外交战略思想的最新体现。

第二，和谐世界理念是迄今我们提出的外交战略思想的重要延伸。

根据不同时期所处的国际环境以及维护我们根本利益的需要，我国相继提出了建立国际政治经济新秩序、解决和平与发展两大课题、推进世界多极化进程、提倡国际关系民主化和发展模式多样化等一系列重大外交战略思想。这就使和谐世界理念能够得到国际社会更多的认可和支持，能够获得更多的共识与共鸣。

第三，和谐世界理念初步勾画了有中国特色的新世界观体系。

我国从政治、经济、文化、安全、环保五个方面阐述了和谐世界的基本要素，从而使和谐世界的理念实际上涵盖了我们迄今陆续提出的新秩序观、新安全观、新文明观以及新环境观，初步形成了一个具有中国特色的新世界观体系。和谐世界理念的提出，与国内和谐社会思想相结合，成为中国和平发展的国家大战略的指导思想，有助于世界各国更为完整和正确地认识中国和对待中国；为世界各国树立了和平发展的良好国际形象；代表了世界人民渴望世界持久和平、渴望过上稳定安宁的生活、渴望建立公正合理的国际新秩序、渴望实现国际关系民主化、渴望促进共同发展和共同繁荣的共同心声。

和平、发展、合作的大潮势不可当。中国已成为世界体系的建设性参与者、国际矛盾的积极协调者、周边秩序的务实塑造者。中国外交更加主动、更加灵活、更加适应时代的发展和需求，积极"把握处理国际事务的主动权"，中国将与国际社会一道，共同分享发展机遇，共同应对风险挑战，共同建设人类社会更加美好的未来。

热点问题评述

中国模式的世界意义

"中国模式"已经成为国内外关注的焦点。"中国模式"的道路就是要坚持中国特色社会主义的发展道路,"中国模式"的核心是以人为本,将人民放在第一位。"中国模式"既有重大的现实意义,也有高度的理论价值与世界意义。

中国模式之所以能引起世人关注,主要源于两个因素:一个是中国在减贫经验以及对他国人口贫困援助的成就突出。虽然中国的经济发展还存在诸多问题,但在消除贫困、帮助弱者方面,比西方模式更能取得有益的效果。另一个就是中国成为新的国际政治经济新秩序的倡导者。建立新的国际政治经济新秩序,遏制霸权主义和强权政治,是世界各国人民的普遍愿望和共同利益。

中国模式最引人注目的特点是,人类历史上从未有过一个国家像中国这样在如此短的时间内、如此大规模地发展得如此迅速。更重要的是,从未有过一个国家像中国这样在这么短的时间跨度内,使数量这么多的人口摆脱了贫困并改善了人们的生活。中国在 30 多年的时间里,大幅度地提高了广大人民的生活水平,减少了大约 3 亿多贫困人口,为世界剪除贫困做出了实质性贡献,为世界和平提供了稳定性和建设性因素。这是中国"改变自己,影响世界"的突出证明。

中国的发展模式就是集中精力实现现代化,解决中国自身的问题,为世界的和平与发展做贡献。各国现代化过程都承载着自己的历史文化传统。这种历史传统融入现代化,决定着一个国家发展的模式、路径和特色。中华文化中内敛、中庸、厚德载物、"己所不欲,勿施于人"等特点,对中国发展模式具有至关重要的影响。"和谐社会"理念,就是传统文化的古老哲理与现代政治理念相结合的产物。"和谐社会"的核心是以人为本,中国发展的动力、主体和目的应当体现人的全面发展。社会公平,利益调节;社会保障,扶助贫弱;环境保护,安居乐业;政务公开,公民参与等,构成和谐社会的基本诉求。在微观和谐的基础上,才能形成国内各地区、各利益群体之间的比较协调、比较均衡的宏观和谐,形成经济、社会、政治、文化等各领域互相促进、互为条件的发展战略。这是比单纯实现经济增长更复杂更艰巨的发展目标。从战略角度看,我们只有通过和谐社会的建设,实现全面、协调、可持续的发展,才是经得起时间和实践检验的发展,才是可以留给我们子孙后代的发展，才是对世界负责任的发展。

今天，"和谐"理念已成为中国的基本价值观，凝聚成全体中国人的发展愿景，成为中国与世界互动的指向。这些价值观和品格一旦转化为中国的国际行为，就决定了中国只能做负责任的、担当信义的大国。在地区稳定、世界和平、多边贸易和人道主义援助等国际事务中，中国的不懈努力是有目共睹的。这来自于我们对"和谐世界"的向往与追求，来自于我们的价值追求。与国内建设"和谐社会"相互贯通，在国际上我们追求的是"和谐世界"。和谐世界表达了中国对于未来世界的期望和中国的战略方向。和谐世界是中国的理想，中国模式是中国对这个理想的实践。和平、发展、合作、共赢，中国在经济领域、外交领域所取得的成绩已经证明了东方古老智慧的有效性，中国模式所具有的吸引力和感召力也表明这些理念被广泛认可。如今，中国国际地位的不断提升，无不彰显着中国模式及其发展经验的历史价值和世界意义。

中国模式让和谐世界理念更具可信性。如果说"和平"是国与国之间各种力量相互关系的行为准则，那么"和谐"则是国际社会各种利益之间共同发展的价值尺度，是从国际关系的和平朝着"天下和谐"方向的发展和深化。当代中国人首创"和谐世界"的观念，是中国文化传统的延续，是中国参与国际事务一贯原则的升华。面对纷繁复杂的世界，中国从文化深处向往和平，坚信和平，全力维护和平。在当代全球化的背景下，中国融入国际体系和世界市场的步伐不断加快，作为国际社会的负责任大国和利益攸关方，需要更高尚、更深入、更宽广的思维模式和价值判断。"和谐世界"由此成为我们的必然选择。

世界上存在着利益冲突、文明冲突、价值冲突、不同种族之间的冲突，还有国与国的冲突等许多不和谐现象。积极倡导并致力于建设和谐世界，是因为我们坚信在这个多样化的世界里，不同文明、不同民族、不同价值之间，可以互相沟通、相互理解、相互包容；是因为我们坚信人类有共同的未来，有共同的根本利益，有共同的终极关怀。自改革开放以来，中国与外部世界的联系日益广泛，中国人的全球意识日益增强，中国文化与各国文化的交流日益深入。中国作为世界的一分子，在发展自身回报世界的同时，也感受到世界对中国的期待。中国的发展将带给世界什么？我们最概括的回答是两个词："和谐、和平。"我们的文化传统，我们的社会制度，我们的理想追求，都决定了"和谐"既是一种社会思想，也是我们的根本价值选择；"和平"既是一种理想境界，也是我们的国际行为准则。中国的发展道路只能是追求和谐、维护和平。

对在国际舞台上缺少软实力基础的中国来说，"中国模式"可以在国际舞台上争取一些发言权。但是"中国模式"还不是一个完整的模式。经济上的成就很显然，但社会政治方面的问题并没有因为经济的发展而得到解决。俄罗斯等国家面临着如何尽快发展经济的问题，所以，它们转向了"中国模式"，但它们毕竟已经有一个良好的民主政治的架构，而政治改革正是"中国模式"所欠缺的。同样是第三世界一员又是世界上最大的民主国家的印度在近年来的出色经济表现，也对"中国模式"构成了相当的挑战。总结已有的经验，既有利于中国自己的未来，也有利于提升我国国际地位和影响力，但更为重要的是要着眼于不断完善"中国模式"。

"路漫漫其修远兮，吾将上下而求索。"我们将孜孜不倦地构建和谐社会，推进和谐世界建设，以中国的发展为人类的共同发展做出应有的贡献。

后　记

　　历时两年多，几易其稿，终于完成了《中国特色社会主义理论与实践研究》这部著作。它既是一部学术性的著作，也是一部研究性的讲义。本书紧紧围绕中国特色社会主义四个基本问题而展开，内涵丰富，包含了一些原创性的成果，还吸收了大量学术界的最新研究成果并加以整合。有的明确作了注释，有的因为已经成为共识而未作注释。在此，我们向这些成果的原作者表示最真诚的谢意！

　　本书深刻领会和准确把握党的十八大精神实质以及中国特色社会主义的内涵、要求，注重中国特色社会主义理论分析与实践探索研究，着眼于破解当代中国特色社会主义改革发展进程中遇到的现实难题，突出了当代中国特色社会主义的时代性、实践性、创新性和人民性。

　　本书的出版得到了青岛大学思想政治理论教学部的大力支持，特别是丛松日主任和赵有田书记在构建该书框架体系的思路和目录大纲的确定方面给予了精心指导，在此一并表示衷心感谢。同时感谢家人对我们的理解与支持！

　　由于我们水平有限，书中难免有疏漏和不妥之处，敬请各位专家学者和广大师生批评指正。

作　者

2013 年 12 月 28 日